国家社会科学基金青年项目

“多维贫困视角下留守儿童健康风险研究”

（项目号：20CRK020）

大迁移时代的家庭迁居模式

基于城市基本公共服务均等化视角

史毅◎著

中国社会科学出版社

图书在版编目（CIP）数据

大迁移时代的家庭迁居模式：基于城市基本公共服务均等化视角/史毅著.—北京：中国社会科学出版社，2023.3
ISBN 978-7-5227-1762-3

Ⅰ.①大… Ⅱ.①史… Ⅲ.①人口迁移—研究—中国
Ⅳ.①C922.2

中国国家版本馆 CIP 数据核字(2023)第 059233 号

出 版 人	赵剑英
责任编辑	刘晓红
责任校对	周晓东
责任印制	戴 宽
出 版	中国社会科学出版社
社 址	北京鼓楼西大街甲 158 号
邮 编	100720
网 址	http：//www.csspw.cn
发 行 部	010-84083685
门 市 部	010-84029450
经 销	新华书店及其他书店
印 刷	北京君升印刷有限公司
装 订	廊坊市广阳区广增装订厂
版 次	2023 年 3 月第 1 版
印 次	2023 年 3 月第 1 次印刷
开 本	710×1000 1/16
印 张	14.5
插 页	2
字 数	216 千字
定 价	78.00 元

目　录

第一章

绪　论

第一节　问题的提出

中国引入第一部西方社会学的著作至今已有 120 余年，其间关于家庭的研究不可谓不多，也不可谓不重要，但也绝谈不上是最为核心的部分。在中国社会学发展的早期，国家和社会正在面临巨大转型与变革，内忧与外患并存。在当时的历史环境下家庭问题研究的迫切性不及社会结构、制度、文化、民族等重大社会问题，家庭问题研究的实用性不及乡村建设、劳工运动、平民教育等社会实践，家庭结构研究的重要性又不及社区、组织等更大的分析单位，因此早期社会学家更重视制度、文化、经济、社区、民族、人口等方面的研究。社会学引入中国之初就极为重视制度和文化研究，严复先生在《群学肄言》中认为，社会学最重要之处便在于明“群之理”，社会建设需要“通群学、鼓民力、开民智、新民德、建文明”；早期功能学派则更重视社区研究，吴文藻（1935）将社区视为一个由人口、环境和文化构成的有机整体，能够反映文化、制度和功能的影响和变化，因此需要对其进行静态的结构剖析和动态的比较研究，并提出“文化是社区研究的核心，明白了文化，便是了解了社会”，他的老师马林诺夫斯基（1937）则认为，“人类学只有用于研究高度发达的社区以及相关的社会学问题的时候，才能实现真正的价值”；早期人口学者则更重视人口数量、生育、死亡等问题，许仕廉（1930）提出“要研究各种社会问题、经济问题、政治问题、教育文化问题，必须从人口入手”。从社会组成要素的视角看，人口是社会的基本元素、社区是社会的有机组成部分、文化和制度则是构成社会运行的规则和秩序，家庭作为群的一种形式，尤其在传统的乡土社会中，家庭的功能与宗族关系和社区结构联系紧密，甚至在社区中得到延伸。尽管家庭是社会研究不可回避的单元之一，但传统社会关于家的概念更倾向于家族或宗族，其概念内涵甚至远大于扩展或联合家庭的概念，将家庭视为社会的基本单元的观点差不多是现代社会的产物。因此，早期学者以家庭视角切入的专门研究少之又少，对家庭的关注更多地集中于宗族亲属关系的功能和演变。

值得注意的是，伴随工业社会的高度发展，市场经济的扩散正在破坏农村社会、乡村社团、家庭、原有的土地所有制形式以及在文化框架之内支撑生活的习俗和标准等传统结构（波兰尼，2007）。家庭正在通过市场化的方式被集成进巨大的国家组织和市场环境之中，流动中的家庭成为反映社会转型与变迁过程的重要载体，也开始成为现代社会学者重点关注的研究问题。在此过程中，社会劳动分工的细化对私人和公共空间均产生了巨大影响，导致家庭经济生产功能的进一步弱化，政府和市场的作用机制得以建立，社会和市场开始承担部分家庭功能，家庭生活的维系越来越不依赖于家庭自身，子女照料、社会化甚至生育功能都开始从家庭中剥离出来。与此相伴随的是，区域和部门的收入差距带来了大规模的人口迁移流动，使个体和家庭的生存与发展不再仅仅依托于原住地的血缘、地缘关系。1996 年，李强提出在未来的十几年中，分居的家庭模式会是我国农民家庭的主要模式。伴随中国快速的城镇化过程，大量研究发现，以家庭为单位的迁居模式不断增加，成为当前人口流动最为重要的特征之一（侯佳伟，2009；杨菊华、陈传波，2013）。尽管如此，大规模的流动人口仍然面临家庭成员在流入地与流出地之间的居住分离问题，这种困境既影响流动人口在流入地社会中的生活改善，也在流出地社会中产生了大量的留守问题，对流动人口的家庭生活质量造成了重大影响。在缺少原住地支持的情况之下，移民家庭的生活对居住地市场和公共产品的依赖性越来越强。正是在这样的背景下，公共服务的改善成为影响甚至决定流动人口在迁入地家庭生活的重要因素，不仅会直接影响到流动人口的家庭迁居决策，而且也关系未来中国城市地区的人口空间布局。尽管公共服务是影响迁移流动行为的重要因素，但无论是国内还是国外，分析迁移者社会权利改善的研究仍然相对缺乏，关于制度环境差异对家庭迁移决策的影响关注较少，并且多数研究仍然将个体作为迁移研究的主要视角，从家庭视角讨论公共服务对迁移流动影响的研究更少。尤其是在中国，由于流动人口作为城市社会成员获得政策合法性几乎是2000年以后的事（王春光，2014），关于公共服务或社会权利的差异化政策如何影响迁移者家庭而非仅仅是个体生活的讨论直到最近才得到更多的关注。

选择何种方式进行流动或迁移，是一个家庭的重要决定，该决定同时受到来自外在环境和家庭个人禀赋两方面的影响。随着流动人口规模的不断扩大，城乡户籍管理制度不断调整，城市公共服务水平逐渐提升，移民家庭的迁居模式也在不断发生变化。早期城市流动人口中年轻人群的比例较高，且一般采取单独流迁的方式。随着居留时间增加、经济生活水平的提升以及个体所面临的家庭生活完整性的挑战，流动和迁移方式都呈现出强烈的家庭化需求。然而，受到迁移成本的影响，不同地区的流动人口迁移却同时表现出两种不同的局面，一方面，在中小城市，举家流动迁移的比例有所升高，分居两地的夫妇或子女越来越多地在流入地实现不完全的家庭团聚；另一方面，在大城市，举家流动迁移和夫妻子女投靠的比例逐年下降，单独流动和不完全家庭团聚的比例不断上升，流动人口在特大城市尤其是超大城市实现家庭团聚仍面临重重困难。大城市作为流动人口的主要聚集地，其落户政策和公共服务体系的改善将在很长一段时期内与中小城市存在显著差异，尤其是在新的城市规模等级划分标准和新型城镇化规划出台以后，基于城市规模等级的户籍改革和公共服务均等化改革正在逐步推进，这也意味着“本地—外来”的区域分割在大城市仍将持续存在。在当前的政策背景和发展现状下，大城市流动人口的公共服务的现状如何？存在怎样的特点及问题？城市之间的公共服务均等化进程是否存在不同步性？基于规模等级划分的城市类型能否反映这些差距？如果公共服务均等化进程存在明显的地方性特点，那么城市间的公共服务差距对流动人口的家庭迁居决策造成了怎样的影响？这将是本书重点关注的问题。

第二节　我国城市户籍制度变革与家庭流迁

在讨论中国的家庭流动与迁移之前，户籍制度是不可回避的问题之一，家庭与户的概念联系紧密，家庭流迁与户籍迁移制度的关联性也极为密切。自建立现代户籍管理制度以来，我国的城市户籍管理制度经历了由宽松到收紧，由全面严控到局部严控的政策演变过程，其间农村向城镇的人口流动受到较大限制。由于城市公共服务提供与户口联系紧密甚至完全捆绑，导致个体流动受限的同时家庭流迁也受到了政策变动的巨大影响。总体而言，从户籍制度变革过程看，家庭流动迁移阻力的大小一方面取决于户籍管控的严格程度，另一方面与户籍和福利体系的关联程度有关。因此，从家庭流迁过程中的户籍限制和公共服务获得的视角看，我国城市户籍管理制度中关于家庭流迁的政策主要经历了四个阶段：自由迁徙阶段（1911—1954 年）、严格限制阶段（1955—1983 年）、逐步开放阶段（1984—2013 年）、差异化调控阶段（2014 年至今）。

一　自由迁徙阶段：相对独立和宽松的户籍管理制度

我国现代户籍管理制度建立较早，但早期主要用作人口统计和课税依据，户籍与公共服务之间的关系并不密切，因此户口迁移的限制较少，个体和家庭的流动与迁徙相对自由。1911 年，晚清政府在借鉴西方国家户籍制度的基础上制定了《户籍法》，法规中明确提出要对移籍、入籍、就籍、除籍等户口变动做动态记载，但对户口迁移并无限制，移籍和入籍自由，无须许可。民国时期，南京政府建立了各级户政机构，出台了《户籍法》和《户籍法实施细则》，但由于当时中央政府与县级以下单位的联系不足，导致不得不恢复原有的保甲制度，将各项管理和服务职能纳入保甲组织之中。1943 年，南京政府又相继制定了《暂居户口登记办法》《迁徙人口登记办法》，开始加强对人口流动和迁移的登记管理。1946 年，南京政府再次修订了《户籍法》和《户籍法实施细则》，其后颁布了《户口普查法》，并计划于 1948 年开展第一次人口普查，后因战争原因中止。总体而言，该阶段的户籍管理的主要作用在于人口登记，配合政府教育、救济、征兵、征税等工作的执行，户口本身与公共资源的关联性不大，不会对地方政府的财政负担构成影响，因此几乎不存在户籍迁移的管控现象，家庭流动迁移的阻力和压力更多地来自非制度因素。

中华人民共和国成立初期，经历数十年战乱后的人口登记制度亟待重建，国家开始采取先易后难的方式逐步建立起户籍管理制度。1951 年 7 月，国务院转发公安部颁布的《城市户口管理暂行条例》，其中明确提出“户口变动时，户主须按照规定，持户口簿至当地人民公安机关，办理手续”，该条例主要通过迁出地发放迁移证的方式调节人口迁移，“凡迁出者，须于事前向当地人民公安机关申报迁移，注销户口，发给迁移证”，在迁入地，迁移者只需在到达住地 3 日内，向当地公安派出所申报入户。这一阶段的人口迁移尽管需要有迁移证，但管理相对宽松，没有迁移证可使用其他适当证件替代，举家迁移流动的制度阻隔较小。同时，尽管当时已经颁布粮食计划收购和计划供应政策，但仍允许农民交易自有余粮，农村劳动力携家人进城务工的现象较多。

二　严格限制阶段：城乡户籍和粮油关系的双重约束

由于上一阶段相对宽松的户籍管理制度，在全国范围内出现了大量的人口流动。1955 年 3 月，内务部、公安部印发了《关于办理户口迁移的注意事项联合通知》，提出“为防止漏洞和便于审查，不论在县境内迁移或迁出县境以外，仍一律使用公安部门规定的迁移证”，并加强了迁出地对人口迁移的管制力度，要求地方提高迁移证的发放要求，不随便给那些“不安心生产、盲目要求迁往城市的农民”发放迁移证。在当时的政治形势下，国家一方面需要通过迁移证控制城市常住人口规模，将大部分人口稳定在农村地区从事农业生产，一方面也需要通过迁移管制加强对犯罪、破坏、颠覆等活动的预防和控制。然而，迁移证作为户口登记体系的一个环节，仍然难以达到政策预期效果，因此当年国家开始实行粮油统购统销政策和计划供应制度，按户口配给粮油供给，部分获得居住地户籍的个体仍可按照解决父母投靠、子女投靠和夫妻投靠的方式实现家庭成员的户籍迁移，但大部分“人户分离”人口因在居住地难以生存而不得不携家人返回户籍所在地。

1958 年以前，我国户籍调控的重心集中在迁出地的迁移证发放管理，即通过限制迁移证发放的方式减少农村向城市的人口流动。1958 年，我国颁布《中华人民共和国户口登记条例》，其中第十条明确加强了城市迁入地的户籍准入机制，提出“公民迁出本户口管辖区，由本人或者户主在迁出前向户口登记机关申报迁出登记，领取迁移证件，注销户口。公民由农村迁往城市，必须持有城市劳动部门的录用证明，学校的录取证明，或者城市户口登记机关的准予迁入的证明，向常住地户口登记机关申请办理迁出手续”。即便在户籍和粮油供应的双重约束下，因为产业发展对劳动力的需求量增加、农村居民改善生活的需求强烈，加之城市地区的用工制度和粮油供应相对较宽，仍有大量农村人口流入城市。根据辽宁、吉林、河北、河南、山东、山西、安徽、浙江、湖北、湖南等省份的统计，当年约有 300 万农村人口外流至城市地区。[①] 当时农村经济已经陷入停滞状态，农村人口生活难以得到满足，大量的农村流动人口给城市地区带来压力，国家于 1959 年 1 月开始要求各大城市企事业单位停止招收农村流动人口，对于已经在城市地区或工业区内居住寻求工作但尚未找到工作的农村流动人口，要求地方政府进行劝说，并建立临时机构进行人员收容，动员该群体尽快返回户籍所在地。对于已经招收并开始工作的农村人口采取一次性清退措施，一律遣送回乡，其中仅有极少部分拥有固定工

① 《中共陕西省委、陕西省人民委员会关于贯彻执行中共中央、国务院〈关于制止农村劳动力盲目外流的紧急通知〉的通知》，《陕西政报》1959 年第 6 期。

作且不宜清退的农村人口得以留在城市，并且需要补充签订用工单位、人民公社和劳动者本人的三方协议劳动合同。停止招工通知发布后，国家也针对流动人口的亲属投靠做了一系列的限制，对于留在城市地区的农村人口家属也要求其返回原籍，并从用工单位的角度要求教育其就业职工停止亲友串联进城务工的活动。

为了进一步将农村人口限制在农村地区，国家加强了户口和粮油供应配给之间的制度关联性，通过粮食计划供应制度和户口管理制度的双重约束实现人口迁移调控。在当年 2 月印发的《关于制止农村劳动力流动的指示》中，国家不仅明确要求“在农民盲目外流严重的地区必要时应在交通要道派人进行劝阻”，而且提出城市地区和工业区必须严格执行户口管理制度和粮食计划供应制度，要求农村流动人口所在的人民公社不得随便开具户口迁移证、粮油关系迁移证等有关证明材料，严格限制外流人员的粮食和户口关系转移。“没有迁移证件不准报户口，没有户口不供应粮食”。同时，用工单位为了方便农村职工家属在城市生活，存在虚报人口从而多领取粮食配额的现象，在这一时期遭到了集中清理，农村流动人口的家庭迁移变得异常困难。

在经历了一段时间极为严格的人口迁移控制政策之后，国家开始实行差序管理的人口迁移调控政策，对农村到城镇、小城市到大城市①、其他城市到京沪的户口迁移进行不同程度的限制，并在此基础上对粮食供应的关系转移政策进行了重新调整。1964 年，《公安部关于处理户口迁移的规定（草案）》提出了优先控制大城市人口的户口迁移思路，对于“从城市、集镇前往农村的”“从城市迁往集镇的”“从大城市迁往小城市的”“从北京、上海前往其他城市的”“同等城市之间、集镇之间、农村之间相互迁移的”“从内地人口稠密地区迁往边远人口稀少地区的”户口迁移一律不予限制，对“从农村迁往城市、集镇，从集镇迁往城市的”户口迁移要严加限制，对“从小城市迁往大城市、从其他城市迁往北京、上海两市的”的户口迁移要

---

① 国家建设委员会于 1955 年出台了《关于当前城市建设工作的情况和几个问题的报告》，首次提出了大、中、小城市的划分标准：“50 万人口以上为大城市，50 万人口以下、20 万人口以上为中等城市，20 万人口以下的为小城市。”

适当限制[①]，这是较早专门对人口迁移方向进行严格控制的户籍政策。在这一阶段，亲属投靠被严格限制，其中从农村迁往大城市最为困难，从小城市迁往大城市则需要有“正当理由”，即在户籍地无其他照料人的缺乏单独生活能力的老人、幼儿和残疾人。1977 年，国家对人口迁移方向的控制进一步细化，严格控制市镇人口增长，明显加强了向特大城市户口迁移的限制力度，提出对于“农村迁往市、镇（含矿区、林区等，下同），由农业人口转为非农业人口，从其他市迁往北京、上海、天津三市的”户口迁移要严加控制，对“从镇迁往市，从小市迁往大市，从一般农村迁往市郊、镇郊农村或国营农场、蔬菜队、经济作物区的”户口迁移进行适当控制。[②] 同时，家庭流迁的限制较多，农村人口难以通过婚嫁等方式进入城镇并获得非农业户口，夫妻投靠、子女投靠和父母投靠等方式均予以限制，“与市、镇职工、居民结婚的农村人口（包括上山下乡知识青年），应在农村参加集体生产劳动，不得迁入市、镇，其子女也应在农村落户，……市、镇职工在农村的父、母，不得迁入市、镇。如确无亲属依靠，生活难以自理，必须到市、镇投靠子女的，可准予落户”。

从粮食计划供应制度建立以后，人口迁移流动不仅需要完成户口关系的转移，粮食供应关系转移也成为与之相配套的必需品，由此产生了与户口迁移证相对应的粮食供应转移证。然而，粮食供应转移证制度建立之初即难以涵盖所有户口迁移形式，城镇居民户口转移到其他城镇地区可使用《市镇居民粮食供应转移证明》，农村居民户口转移到其他农村地区可使用《农村粮食供应转移证》，但对于农村居民户口转移到城镇地区的粮食供应转移未做出明确规定[③]，导致农村人口进入城镇地区的困难进一步增加。一方面，国家严格控制城镇人口增长，农村人口落户城镇的条件更加苛刻，即使个体实现落户，对其家庭成员的户口迁移也存在相应限制条件；另一方面，国家严格控制

---

① 佚名：《公安部关于处理户口迁移的规定（草案）》，《山西政报》1964 年第 12 期。

② 佚名：《我国户籍政策调整一览》，《统计科学与实践》2000 年第 7 期。

③ 《商业部关于农业人口迁移办理粮食供应转移关系问题的通知》，1973 年 11 月 6 日。

吃商品粮人口，在粮食供应上对农村地区迁移至城镇人口进行限制，即使农村人口获得在城镇地区工作居住的资格，也仍然按照农村粮食供应，难以获得市镇居民的粮食供应资格。因此，农村人口从农村地区迁移至城镇地区存在多重限制条件，在城镇地区工作居住且符合落户条件的农村人口仅有15%①，由于在迁入时需要同时出具公安部门的迁移证和粮食部门的转移证，符合政策规定且能够获得正批准的粮食供应关系转移极少。

粮食供应限制在控制人口流动方面作用显著，但自1973年印发《商业部关于农业人口迁移办理粮食供应转移关系问题的通知》以来，城市不再向农村流动人口提供粮油供应。由于多数农村人口在城市地区没有口粮供应，生活问题无法解决（安志银，1989），导致这一时期的个体流动和家庭流动比例均处于较低的水平，1980年全国从事非农生产的农村人口约为931万。然而，向城市地区流动的农村人口减少的同时，农村向城市户口迁移的人口规模却在不断增加。据统计，农转非人口在1978—1980年几乎达到了新中国成立以来的高峰，其间农转非人口数量平均每年约为600万人，三年合计达到了1800万人。② 在农转非人口不断增长的前提下，城市粮油供给负担加重，中央再次提出要采取有效措施控制农村向城市的人口流动、农业向非农业的户口迁移，既通过发展乡镇经济吸引农村人口从事非农产业经营的方式减少进城务工的规模，“城镇集体所有制单位一律不准招收农民当职工（包括临时工），城镇的技工学校不得从农村招生”；也通过控制城市招工、收紧户口和粮食关系转移政策的方式减少农转非人口的规模，“各地每年都要检查一次户口、粮食管理和招收职工政策的执行情况。发现不符合政策规定的做法，应限期纠正，到期不纠正的，粮食部门有权拒绝供应粮食”。之所以产生户口迁移规模远远大于人口流动规模的现象，另一方面是由于国内经济环境有所恢复，城

① 佚名：《国务院批转公安部关于各地贯彻执行户口迁移规定的情况报告》，《江西政报》1966年第2期。

② 佚名：《湖南省人民政府关于贯彻执行〈国务院关于严格控制农村劳动力进城做工和农业人口转为非农业人口的通知〉的意见》，《湖南政报》1982年第5期。

市地区企事业单位用人需求逐渐回升且能提供高于农业生产的收入待遇；另一方面是由于户口迁移政策有所松动，早期未能完成家庭团聚的农村人口开始以亲属投靠的途径进入城市。当然，这一阶段的夫妻投靠政策表现出极强的方向性，仍然以“适当控制城市人口、职工总数和商品粮销量”① 为前提，允许大城市到中小城镇、内地人口稠密地区到边疆人口稀少地区、一线和二线地区到三线地区的夫妻投靠，对反向的户口关系迁移，尤其是针对从小城市迁往大中城市和从其他城市迁往特大城市（京津沪）的情况，仍然从严掌握。因此，获得大城市户籍的流动人口的家庭团聚仍然存在诸多困难，在大城市工作居住的流动人口的家庭团聚情况更差。

三　逐步开放阶段：自理口粮政策和小城镇改革

出于发展乡镇经济的需要，中央开始肯定农民进城务工的积极作用，但仍然主要局限于促进集镇发展、繁荣城乡经济的视角，仅仅鼓励农民进入集镇地区落户，对于县城关镇、城市和大城市郊区集镇的落户问题仍有限制。1984 年，国务院印发《关于农民进入集镇落户问题的通知》，开放农村人口从乡村到集镇地区流动迁移的限制，允许为在集镇地区务工、经商、从事服务业的农村居民及其家属落户。准许在集镇地区落户的同时，发放“自理口粮户口簿”，组织集镇粮食部门为自理口粮不足的人口供应加价粮油（朱宝树，1989），要求地方政府为其建房、买房、租房提供方便，并在教育、卫生、民政、计划生育等方面提供服务。

自理口粮政策的出台放松了对城乡人口流动尤其是到集镇流动的限制，伴随市场经济改革的推进，城乡、区域之间的人口流动规模逐渐增加。1985 年，政府开始重视对流动人口的规范管理，建立暂住人口管理制度，要求居住时间 3 个月以上的 16 岁以上的公民必须申领“暂住证”，某些需要长期居住的行业人员须办理寄住户口，即申领“寄住证”（王立英，1996）。值得注意的是，无论是“暂住证”还是

① 《中央组织部、民政部、公安部、国家劳动总局联合发出〈关于逐步解决职工夫妻长期两地分居问题的通知〉》，《劳动工作》1980 年第 3 期。

“寄住证”，都与常住居民户口不同，不关联社会福利和保障服务，主要功能是便于实现流动人口管理和维护社会秩序。暂住人口管理制度和自理口粮政策的出台，尽管对于家庭迁移的限制仍未放松，但基本上消除了家庭流迁的制度限制，原则上个体可携带家庭成员自由流动。家庭流迁决策从被动转向主动，户籍迁移和粮油关系转移制度对家庭流迁的影响开始减弱，个体特征和家庭禀赋对家庭流迁的影响不断增加。

1985 年，我国流动人口规模已经达到 3413 万人，其中城市地区流动人口 2126 万人，乡镇地区流动人口 696 万人。[①] 这一数据一方面反映出大量人口向城市聚集的趋势，另一方面也反映出乡镇地区吸引力匮乏。按照第四次人口普查的数据结果看，城市地区流动人口的迁移问题涉及人群更广，也正因如此，国家对城市户口迁移制度的改革仍然持谨慎态度，但也开始考虑进一步改革乡镇户口迁移制度。党的十八届三中全会确定了小城镇户籍管理制度和促进农村劳动力转移的改革方向，在小城镇地区已经就业且符合相应条件的农村流动人口可以办理当地常住户口，但对于城市户籍准入制度并未做重大调整。1997 年，国务院批转了公安部《小城镇户籍管理制度改革方案》和《关于完善农村户籍管理制度的意见》，坚持推动农村剩余劳动力就近有序地向小城镇转移的改革思路，这一改革方案于 2001 年在全国推行（刘武俊，2001），蓝印户口和自理口粮户口等被统一作为城镇常住口进行再登记。此时的小城镇试点地区的户籍迁入条件非常低，只要在小城镇拥有合法非农职业或稳定生活来源且在合法固定住所居住满两年，基本都可以实现落户，并且允许农民根据个人意愿选择是否保留原有的土地承包经营权。同时，小城镇户籍改革完善有助于家庭迁移的户籍准入政策，明确提出“对于共同居住的直系亲属，可以随迁办理城镇常住户口”。[②] 然而，当时的户籍改革仍然局限于小城镇地

① 国务院人口普查办公室：《中国第四次人口普查的主要数据》，中国统计出版社 1991 年版。

② 《国务院批转公安部小城镇户籍管理制度改革试点方案和关于完善农村户籍管理制度意见的通知》（1997 年 6 月 10 日），《中国法律年鉴（1998）》。

区，对于大中城市的户籍迁入仍然继续限制，京津沪等特大城市的户籍迁入更是受到严格控制。

四　差异化调控阶段：区域户籍与公共服务的双重约束

2010 年以后，我国新型城镇化战略继续实施差别化落户政策，使城市规模与区域户籍政策和公共服务体系紧密相连。《国家新型城镇化规划（2014—2020 年）》提出全面放开建制镇和小城市落户限制，有序放开城区人口 50 万—100 万人的城市落户限制，合理放开Ⅱ型大城市落户限制，合理确定Ⅰ型大城市落户条件，严格控制特大城市人口规模。大中城市可设置参加城镇社会保险年限的要求，但最高年限不得超过 5 年。特大城市可采取积分制等方式设置阶梯式落户通道调控落户规模和节奏。2014 年 7 月，《国务院关于进一步推进户籍制度改革的意见》出炉，其中“取消农业和非农业户口的区别”在某种意义上象征着城乡二元时代的结束，但以地域为基础划分的区域户籍准入机制仍然为中国的户籍和公共服务改革带来了新的挑战。在放开小城镇户籍准入限制的基础上，进一步全面放开包含县政府驻地镇在内的建制镇，县级市市区和小城市的落户限制也得以放开。然而，对于拥有 20 万—100 万城区人口的中等城市采取有序开放的政策，这一思路导致大部分中等城市的户籍准入门槛仍然较高。对于拥有 100 万以上城区人口的大城市，户籍准入条件的设置成为改革核心，100 万—300 万城区人口的大城市落户须满足就业、住所和社保等多项条件，300 万—500 万城区人口的大城市落户条件更加严格，部分城市也可采取积分落户政策。对于拥有 500 万以上城区人口的特大城市，则需要建立基本落户制度，以就业、住所、社保和居住年限等为积分维度计算分值，达到积分要求的流动人口可将本人及直系亲属的户口迁至当地。两年后，《国务院关于深入推进新型城镇化建设的若干意见》出台，提出“除超大城市和特大城市外，其他城市不得采取要求购买房屋、投资纳税、积分制等方式设置落户限制”[①]，区域户籍准入机制被进一步削弱。2016 年 10 月，国务院发布《推动 1 亿非户籍人

---

① 《国务院关于深入推进新型城镇化建设的若干意见》，《城乡建设》2016 年第 3 期。

口在城市落户方案》，将“促进有能力在城镇稳定就业和生活的农业转移人口举家进城落户”，[①] 作为推进新型城镇化建设的首要任务，明确要求大中城市均不得采取购买房屋、投资纳税等方式设置落户限制，其中城区常住人口300万人以下的城市不得采取积分落户方式。同时，我国基本公共服务还存在“规模不足、质量不高、发展不平衡等‘短板’，一些服务项目存在覆盖盲区，尚未有效惠及全部流动人口”[②]，流动人口在就业、生活、社会保障等领域比中小城市面临更多的挑战，需要经历经济、制度等层面的本地化过程，公共服务的获得更是直接影响其家庭生活的完整性。

在大量关于户籍制度的已有研究中，户籍对资源配置的决定作用一直被视为影响公民社会权利的重要因素。从历史的视角看，自建立现代户籍管理制度以来，户籍对公民社会权利的影响具有很强的阶段性和连续性，户籍管控政策经历了由放松到紧控再到放松的变化，但管控政策仅仅对不同类型户籍人口规模大小的控制起到了关键作用，而不是造成不同类型户籍人口社会权利或公共服务差异的主要原因。事实上，户籍制度对公民社会权利影响的差异与不同阶段户籍和公共服务体系的关联程度有关，随着两者之间的关系逐步“脱钩”，作为中介因素的户籍对公共服务和人口迁移流动的影响也随之发生变化。在城市最基本的公共服务（粮油关系）与户口联系完全捆绑时，农业户口和非农业户口的权利差距极为明显，城乡之间的人口流动迁移几乎难以实现；在部分城市公共服务与户口分离时，如自理口粮和加价粮油政策的出现，农业和非农业户口的权利差距开始有所减少，城乡之间的人口流动开始增加，但户口迁移仍然受到户籍政策的限制；在城市公共服务与户口进一步分离时，如取消农业和非农业户口，城乡之间的权利差距迅速减弱，本地人口与流动人口之间的权利差距更加值得重视。相较于原来与户口捆绑的城乡权利差异，“本地—外来”

---

① 《国务院办公厅关于印发推动1亿非户籍人口在城市落户方案的通知》，2016年9月30日，http://www.gov.cn/zhengce/content/2016-10/11/content_5117442.htm.

② 《国务院关于印发“十三五”推进基本公共服务均等化规划的通知》，2017年1月23日，http://www.gov.cn/zhengce/content/2017-03/01/content_5172013.htm.

的权利差距不再简单地由户籍政策决定，而是在差异化的户籍准入政策和公共服务改革进程中变得更具地方性色彩。换言之，国家从人口调控的层面对不同规模等级城市的户籍迁移政策进行了顶层设计，而不同城市的公共服务均等化改革则由地方主导推进。户籍准入政策的国家调控和公共服务改革的地方性色彩是否导致了显著的区域差异，而这种差异是否影响了我国流动人口家庭迁移和流动的行为决策？这一问题将在后面进行深入讨论。

第三节　相关概念界定

当前关于城市规模等级的划分标准明确但操作化不足，流动人口存在多种统计口径，基本公共服务涵盖范围较广，上述问题均为研究的开展带来了一定的干扰与阻碍。因此，在讨论城市公共服务与流动人口家庭迁居模式的关系问题之前，本节力图理清大城市、流动人口、家庭迁居模式、家庭化过程和基本公共服务等概念，对相关概念进行界定与说明，以免引起因概念不清带来的各种争论。

一　大城市流动人口

大城市流动人口是针对中小城市流动人口而提出的概念，界定大城市定义及其等级划分标准是确定“大城市流动人口”概念的前提。2014 年，国务院出台的《关于调整城市规模划分标准的通知》（以下简称《通知》），以城区常住人口为统计口径，将城市划分为五类七档，将小城市和大城市分别划分为两档，细分小城市主要为满足城市规划建设的需要，细分大城市主要是实施人口分类管理的需要。大城市主要是指城区常住人口在 100 万人以上的城市，其中城区常住人口在 100 万—300 万人的城市被定义为Ⅱ型大城市，城区常住人口在 300 万—500 万人的城市被定义为Ⅰ型大城市，城区常住人口在 500 万—1000 万人的城市被定义为特大城市，城区常住人口在 1000 万人以上的城市被定义为超大城市。本书采用的“大城市”概念与政策定义相同，即城区常住人口在 100 万人以上的城市即为“大城市”，包含Ⅰ型大城市、Ⅱ型大城市、特大城市和超大城市。尽管《通知》提出了明确的划分标准，但关于城区的统计口径过于严格①，不便于统计操作，需要极为详细的统计数据（如人口普查）才能符合这一指标的统计需求，因此难以掌握我国城市规模等级的现状及变动情况。按照2010年第六次全国人口普查数据统计，我国城区常住人口超过100万人的城市共有70个，超大城市、特大城市、Ⅰ型和Ⅱ型大城市的构成为3/9/11/47（戚伟、刘盛和、金浩然，2016），但之后关于城市规模等级的分析便缺乏数据支撑，甚至产生了一些使用市域人口作为划分标准的错误做法。

表1-1 我国城区常住人口100万人以上的大城市等级划分（2013年）

	城区常住人口数（人）	城市名称
超大城市	>1000万	上海、北京、重庆、深圳、广州、天津
特大城市	500万—1000万	武汉、东莞、南京、郑州、沈阳
Ⅰ型大城市	300万—500万	成都、哈尔滨、西安、杭州、昆明、长春、太原、合肥、大连、青岛、长沙、乌鲁木齐
Ⅱ型大城市	100万—300万	济南、苏州、厦门、贵阳、洛阳、石家庄、汕头、南宁、南昌、无锡、福州、佛山、揭阳、唐山、兰州、临沂、温州、呼和浩特、宁波、包头、徐州、邯郸、鞍山、柳州、淄博、珠海、南阳、惠州、常州、烟台、南通、大庆、绍兴、淮安、济宁、抚顺、大同、银川、吉林、潍坊、海口、西宁、保定、泉州、江门、绵阳、芜湖、泸州、衡阳、自贡、扬州、齐齐哈尔、南充、淮南、株洲、台州、营口

资料来源：住房和城乡建设部：《中国城市建设统计年鉴（2013）》。

尽管严格定义的城区常住人口难以统计，但是与市区和市辖区的统计口径相比，住房和城乡建设部关于“城区”的概念与新的划分标准更加接近。住房和城乡建设部的统计资料中将城市空间划分为市

① 新划分中的城区概念是指在市辖区和不设区的市，区、市政府驻地的实际建设连接到的居民委员会所辖区域和其他区域。

区、城区两个层次①，其中的城区定义与新划分标准中的城区定义较为接近，但新城区的定义更接近主城区或建成区的概念，而住建部的城区概念将部分符合标准的分散区域也统计在内。尽管如此，考虑到城市所辖区域分散或远离主城区的情况较少，现有统计资料难以支撑新“城区”标准的统计，因此仍然建议使用住房和城乡建设部关于城区的统计口径。按照住房和城乡建设部公布的《中国城市建设统计年鉴（2013）》数据统计，2013 年我国城区常住人口超过 100 万人的城市共有 80 个，超大城市、特大城市、Ⅰ型和Ⅱ型大城市的构成为 6/5/12/57，划分结果可见表 1-1。因此，本书中大城市流动人口指在城区常住人口 100 万人以上的城市生活 1 个月以上，但户籍不在现居地所在市辖区的人口。

二　家庭迁居模式与家庭化过程

家庭迁居模式是指在个体流动的过程中其他家庭成员会发生的相伴随的迁移或流动的情况。当个体发生迁移或流动时，其所在家庭的其他成员全部未发生相应的迁移或流动，这种纯个体迁移流动的方式构成了第一种迁居模式——独自迁居模式。当个体发生迁移或流动时，其所在家庭的其他成员部分发生相应的迁移或流动，这种部分迁移流动的方式构成了第二种迁居模式——半迁居型模式。当个体发生迁移或流动时，其所在家庭的其他成员全部都发生相应的迁移或流动，这种举家迁移流动的方式构成了第三种迁居模式——完全迁居模式。家庭迁居模式可分解为三个组成部分：首次流迁方式、随迁间隔和顺序、家庭团聚结果，三个部分取值的不同组合可以构成比上述三种更为详细的迁居模式。

---

① 市区指城市行政区域内的全部土地面积（包括水域面积），地级以上城市行政区不包括市辖县（市）；城区包括街道办事处所辖地域，城市公共设施、居住设施和市政公用设施等连接到的其他镇（乡）地域，常住人口在 3000 人以上独立的工矿区、开发区、科研单位、大专院校等特殊区域。与新划分标准不同的是，对于组团式和散点式的城市，城区由多个分散的区域组成，或有个别区域远离主城区，住房和城乡建设部的统计口径中将这些分散的区域相加作为城区。

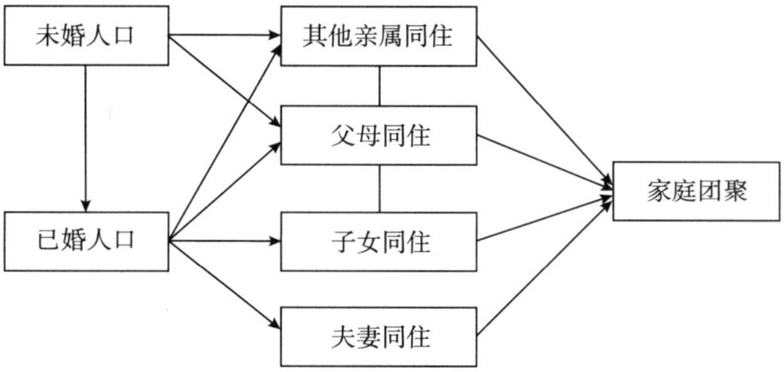

图 1-1 流动人口的家庭化过程

如果说家庭迁居模式反映的是流动人口静态的迁移类型，那么家庭化过程是指个体在生命历程中不断组建新家庭或实现原有家庭团聚的过程。与迁居模式不同，家庭化过程的侧重点不仅在于发生迁移或流动行为时是否存在其他家庭成员发生的相伴随的迁移或流动的情况，而在于迁移或流动行为发生之后流迁者所属家庭能否在现居地保持一定的完整性。对于已婚的流动人口而言，能否与其配偶、父母、子女等原家庭成员共同生活是测量家庭化过程的重要判定标准；对于未婚的流动人口而言，能否与其父母共同生活是测量家庭化过程的重要判定标准。此外，因流动人口的婚育状况和家庭结构的不同，家庭化过程还包含离婚或丧偶后与父母或子女共同生活的情况，也包含已婚或未婚青年与其他亲属共同生活等情况，但这几种模式并不常见且在本次调查中占比极低，因此不作为本研究的主要分析对象。

三 城市基本公共服务

当前，关于公共服务的内涵和外延存在不同的观点，但基本上差别不大。公共服务的内容主要包括四个方面，分别是基本民生性服务、公共事业性服务、公益基础性服务和公共安全性服务（常修泽，2007；刘丽，2008；倪红日、张亮，2012）。基本民生性服务指就业服务、社会救助、养老保障等旨在保障基本生活水平的服务，公共事业性服务指公共教育、公共卫生、公共文化、科学技术、计划生育等旨在保障个体及家庭生活改善和发展的服务，公益基础性服务是指公共设施、生态维护、环境保护等旨在改善居民生活环境的服务，公共安全性服务是指社会治安、生产安全、消费安全、国防安全等旨在保证居民生命安全的服务。从服务内容看，公益基础性服务和公共安全性服务属于公共环境改善类的服务，主要包括用水用电、通信设施、交通道路、文娱设施、医疗资源等公共设施（杜旻，2013；李晓霞，2014；朱琳，2016；杨晓军，2017；杨义武、林万龙、张莉琴，2017），这类服务并不针对特定人群提供专项服务，服务范围完全覆盖所有常住人口；而基本民生性和公共事业性服务则是存在制度覆盖人群，包含了就业、社保、入学、住房等一系列的与户口关系密切的服务内容（蒋耒文、庞丽华、张志明，2005；郭小聪、刘述良，2010），并非所有常住人口均可享受。当前主要有两种测量公共服务水平的方式：一是从服务供给侧的角度衡量城市公共产品的提供，二是从服务接受方的角度衡量城市公共服务的可获得性。从均等化的视角看，公共服务与社会权利的概念相似，即地方政府为其管辖范围内的公民或居民提供的权利保障（Fraga，2016），这类保障无论是对于户籍人口还是流动人口都应该是一致的。因此，本书中的基本公共服务主要从服务接受方的角度进行测量，集中分析城市流动人口与本地人口基本民生性服务和公共事业性服务获得的差异。同时，参照《国家新型城镇化规划（2014—2020）》中“积极推进城镇基本公共服务由主要对本地户籍人口提供向对常住人口提供转变”的目标，可将义务教育、就业服务、基本养老、基本医疗卫生、保障性住房和登记服务作为大城市公共服务的主要测量指标。

第四节　研究方法与数据选择

为了准确地分析研究问题，本书在研究方法和数据选择上尽可能地保证方法的多样性和数据的合理性。在研究方法的选择上，使用了指数评价、因子分析等多种方法对城市公共服务的状况、特征及区域差异进行了测量和比较，并利用城市层次分析结果使用分层线性回归方法讨论公共服务改善对家庭迁居模式的影响。在数据来源的选择上，综合考虑样本规模、问卷设计、抽样过程等因素之后，在2011至2015年的全国流动人口动态监测调查中选取了2013年的调查数据作为研究分析的主数据。

一 研究方法

（一）指数评价法

指数评价法的基本思路是利用层次分析法计算的权重和具体数值进行累乘后相加，最后得出关于某一问题的综合评价指数。在指数计算过程中，首先需要将各项具有不同含义的指标转化为无量纲可比较的指标，并依据理论和经验判断对各项指标赋予相应权重，其中各项指标的权重由其重要程度决定，以期能够反映各项指标在综合指数中的作用大小。本书计算城市公共服务指数时参考了移民融合政策指数的计算方法，将子女教育、就业服务、社会保障、医疗卫生、住房保障和落户限制视作同等重要的公共服务内容，赋予流动人口城市公共服务指数6个维度相同的权重。首先，计算各个二级指标的实际值，在此基础上采用Z分数法对实际值进行标准化处理，得到各个二级指标的标准化Z分数；其次，对各个一级指标下的二级指标进行平均即可得到6个一级指标的标准化得分；最后，对6个一级指标进行平均即可得到流动人口城市公共服务指数的综合得分。

（二）因子分析法

在对大城市流动人口公共服务指数分析的基础上，本书使用验证性因子分析法研究大城市不同类别的公共服务均等化之间的内在关系。第一，它假定所有的因子（旋转后）都会影响测度项。在实际研究中，我们往往会假定一个因子之间没有因果关系，所以可能不会影响另外一个因子的测度项。第二，探索性因子分析假定测度项残差之间是相互独立的。实际上，测度项的残差之间可以因为单一方法偏差、子因子等因素而相关。第三，探索性因子分析强制假定所有的因子是独立的。这些局限性就要求有一种更加灵活的建模方法，使研究者不但可以更细致地描述测度项与因子之间的关系，而且可以对这个关系直接进行测试。而在探索性因子分析中，一个被测试的模型往往不是研究者理论中的确切模型，因此本书使用验证性因子分析法进行讨论，在引进多维度指标的同时将复杂因素归结为几个主成分，使问题简单化，同时得到结果更加科学有效的数据信息。

（三）分层 Logit 回归分析法

本研究主要使用分层多分类 Logit 模型分析家庭迁居模式的影响因素。Logit 回归模型将家庭迁居的概率值 p 转化为发生比（odds），与原来的 p 值不同，odds 没有最大值，但拥有最小值 0，通过对 odds 值的对数变化，Logit（Y）保证了模型的估计概率不会小于 0 或大于 1，但这也意味着线性模型中的因变量有无穷大和无穷小的数值而导致 OLS 无法预测参数。由于最大似然法可以充分利用函数值，并通过不断地迭代过程查找最优的参数集以最大化对数函数。尽管 OLS 线性估计存在无须迭代可直接得出答案的可能，但只能在 OLS 的假设完全符合时才能实现，所以 Logit 回归使用最大似然估计来替代 OLS 估计方法。然而，传统的多分类 Logit 模型仅能用于分析单一层次的关系效应，难以满足跨层次分析的需要。因此，本书采用的分层多分类 Logit 模型将城市作为单独的一层进行分析，使用家庭迁居模式的定类变量对个人公共服务获得以及其他一些控制变量进行回归的同时，还比较了不同公共服务水平不同的城市之间的家庭迁居模式差异。

二　数据来源

本书使用由国家卫生计生委组织开展，由中国人口与发展研究中心负责实施的全国流动人口动态监测调查数据。该调查是一项根据流动人口卫生计生服务管理工作和政策研究的需要而开展的调查，调查对象为在流入地居住 1 个月以上，非本区（县、市）户口的 15 周岁及以上的流入人口。自 2009 年开始首轮调查之后，该调查每年进行一次，至今已经开展了八轮调查。调查按照随机原则在全国 31 个省（区、市）和新疆生产建设兵团流动人口较为集中的流入地抽取样本点[①]，开展多阶段抽样调查，使调查结果对全国和各省具有代表性。

① 抽样总体为在调查前一个月前来本地居住、非本区（县、市）户口且 2013 年 5 月年龄在 15—59 岁的流入人口。抽样总体中不包括调查时在车站、码头、机场、旅馆、医院等地点的流入人口。在编制抽样框时，对符合抽样总体要求但在非正规场所（临时工地、废弃厂房、路边等）居住的流入人口已经尽可能地避免遗漏。

首先，为确保对各省级单位的代表性，首先对 32 个省级单位进行分层。按 31 个省份和新疆生产建设兵团（以下简称 32 个省级单位）分层。其次，在省内对城市带及重点城市进行二级分层。二级分层内为等比例抽样，其样本为自动加权样本。各二级分层之间为不等比例抽样；在计算全国指标时，需要根据各二级分层单位的抽样比进行加权。最后，对二级分层单位内按乡镇街道属性排序，进行“潜在”分层，按 PPS 法抽选乡镇街道。在抽中的乡镇街道内，按村居委会及流动人口的居住形态，即“分散居住”“集中居住”“工棚、临时住所居住”排序，进行“潜在”分层，按 PPS 法抽选村居委会。在每个抽中的居委会或村委会内，抽取 20 个人作为调查对象。个人调查对象的抽选采取上、下结合的方法：由国家根据所抽选村居委会中符合条件的流动人口数量统一确定“调查分组数”并随机给出具体的“调查组别”；各地调查人员负责编制该“调查组别”内 100 名合格个人对象名单，在对合格对象按性别、年龄、来本地时间/进入信息系统时间排序后从中抽选出 20 人进行调查。在村居委会内，以个人作为抽样单位。在任何情况下，一个家庭内只能调查 1 名 15—59 岁的流动人口，保证了调查中流动人口家庭调查对象的唯一性。

表 1-2　　全国流动人口动态监测调查城市样本量　　单位：个

城市名＼年份	2011	2012	2013	2014	2015
深圳市	13729	16836	17966	20341	2000
上海市	8647	12680	17666	17689	8000
北京市	8241	10162	13849	13541	8000
广州市	7595	9200	9644	10504	2000
苏州市	8099	8282	8356	7769	2000
东莞市	4674	5612	6807	6644	2000
宁波市	4848	5678	6787	6966	2040
杭州市	4848	5174	6468	6799	1960
温州市	4525	5090	5361	6365	1920

续表

城市名 \ 年份	2011	2012	2013	2014	2015
佛山市	3505	2806	5078	6112	2400
台州市	2101	2355	3888	3077	1040
厦门市	1539	2078	3316	3243	2000
天津市	1850	2055	3114	2908	6000
无锡市	1705	2467	2947	2797	2000
泉州市	2093	2540	2922	3122	2000
重庆市	1111	3102	2263	3030	6000
福州市	1478	1616	2191	2038	2000
中山市	1753	1754	2053	2584	2000
长沙市	720	1464	1921	1689	2000
贵阳市	1010	1162	1875	875	2000
成都市	1300	1264	1846	1944	2800
惠州市	1168	1228	1729	1869	1120
武汉市	633	913	1532	1251	2000
昆明市	616	1045	1519	1385	2000
江门市	1168	1403	1513	1948	920
郑州市	925	1116	1466	1658	2000
南京市	1620	1410	1442	1357	2000
大连市	387	597	1438	1345	2000
珠海市	1022	1228	1405	1066	680
常州市	512	881	1246	1199	2560
青岛市	799	945	1125	678	2000
兰州市	428	587	909	939	2000
乌鲁木齐市	584	722	907	905	2040
南宁市	509	590	856	1073	2000
合肥市	464	492	844	872	2000
包头市	549	576	821	834	800
西安市	197	661	796	772	2000
太原市	434	547	781	753	2000
呼和浩特市	574	641	741	775	2000

续表

城市名＼年份	2011	2012	2013	2014	2015
石家庄市	454	513	696	570	3000
唐山市	122	335	608	358	1000
海口市	356	399	557	465	2000
南通市	256	391	534	507	840
柳州市	339	354	487	545	1360
大同市	329	266	455	446	920
济南市	287	291	428	464	2000
合计	100103	121508	151153	154071	105400

本书的数据分析以 2013 年的微观数据为主，同时配合使用了 2011—2015 年的微观数据。之所以选择 2013 年的调查数据，主要原因是该年度调查的分城市样本量足够大，每个大城市的样本量基本在 500 个以上，同时问卷内容中关于教育、就业、社会保障、住房等公共服务和社会融合的问题设计较为全面。2013 年调查的总样本量为 19. 6 万人，涉及流动人口家庭成员共计约 45 万人，其中大城市样本量约为 15 万人，涉及流动人口家庭成员共计约 35 万人。调查问卷分为个人问卷和社区问卷两种，个人问卷主要包括基本情况、就业居住和社会保障、婚育情况与计划生育服务、社会融合等；社区问卷主要包括人口基本状况、社区管理与服务、流动人口计划生育基本公共服务均等化服务落实情况等。

第五节　研究创新及不足

一　创新之处

在研究主题的确定上，流动人口的社会融合研究大多集中在迁移人口就业、经济、社会保障福利等客观融入方面的讨论，而家庭迁移反映了流动人口在流入地的生活完整性问题，将是否完全实现家庭团聚作为衡量社会融合的重要问题之一，对于大城市流动人口的社会融合研究具有一定的理论和实际意义。迁移人口的关系“本地化”过程可以被视为实现完全社会融入的过程，对其社会融合和社会参与程度的提升具有重要意义。在研究方法的使用上，本书使用分层 Logit 分析模型讨论流动人口家庭迁居决策的影响因素及形成过程，既从中观的城市层面讨论公共服务环境对家庭迁居决策的影响，也从微观的个人和家庭层面讨论家庭迁居决策行为。在研究对象的选择上，本书的关注对象不仅仅局限于以乡城流动人口为代表的农村非户籍迁移人口，而是结合城乡二元社会结构分析视角将城镇非户籍迁移人口纳入城市流动人口的体系之中。因此，城镇非户籍迁移人口数据的获得和使用对人口迁移过程中的家庭团聚问题研究提供了相对完整的研究框架。

二　理论与实践意义

首先，本书结合中观和微观的视角对大城市流动人口的家庭迁居决策进行了讨论，构建了关于家庭团聚的多层次模型，为迁移研究提供了新视角。大城市流动人口的家庭迁居模式变化受到人口流动、公共服务均等化和户籍政策改革的共同影响，对流入地和流出地家庭结构和生活质量的影响重大，直接影响着未来中国城镇人口的空间和社会结构。从迁移者角度看，迁移是分散风险的方式，而不是带来风险的行为，但从流入地的角度看，迁移是风险和不确定性增加的直接来源。事实上，个体流动迁移的不确定性更强，对流入地社会造成的潜在风险远远高于家庭流动迁移，因此需要通过改善城市公共服务供给和个体公共服务获得的方式降低家庭迁移的成本，促进社会稳定。因此，本书集中讨论了流动人口家庭迁居决策和行为的变动过程，继现代化和全球化之后讨论了人口流动过程中的社会风险问题。因此，本书不仅有助于了解大城市流动人口的生活方式，也为流动人口在流入地生活质量的改善提供实际建议。

其次，本书重新论证了国家依据城市规模等级进行户籍人口调控的顶层设计，有助于为大城市流动人口管理和公共服务均等化改革提供具体参考和建议。2014 年 7 月，《国务院关于进一步推进户籍制度改革的意见》出炉，其中“取消农业和非农业户口的区别”在某种意义上象征着城乡二元时代的结束，但以地域为基础划分的区域户籍准入机制为中国的户籍和公共服务改革带来了新的挑战。两年后，《国务院关于深入推进新型城镇化建设的若干意见》出台，提出“除超大城市和特大城市外，其他城市不得采取要求购买房屋、投资纳税、积分制等方式设置落户限制”，区域户籍准入机制被进一步削弱。然而，大城市的流动人口作为流动人口的主要构成部分，在就业、生活、社会保障等领域比中小城市面临更多的挑战，需要经历经济、制度等层面的本地化过程，公共服务的获得更是直接影响其家庭生活的完整性。

最后，本书可以为农民工市民化、流动人口本地化和流动人口家庭化研究提供经验支撑，为推动新型城镇化建设提出一定建议。流动迁移方式的家庭化过程是特定的社会变迁和经济发展的重要表现，对流动人口家庭团聚的影响因素的研究具有重要意义，解决大城市流动人口的家庭团聚问题仍然是城镇化政策必须高度重视的问题。在家庭成员分离向家庭团聚转变的过程中，城市流动人口的家庭生活变得更具完整性，在增加家庭社会支持的同时也会促进社会融合，减少社会差异感。城市流动人口能否顺利实现家庭团聚对城市社会的稳定发展具有重要意义，家庭团聚不仅能够影响城市流动人口归属感，从而影响其对城市事务的公共参与度和责任感；更会影响他们的生活和行为方式，从而改变其生活质量和主观幸福感。因此，本书关于城市流动人口家庭团聚的讨论不仅对流动人口在流入地的生活具有参考价值，对其所在流出地家庭的发展也具有重要意义，有助于从另一个角度对留守儿童、留守妇女和留守老人的居住分离问题进行再审视。

三 研究不足和困难

第一，数据获得存在限制。在研究对象的选择上，本书的关注对象为大城市的流动人口，同时需要在城市层面测量公共服务改善对流动人口的影响，因此需要在符合条件的城市中保证获取一定规模的样本量，CGSS、CFPS、CSS 等调查总样本量较大且具有全国代表性，但大城市流动人口样本的数量和结构缺乏代表性。尽管全国流动人口动态监测调查包含足够大的流动人口样本，50 个大城市的平均样本量基本都在 500 个以上，但缺乏可以形成参照的户籍人口样本。本书曾试图通过利用其他来源的调查数据，但遗憾的是，仅就公共服务问题而言，目前国内尚未在全国范围内开展大规模的具有城市代表性的户籍人口调查，因此最终难以将户籍人口纳入比较框架，从而使本书存在一定缺憾。

第二，城市公共服务均等化程度的测量存在困难。当前关于公共服务均等化的量化研究较少的主要原因是数据难以获得和测量体系难以构建。当前主要有三种测量方式：①计算户籍门槛指数；②计算常住人口与流动人口公共服务的绝对差异；③计算不同城市间流动人口公共服务的相对差异。从数据可行性和指标的信度与效度看，三种测量方式均存在一定的限制和不足。尽管本书借鉴了前人使用户籍价值和户籍门槛间接地测量城市公共服务均等化程度的方法，并且结合新型城镇化中公共服务的定义使用官方数据和微观数据进行城市公共服务指标体系的构建，但仍然仅能衡量不同城市之间的流动人口公共服务水平差异，而难以直接衡量户籍人口和流动人口之间的公共服务差距。

第二章

文献回顾

第一节　国外相关文献回顾

国外的移民迁移过程历史较远，因此对于移民的研究也经历了一个较长的时期，很多国家都非常关注移民问题，不仅因为国家本身对于移民的需要，同时也因为大规模移民的到来对社会各方面产生了一系列的深远影响。其中，欧洲国家和美国、加拿大、澳大利亚有大量的研究学者和研究机构针对移民问题做出了大量研究。移民在迁入地的权力获得和社会融入问题是关注度最高的问题之一，欧盟国家较早地开始使用移民融合指数（The Migrant Integration Policy Index，MIPEX）评估移民在当地的社会接纳程度，2004 年英国委员会、移民政策团体、外交政策中心和谢菲尔德大学共同合作完成第一次的 MIPEX 测度。

一　MIPEX：关于移民融合的政策研究

MIPEX 到目前共有三个版本，第一个版本是 2004 年作为欧洲市民化指数公布的，也是欧洲 15 个国家的移民政策第一次用详细的、透明的、可比较的指标，当时这一指数也被很多非政府组织、政府、科研所、出版社等机构所采纳。第二个版本是 2007 年完成的，测量了欧洲 25 个成员方和加拿大、挪威、瑞士共 28 个国家的移民政策，使用了 140 多个政策指标，覆盖了从移民到市民所必须经过的 6 个政策区域：劳动力市场可及程度、家庭团聚、长期居住、政策参与、国家亲和度和反歧视问题，这次的 MIPEX 是因为国际性的压力在 2007 年 11 月的布鲁塞尔发起的，之后变成了一个国家性的事件在整个欧洲进行，以此来激发讨论和辩论。第三个版本是 2011 年组织进行的，这次欧洲 27 个国家以及澳大利亚、加拿大、日本、新西兰、挪威、塞尔维亚、韩国、瑞士和美国，使用的 148 个政策指标，覆盖了 7 个方面的政策来测量从移民到市民的全过程：劳动力市场的流动性、家庭团聚、教育、政治参与、长期居留、国籍可获得性、反歧视。

由于政策在整个欧洲成员国中以相同的水平进行测量，MIPEX 就是一个用来比较履行效率的基准点，他的目标就是要通过提供客观的、便利的、可比较的数据改善欧洲的移民融合政策，对于欧洲每个国家来说，移民的存在已经是一个不争的事实，在移民获得地方准入和社会融入的同时，本地人也会因为这样的开放社会而受益，因此政府制定这些制度框架来让移民逐渐融入，甚至让这些移民也变成真正的市民。MIPEX 就是为了让这些参与国真正看到他们在移民融入中的行为，政府并非唯一主体，地方社区、公民社会和移民个体都需要参与到这一行动中来，MIPEX 就为他们提供了这样的一个平台。2007 年 MIPEX Ⅱ 主要从 6 个方面考察各国的移民融合政策，2011 年 MIPEX Ⅲ是从 7 个方面（新加入了教育方面的维度）考察，如表 2-1 所示，下面分别就这些指标测量方式做一概述。

表 2-1　　　　MIPEX 指标的操作化

指标	维度	解释
劳动力市场的可及性	准入资格	在某些工作岗位是否将移民排除在外
	劳动力市场融入	这个国家是如何帮助移民适应当地劳动力市场需求的
	就业保障	移民就业许可的稳定性
	其他权利	移民在当地就业享有哪些权利
家庭团聚	准入资格	哪些移民可以担保亲属，哪些亲属可以得到担保
	获得条件	移民与家人一起生活权利的获得是否需要一些条件或要求，比如考试或课程
	地位保障	国家是否保护移民与其家人一同居住的权利
	其他权利	移民家属是否享有同样的权利

续表

指标	维度	解释
长期居留	准入资格	移民需要多长时间才能获取永久居住权
	获得条件	合法移民是否被迫使接受一些限制性的要求
	地位保障	移民长久居住权的稳定性
	其他权利	享有长久居住权的移民在生活的各个方面是否与国内市民一样有平等的权利
政治参与	选举权	欧洲外来移民是否可以投票，或作为选举的候选人
	政治自由	移民是否享有参加政党或组建自己社团的权利
	咨询主体	政府是否会与移民自选代表进行有组织的商议
	政策履行	政府是否会积极告知移民他们的相关政治权利？这是否对他们之间的关联有一定帮助
国籍准入权	准入资格	移民需要多久才可以变为市民？他们的孩子和孙子是否享有出生入籍权
	获得条件	合法移民是否被迫使接受一些限制性的要求
	地位保障	获得国籍的移民是否可能再次失去国籍？哪些人是豁免被取消国籍的
	双重国籍	自然市民或移民在本国生育的孩子是否可以有双重国籍
反歧视	定义或概念	歧视是基于宗教信仰、族群种族还是国籍惩罚
	应用领域	在生活范围内反歧视法律是否适用
	实施	受害者是否得到鼓励来作为典型案例
	政策平等	平等者的角色和国家角色的扮演
教育	准入	学前教育、义务教育和中等教育中的准入资格及给予的支持
	定向需求	国家要求对新来的学生及其家庭提供强化培训项目
	新的机遇	是否为移民提供学习移民国家语言和文化的机构
	跨文化教育	官方跨文化教育的目的是否在于鼓励文化多样性

这7个指标对国外移民的社会融合度测量是相对全面的，其中，关于家庭团聚的测量也是本书所关注“家庭迁居”主题中的核心点，参与MIPEX指数测量的国家中移民的“家庭团聚”情况值得分析。

二 影响家庭团聚的政策因素

就当前的跨国家庭数量来看，家庭团聚的政策是决定他们是否能在迁入国相聚的主要影响因素之一，夫妻型的迁移者是家庭团聚的潜在受益人，但是长期以来，他们几乎没有受到过数据的鉴别，也未曾因此受到更多关注而在异地实现家庭团聚。2011 年对欧洲 17 个国家移民人口的估计发现，有将近 5%—7%来自欧洲之外国家的成人公民是没能与他们的伴侣一同居住的，这一比例远远高于欧洲市民夫妻两地分居的比例，同时，在 Belgium 和 Slovenia 这两个国家的比例是大于 10%的，可以判断，这些两地分居的夫妇就是家庭团聚政策的潜在支持者。

MIPEX 指出，大多数分离的家庭有合法权利与家人团聚，只要政策是有利于他们和他们的家庭的整合。新来的人可以依循传统移民国家的程序在刚开始就保护他的家庭生活。在大部分国家团聚的家庭获得安全居住和基本的平等权，然而，不同国家和党派的政策制定者对于如何界定家庭以及在给予的团聚条件上有不同的意见，一种极端是，那些给出家庭定义的国家以此为准入底线，而并不关注现实中的家庭，他们保持“家庭”定义的底线要求，并以此来要求国内所有家庭。另一种极端是许多移民国家视现代核心家庭为标准，而且期待跨国迁移夫妇以远高于本国家庭水平的条件迁入：晚婚、高收入、不需要社会福利、通过语言考试、有一定社会知识、缴纳不成比例的高税额、不需要发展支持（奥地利、荷兰、法国、德国、英国等）。可见大部分国家中那些高技能工人和富人才能满足其条件，但是对于一些需要帮助的弱势群体却很少给予帮助。当前这样的政策环境对平民产生了较大影响，跨国迁移家庭在很多欧洲国家面临不确定的未来，2010 年以来，14 个国家的移民政策几乎从未被修订过，家庭团聚变得越来越政治化，政策的变化源于选举承诺，而非有说服力的评估。移民政策大多是考量现实案例的数目，而非他们对社会整合的影响作用，做出改进也是基于欧洲法律和跨国迁移案件的法庭结果。

MIPEX 中家庭团聚的分值可以更清楚地认识这些国家的移民政策在各个维度上的表现。第一，在准入资格方面，大部分一年以内的暂时性移民都是可以携带家属的，大部分国家移民法认可同性夫妻以及其他类似的长期关系；在夫妻年龄方面，国际标准是平等对待，在 38

个被测国家中30个要求其年龄要大于18/19，也即成年；在核心家庭之外的家属权利是有限的，在被测国家中只有25个国家的移民拥有与核心家庭之外的家庭成员共同生活的权利，其中10个国家中父母和祖父母也是拥有随迁权利的，在6个国家中成年子女也是可以随迁的。第二，要求条件中，仅要求有基本合法收入和标准的住房要求：在22个国家中，保证人可利用所有合法的资源证明一份稳定和足够生活的收入，尽管这一水平在被测的16个国家中是相当模糊和比较高的，在6个国家是远高于一个市民家庭生活所需。其余的16个国家以降低平等待遇作为基准，提高待遇水平来排斥低收入工作者，或者让那些家庭团聚者难以与其他一般家庭一样享受应有的福利；没有语言或融合的要求，在学习语言方面，有27个国家有免费课程对于这些家庭常规开设，但是其中4个国家并不保证对所有人有这样的义务；有8个国家迁入前有语言考试要求，但没有一个能够成功设计让那些在各国分离的家庭学习语言并显著改善他们的融合进度的，其中也有国家在做一些努力和尝试，这种迁入前的考试在欧洲和一些传统移民国家是并不多见的。与一国正常的行政费用和平均收入相比，大部分国家不成比例的费用（超过200欧元）对于团聚家庭来说是有一定负担的，特别是欧洲南部和中部一些国家，包括传统移民国家来说。第三，地位保障。自由决定权，在将近28个国家中，即使夫妻满足法律要求仍然有可能因为一些相对模糊的理由和怀疑而被拒绝，尤其是在中欧；申请人的一些有效信息是入境时要权衡的，包括他们在身体或情感上的暴力倾向，在其中16个国家和大部分西欧国家都是这样的；在西欧和大部分移民国家随迁家人享有与担保人同样的长期安全居住权利；书面决定和复审权利，29个国家中被拒绝的申请者可以获知原因，并且向独立机构或法院上诉。第四，其他权利，为家人工作的平等权利；在23个国家中，与担保人享有同样的社会福利比如教育、社会培训、安全、住房等；获得个人住房的时常和复杂性上，随迁家人经常面临长达5年的延误和其他阻碍；并不是所有弱势群体都是有资格的，比如寡居、离婚、分离、死亡以及有情感或身体上暴力的。

从各维度测量结果中可以看出，在 MIPEX 指数测量的范围内，大部分国家对于家庭团聚的支持度并不高，大部分国家对移民及其家庭成员的长期居住或入籍提出相对苛刻的条件，使一般社会平民很难达到法定条件，由此让移民只能长期两地分居，同时国家的社会福利条件对于这部分流动人口也是非常吝啬，那些随迁者很少被给予等同于市民的权利待遇。这样的情况在传统的移民国家也是如此，他们更愿意接受那些有创造能力，能为本国创造财富的移民人口，美国作为一个移民人口庞大的国家，在移民社会融入问题上做出了长期的努力，但是移民自身的融入现状却并不是很乐观，来自拉美国家、非洲国家和亚洲国家的移民群体中存在大量的移民聚集区和贫民窟，虽然学界、政界、社会团体都在为移民社会融入而努力，但是这些努力的成果并不与预期相符。

三 同化与聚集：公共服务缺失下的迁移行为

美国是最先开始移民研究的国家之一，三次大的移民潮对美国社会产生了深远的影响，在劳动力大量补充的同时，流动人口对这个国家也带去了多方面的社会问题。移民在当地的融入是一个长期的过程，20 世纪美国经济学家提出线性同化理论（Massey，1985），当时的新移民大部分都是在社会相对底层的部门工作，他们的收入状况并不理想，如果他们接受了移民，就需要让他们获得相对公平的待遇。Massey、Broje 等通过研究提出线性同化理论，认为移民融入是一个必然的过程，他们的收入也会经历一个上行抛物线的过程，主张移民经过自己 10 年左右的努力后，他们与本地人的收入差距会不断缩小，直至差距消失（Chiswick，1978），对于收入的估计很大程度上也是对于迁移者社会融入的估计，移民群体在一个长时段内如果可以达到与当地人收入的持平，就意味着，他们也能在地方的主流工作部门就业，他们可以获得同等的教育或就业培训，收入同时也意味着一定档次的生活水平。这一理论随着美国移民的多元化而变得扑朔迷离，部分迁移人口在进入之前就占有丰富的生活资源，他们说英语、有技术，还有实用的工作经验，部分移民甚至是带着大量的发展资本进入；同时，相当一部分进入者是难民和就业移民，这部分人在美国劳动力市场没有任何竞争力，而且需要大量的语言、技能培训，在当地的融入相对困难。此外，来自不同国籍的移民中开始出现聚集区，大部分移民都开始向本国的移民聚集区靠拢，部分人更愿意在聚集区获得救济、工作机会、组建家庭等，以此获得聚集区的庇护，而这种聚集行为使移民与本地人的交往关系更为疏远，就像 Piore（1970）所说，“对部分人来说，良性的经济同化是不存在的”。

后来研究者 Portes、Wilson 等提出分层同化理论，对现实中形形色色的移民进行分层解释，打破了平等社会的镜像，并在此基础上提出了聚集命题。迁移是一个相对自主的选择，迁移者的个人禀赋、人力资本、社会资本、迁移前资本占有状况都存在较大差异，这些资本在迁入地的有效性会降低，个体就业机会也会有很大差异，而在聚集区中原有的人力资本和社会网络资本仍然有效。移民群体中聚集区大量存在，这也证实了流动人口在迁入地的调试融入过程并不顺利。Portes、Wilson、Stepick、Jensen 等做了移民经济体研究，发现经济体让移民在经济上获得了相对乐观的收入，族群经济体保护迁移者在相对开放的市场中参与竞争获取利益，并且庇护他们在融入和竞争中受到来自文化或制度上的压制，同时雇主在族群经济体获得廉价劳动力。在积累了一定的资本后，经济体有助于员工从事自主经营事业，因此移民更愿意在聚集区内或周边长期居住，他们在文化上保持了迁出地的特征，同时在经济上取得了成就（Portes，Zhou，1993）。由此可以看出，聚集作为移民融入流入地的一种方式，在受到迁移群体的青睐同时，受到众多学者的关注。

在聚集命题之外，移民的迁移方向也备受关注，Tiebout（1956）非常早地开始关注地区公共服务对于人口迁移选择的影响，提出人们更愿意迁往公共服务水平更高的地区。这一问题后来得到了更为广泛的讨论，研究结果也存在较大的差异。既有研究表明公共服务水平越高的地区越能够吸引人口迁移（Dahlberg，2012；Dustmann，2014），也有研究认为公共服务水平过高反而会增加地方财政负担从而降低地方收入水平，最终阻碍人口迁入（Quigley，1985）。在我国，流动人口的研究也经历了类似的迁移过程，相关理论命题也得到了研究。

1990年前后，人口的大规模流动引起了学者对这一群体的关注，当时大部分研究仅限于对群体基本特征以及他们的生活处境的描述，后来的研究逐渐开始关注他们的就业和经济状况，以及社会适应问题。从这些现状可以看出，我国的流动人口在流动过程中受到的文化和体制冲击也是非常大的，与美国移民的国籍申请权利不同，我国流动人口户籍连带着一系列的生活保障，而且新生儿的户籍与父母户籍绑定，所有的保障政策到户籍地才能享受，流动者世代保持着外地人的角色。在美国，迁入人口的新生儿以出生地为准，父母是外籍人口，但是子女已经是美国公民的迁移家庭非常多，对于他们来说，如果制度对迁移人口有门槛，那么只有非美国出生的一代人会有外来者的身份，新一代出生的人口不再面临这一问题。因此，迁移者的社会融入不论是在制度上还是文化上，西方国家和中国是有较大差异的。

第二节　国内相关文献回顾

随着迁移研究的视角从个体转向家庭，关于人口迁移流动过程中家庭变动过程的分析变得更加有意义。从20世纪90年代末开始，流动人口的家庭变化就开始受到学界关注，陈贤寿和孙丽华使用1986年和1990年对武汉市流动人口的调查数据，1995年武汉市1%人口抽样调查数据，对寄住城市居民家中以及在租住房、自建房中的流动人口家庭化现状和特征进行了描述分析。周皓（2004）用2000年的人口普查数据发现，家庭迁居化是20世纪90年代人口迁移中一个显著的特征，而进入21世纪后，人口迁移主要是以核心家庭的迁移为主要形式。于学军用1990年和2000年的普查数据分析了流动人口所呈现的家庭化水平以及相关问题。此后，张航空和李双全（2010）、侯佳伟（2009）、杨菊华（2013，2014）、盛亦男（2013）、杨中燕等（2015）从个体特征、制度、社会结构等层面考察了流动人口的家庭化问题，并对这一问题进行了系统分析。当前，关于流动人口家庭化迁居的研究主要集中于趋势和特点的基本判断、模式的差异及原因分析、社会融合影响三个主题。

一　关于流动人口家庭迁居问题的基本认识

对于流动人口家庭迁居的趋势和影响问题，学界存在不同的认识与看法。1990 年马侠分析了中国城镇人口迁移特点，他指出，当时是国家宏观政策控制了人口的迁移数量和迁移方向，同时也影响了迁移人口的结构（马侠，1990），并认为这种迁移模式源于政策控制，同时与中国整体经济模式息息相关，今后必然转变为开放模式，人口迁移应与职业、居住地类型、城乡融合度相统一。在 20 世纪末，李强（1996）提出，在未来的十几年中，分居的家庭模式会是我国农民家庭的主要模式，并认为农民工分居的家庭模式不利于家庭长期发展，并通过晚婚晚育和长期两地分居的方式降低了生育水平。同年，也有研究指出流动人口家庭化的趋势已经开始凸显，并对城市发展具有消极和不利影响，增加了城市管理难度，加重了城市供应负担，增加了教育和就业负担，并提出流动人口家庭化是流动人口无序化的必然趋势，控制流动人口家庭化将有助于社会经济的稳定发展。盛亦男指出，当前学界关注的人口流动家庭化现象（家庭迁居或家庭团圆）受到越来越多的关注，是因为他们还是处于身份和身体交换中的群体，其中部分流动人口虽然长期在某一城市工作生活却并没有获得城市户籍，因此他们称不上真正的城市居民，与初期流动人口不同的是，现在有大规模的流动人口携带家庭成员进入城市，部分在城市开始了完整的家庭生活时，这部分流动者在城市就有了相对的稳定性和定居的可能，这是一种非常规意义上的定居行为。而正是这部分流动者的家庭化迁居行为，提升了城市常住人口数量，也意味着流动人口在异地的稳定性逐渐增强，同时也开始了我国特殊的城市化进程。20 世纪以来，伴随中国快速的城镇化过程，大量研究发现，以家庭为单位的迁居模式不断增加，成为当前人口流动最为重要的特征之一（侯佳伟，2009；杨菊华、陈传波，2013；聂倩、齐立云，2016）。翟振武在 2006 年北京流动人口数据分析中发现，1997 年至 2006 年流动人口普查数据中，经过 10 年，流动儿童的比例从 6.7%增长到了 14.2%，同时，流动人口中的已婚群体中，夫妻共同流动的比例达到了 75.3%，也由此推断，北京市流动人口中的家庭化趋势十分明显，同时指出，当这一群体在市内工作、生活，逐渐稳定下来的时候，他们的社会保障、居住、就业等方面却没有得到体制上的回应，这一问题也受到了很多学者的关注（翟振武，2007）。在此，推动农民工市民化、流动人口公共服务均等化等方向已经成为当前学界和政府共同关注的话题。目前，关于流动人口家庭迁居模式的量化研究仍然较少，并且现有的量化研究主要集中于关注“单独流动”和“与家属一起流动”的二元划分上，对于家庭迁居模式和类型缺少更为细化的研究，当然，最近有一些研究在迁居模式的分析和划分上有了一些新的成果。因为我国社会发展的特殊性，使改革开放后爆发出的大批流动人口的家庭迁居有非完全迁移的特征，大部分家庭都是从一批先行者开始流动，部分成员留守家中，逐渐分批次迁入城市，期间很长的间隔中家庭本身保持不完整的分裂状态（侯佳伟，2009；朱明芬，2009；杨菊华，2013；盛亦男，2013），并且部分研究将家庭的迁移过程进行阶段划分，这对截面数据的家庭迁居研究是一个较大的拓展，中国的人口流动，并不是将家庭的完整性作为第一考虑因素，经济因素和生存因素是第一的，因此，家庭迁移是经历了从经济满足到家庭完整需求的过程，要测量流动人口家庭迁居模式，仅仅做截面的解释是不够的，更要从一个长时段观察流动人口家庭的完整化过程。

二　家庭迁居模式的城乡差异

从来源地看，城市迁移人口一部分来自农村地区，另一部分来自其他的城市地区。其中前者可称为“乡—城”移民（刘建娥，2010，2014），大量的农民为寻求更好的就业机会和更好的经济收入，开始以个人或家庭的流动方式从农村迁徙到城市。尽管从农村到城市的迁徙为农民提供了高于农村的经济收入并在一定程度上提升了物质生活水平，但他们仍然不得不面临城市工作与农村生活之间的双重压力。另一方面，他们形成了以城市地区为常住地的工作重心。他们需要在城市地区就业以实现增加收入的目的，因此更多地希望能够在城市地区继续生活，并享受同等的就业、社保、子女教育等公民权利。另一方面，他们仍保持着以农村地区为根基的生活重心。他们中的多数人的家庭、社会关系仍在农村地区，其工作获得的收入也多数被用来支付农村家庭的农业生产、父母赡养和子女教育等费用。当前学界普遍认同流入地的家庭迁居主要是核心家庭的流动，以中青年夫妻与其子女为主，将夫妻分离两地和孩子与父母分离两地的情况界定为不完整家庭（杨菊华，2013；聂倩、齐立云，2016；张文娟，2009；杨中燕等，2015），“主干家庭的流动并不是家庭流动的必要形式，成年子女在外打工，老年父母在家打理农田”（聂倩、齐立云，2016）是更多中国农村流动人口家庭的选择，这样既能保留农村中的社会资源，同时也降低了在城市中的流入成本，老年人在城市中获得收入的可能性非常低，同时他们的医疗、养老等基本的保险都是与农村户籍挂钩，老年人在异地城市中的医疗费用不能进行报销或很难高比例报销，因此，在制度和经济方面，乡—城流动人口在一个长时段并不会与户籍地农村断开联系。早在 1996 年，李强（1996）就曾将农民工的家庭关系区分为五种模式，即单身子女外出型、兄弟姊妹外出型、夫妻分居型、夫妻子女分居型、全家外出型（夫妻子女的小家庭全家都外出打工），并推断认为全家外出型的比例不高。在这一点，杨中燕等使用 2012 年全国流动人口动态监测数据，通过人力资源因素、家户特征、经济因素和个人特征四个方面分析了核心家庭的流动模式，笔者区分了四种类型的流动家庭：①举家迁移；②夫妻与子女分居；③夫妻一方随子女流动；④夫妻一方单独流动（杨中燕等，2015），区分了当前流动家庭中存在的不同类型，第一类除外，其他类型都是家庭的分离状态，即家庭完整程度低，而流入地家庭的非完整状态对于流动人口的迁移策略和迁移意愿产生最为核心的作用。另一项研究通过总结当前文献中以家庭成员为划分依据的形式，区分了“独自居住”“与配偶同住”“与配偶和子女同住”“和兄弟姐妹同住”四种主要家庭结构（张文娟，2009）。杨菊华等指出，除完整迁居家庭之外，流动行为产生了分割在两个甚至多个地方的分离家庭，其中部分成员留居家中，部分成员流出就业，“有的是非家庭式流动，还有的是半家庭式流动，它影响了流动人口在流入地和流出地的家庭特征——包括规模、代数、结构和形式（或居住安排）等”，文章中，作者将家庭迁居模式划分为非家庭式流动、半家庭式流动和完整家庭式流动。盛亦男同样分析了家庭迁居模式，并将它划分为举家迁居（一次性举家迁居、分批完成迁居）和部分迁居（首批先行式迁居、若干批次先行式迁居）两大类。

伴随在城市地区居留时间的增加，以城市为工作重心和常住地的生活方式使乡—城移民与家乡的联系越来越弱，农村社区和宗族关系所能提供的社会关系支持在不断减少（Li，2006），最终导致其家乡原住地的社会资本不断流失。然而，由于社会制度、文化等原因他们的生活重心难以从农村转移到城市，难以在城市地区维持正常的家庭生活和满足基本的社会交往需求，家庭团聚一直是乡—城移民融入城市社会所面临的重要问题。随着经济社会的发展，尽管举家迁移的家庭数量和比例均在增加（张展新、侯亚非，2010），但团聚家庭在城市社会的生存和发展需求仍然不能得到很好地满足，最终阻碍了乡—城移民的城市融入进程。

除了“乡—城”移民这一流动迁移的主体外，不同城市地区之间的流动和迁移人口也是当前中国人口流迁大潮的重要组成部分，可被称为“城—城”移民。相对于“乡—城”移民，“城—城”移民长期生活于城市地区，可以迅速地适应现居地的城市生活方式；具有城镇户口，在制度层面具有一定的融入优势；受到良好的教育，拥有相对较高的人力资本，在劳动力市场中拥有较多的就业机会和较高的收入回报；原住地的社会资本与现居地的同质性和延伸性较强，有利于实现不同地区之间的社会资本共享，因此可以获得相对于“乡—城”移民更多的社会支持。尽管“城—城”移民比“乡—城”移民拥有更多的人力、经济和社会资本，但同样面临家庭团聚和本地户籍获取的问题，这一问题在普遍实行户籍准入制度的大中型城市尤为突出。

三　家庭迁居模式的影响因素

伴随对迁居意愿和行为的关注，出现了大量的从不同视角讨论家庭化迁移影响因素的研究。首先，家庭迁居是流动人口家庭成员在流入地的团聚行为，与传统的家庭概念不同，这种在自主选择下长期处于分离状态的家庭要重新逐渐恢复，那么会有哪些重要的影响因素对迁居模式产生作用？其次，家庭的异地团聚不是一蹴而就的，需要在一个长时段完成，已有研究中被称为分批次完成，“无论是半家庭式流动还是渐进家庭式流动都存在先行者与追随者”“家庭成员多分不同批次到来，即家庭化迁移是一个梯次性的过程”。（杨菊华，2013）大家庭一般会选择分批迁居，这样的选择会降低家庭整体面临的风险，同时也能兼顾农村资源，达到短期内的利益最大化，流动人口外出后平均约三年接来一批亲属（侯佳伟，2009），成员迁移间隔加快缩短（朱明芬，2009），那么都有什么因素会影响家庭成员做出分批迁居行为呢？基于推拉力理论模型和新迁移经济理论的思维方式，已有研究主要从个人、家庭、制度和文化等方面开展家庭迁居模式的讨论。

第一，根据 Mincer 工资方程，看先行迁出者个体人力资本、社会资本和经济社会地位对未迁出者随迁行为的影响是怎样的，杨中燕等的分析指出，夫妻双方，尤其是妻子的受教育程度提高的同时，家庭在流动过程中分离的可能性随之降低，这与侯佳伟“女性当家的家庭举家迁移的可能性更高”的观点统一（侯佳伟，2009）；初婚年龄更小的夫妻更偏向于选择居家外出；流动时间越长的分离家庭，在异地组建完成家庭的比例越低；夫妻子女数越多，流动家庭更可能产生分离状态；在经济收入方面，给老家汇款的金额越大，家庭迁居的可能性越低，同时，流动人口在流入地获得的月收入越高，就越可能完成家庭的完整迁移（杨中燕，2015）。盛亦男指出，城市中绝对收入的提高对家庭迁居有积极作用，使用 2010 年国家人口计生委流动人口监测六市数据分析得出这一结论，而家庭户的受教育年限会降低家庭迁居的可能性（流动人口就业行业的局限性和不公平性，家庭的人力资源禀赋并不一定能获得更好的迁移收益），同时发现，流出人员汇款额度对迁居有比较复杂的影响，汇款越低，家庭迁居就越谨慎，而汇款额提高会提升举家迁移的可能性（盛亦男，2014），家庭规模对于迁居模式的影响在已有研究中已有共识，家庭成员数越多，越不容易达成完整的家庭迁居（张展新，2010；杨菊华，2013；盛亦男，2014；杨中燕，2015）。户主的受教育程度会提升家庭迁居的效率和概率；就业身份对流动人口的家庭迁居行为产生影响，张展新在其研究中发现“受访者为雇主时，团聚家庭的比例为66%，大大超过团聚家庭在全样本中的比例，自营劳动者家庭团聚的比例略高于全样本比例，雇员和家庭帮工家庭团聚的比例略低”（张展新，2010），作者指出，身份之后的主要考虑因素仍是收入，在较好的行业就业的流动人口他们的收入相对更高。先行迁出者个人特征对于家庭迁居影响深远。与此同时，更多文献中指出，家庭规模大小和家中未成年子女数对于家庭迁居也有较大的影响，家庭规模越大或未成年子女数越多，家庭越不容易做出举家迁居的决策，这与流动人口在流入地的居住生活成本和受教育状况密切相关，而家庭中劳动年龄人口数越多，在先行者之后越容易产生后继迁移，以此增加家庭的工资性收入。

第二，家庭追求工资收益、财产收益、公共服务收益、家庭团聚收益对家庭整体迁移决策的影响（林燕，2009），经济收入、社保福利、居住环境和住房类型等受到人力资本、社会资本、制度和非制度排斥的影响（侯慧丽、李春华，2010，2013）。盛亦男在其研究中指出，性别、年龄、教育程度、迁移成本都会对家庭中个体参与迁移批次有较大影响（盛亦男，2013）。“流动人口在流入地工作的时间越长，通过逐步掌握生产技术，增加工作经验，能够获得的经济收入也会在平稳中有所提高”。研究者还考虑了家庭在流出地的资源，包括房产、土地及其他财产占有对于流动者迁居决策的影响，朱明芬指出，迁出地的收入过高或过低都会刺激家庭做出举家迁移的决策，收入高的家庭希望过更好的生活，而在流出地收入低产生的家庭人口随迁，可能是因为在流出地没有改善的环境，或是有较强的剥夺感（朱明芬，2009）。有研究发现，流出地资源禀赋与家庭迁居决策成一定的反比关系，资源优厚的家庭更不容易做出迁居的决策（盛亦男，2014）。也有研究分析了家庭流动人数与家庭流出地实物资本之间的关系，发现流动人口在老家的财产情况以及耕地数量与家庭流动参与程度之间呈“U”形相关关系（石智雷，2012）。

以往研究中可以看出，流动人口的家庭化特征都是大同小异的，但是中国地理区域之间差异较大，考察流动人口的具体变量在区域间就存在根本的差异，杨菊华（2013）的研究考虑了地区变量对于流动人口家庭迁居的影响，结果发现中部地区的流动人口中家庭完整程度最高，东北、西部次之，东部的流动人口家庭完整程度最低。与此同时，东部的半家庭式流动比例最高，西部次之，然后是东北，中部的半家庭式流动比例最低。此外，东部的非家庭式流动的比例是最高的。从数据显示来看，这样的分布只是流动人口自主选择的结果，但是在这样的自主选择背后，透视出人口在流入地与家庭成员团聚可能性的高低差别。破除四大区域粗放划分的考虑，将其中主要考虑的经济因素析出，会有怎样的结果？在不同经济带中，长三角地区家庭的完整迁居比例是最低的，其次是珠三角地区和京津冀地区，而其他经济带的完整家庭迁居比例较高，超过了50%，从政治行政区跨度来看，市内跨县流动人口的家庭完整迁居比例高达56%，省内跨市流动人口家庭完整迁居比例为51.5%，而跨省流动人口的这一比例最低，为41.1%（杨菊华，2013）。如果考虑政治行政区划的因素，通过省份变量发现，完整家庭迁居比例最高的都是安徽、内蒙古、宁夏、贵州、湖北等经济发展程度在全国居中或偏低的城市，而在北京、广东、江苏、浙江等发展程度高的省市这一比例均低于全样本的均值，同时，在这些发展程度相对成熟的省市，单身一人的非家庭式流动比例是高于全样本均值的（杨菊华，2013），作者指出，流动人口的家庭化迁居呈现出这样的特点，主要因为中国在较大的区域差异下，流动者因为个人能力和占有社会资本存在差异，导致他们在流入地所遭受的境遇是不同的。因为区域差异，因为个体所受待遇的差异，流动者对于流入地的家庭团聚行为有多种考虑，在一方面呈现出人的自由选择权利，另一方面“暗含着地区之间家庭团聚难易程度的差别，东部地区也许拥有更好的劳动就业机会，但准入门槛可能也更高，从而不利于流动人口的家庭团聚”。这一结论对于家庭迁居研究有着较大的结构性意义。

第三，通过对中西方国家家庭迁移的决策周期、决策过程、迁居方向和时序的比较，发现迁移距离对家庭迁居有重要影响（Clark，2007），我国的人口城市化过程与发达国家的人口城市化过程有其相似之处，“在第一个过程（阶段），迁移者从迁出地向外转移；在第二个过程（阶段），迁移者在迁入地定居”（蔡昉，2001），家庭完整迁居或家庭的城市化过程在我国需要一个长时期才能逐渐完成，这与我们国家的文化与制度有很大关系，但是在西方国家，家庭的城市化过程较快，英国、美国、日本、韩国等在城市化高峰期都实现了数以万计的农村家庭户向非农家庭户的转移。在西方国家，家庭成员多数情况以生命周期历程和家庭收益来做出迁移决策，在新组建家庭时候和子女与父母分开居住后是家庭迁移的高峰期，而养育未成年子女和积累工作成果的阶段是家庭迁移的低峰。在我国，文化、制度和生命周期历程三种因素共同作用影响家庭迁居决策，安土重迁的文化观念使中老年人并不愿意进入城市居住生活，土地制度让农村人口对老家难以彻底舍弃，而户籍制度又阻碍农村人口进入城市，在生命周期历程中，未成年人受教育选择与其户籍紧密相连，很难完全随迁，难以入城就业的老年人较少选择迁移，但是受教育结束的单身年轻人和年轻夫妻更愿意进入城市生活。当前中国家庭中的迁移决策与西方家庭类似，大部分情况下都是核心家庭中或主干家庭中，由中青年夫妻共同商议决定，当然，在较多情况下，丈夫或父亲仍然是主要的决策者。从迁居方向来看，西方家庭的迁居多是单向迁居，在他们做出迁居决策之前会充分考虑迁移的利弊，在迁移利大于弊或者不得不进行迁移时，他们会做出一次性举家迁移的决策，回迁的可能性比较低，我国的人口迁移过程却并非如此，改革开放后，大部分流动人口如同候鸟迁徙冬去春来，当前这些流动人口逐渐开始打算在城市定居，但是大部分家庭因为结构上和个人层面的原因仍然难做出完全的决定。与西方另一点相同之处是，中国的城市化也是源自工业化水平的提升，西方的大部分家庭都是举家一次性迁移到城市的，我国的情况极为不同，一次性迁入城市的家庭占比较低，大部分都是在城乡之间徘徊，农民与农村难以完全割裂，同时这些流动者与流入地的居住关系也难以完全建立。

第四，文化和制度因素也是影响家庭是否到城市定居的重要原因：文化方面，中国的文化伦理、土地制度、户籍制度等对家庭迁居模式产生结构性的作用，每个家庭都有一些共同的价值观和伦理观念，无论是家庭内生的决策还是政策环境致使的变化行为，其中都有特定的一些考量，同样，家庭迁居决策与人们对于家庭的观念密不可分，家庭的教育供养子女的义务、赡养老人的责任，家长扶助年轻人成家的任务，以及农村自给自足保险功能的保持等，“传统家庭制度的根源极为深厚，家庭团聚的思想和传统的流迁观念促进了家庭的举家迁居行为”；制度方面，土地制度带来了土地与家庭之间的强关系，乡—城流动者在入城获得工资性收入的同时，一般还会兼顾农村土地上可能获得的收入，土地对农村流动者发挥社会保障的功能，可以帮助抵御流动可能带来的风险，让流动人口难以舍弃土地，“中国的实际情况更多地表现为：成年子女流动在外寻求工作机会，老年父母在家打理土地、种植庄稼，照顾在户籍地的孙辈，在庄稼收获的季节，如果土地较多、收获任务较重，则成年子女暂时回到户籍地帮助收获庄稼”（聂倩等，2016），半工半农的情况普遍，当然也有研究发现农村土地对于流动人口迁居行为影响很小，“原籍家庭人均耕地面积与家庭后继迁移没有明显关系”。（洪小良，2007），作者通过数据发现，农民的原籍土地只有 1.2 亩，四分位差是 1.0 亩，大部分农民家庭的耕地面积小，且差异不大，这在一定程度上可以解释人均耕地面积与家庭迁居没有显著关系的一个原因。户籍制度是另一个影响流动人口迁居的制度因素，因为户籍制度所连带的社会保障、社会服务、就业、权益保障等政策存在较大的城乡差异，使农村户籍家庭向城市举家迁移受到很大的制约，“制度可能通过影响社会经济活动影响到家庭层面，使家庭的流迁决策发生变化，进而影响到家庭迁居的行为”（盛亦男，2013）。

第五，迁移家庭自身的生命周期也是决定家庭迁居模式的重要因素，处于不同迁移阶段的家庭面临不同的“成本—收入”约束（孙战文、杨学成，2014），群体内部的代际更替和代内分化也影响着新生代农民工的迁居决策（刘雨龙，2012；潘华，2012）。

总体而言，多数研究的研究对象为农民工群体，即在市民化的视角下讨论农民工群体的主动城镇化问题，缺乏对乡—城流动人口和城—城流动人口家庭的讨论和比较。从流动人口管理的视角看，大城市流动人口作为一个共同体，其公共服务的获得情况存在一定的群体差异，直接关系到家庭迁居决策，影响其在流入地的家庭结构。当前，关于公共服务均等化的研究主要集中于城乡和区域间的均等化讨论，对于“本地—外来”视角的区域分割讨论不足，关于流动人口和户籍人口的公共服务均等化的定量研究相对较少，主要通过间接测量的方式衡量均等化程度。首先，户籍价值或含金量的测量对于流动人口公共服务均等化有一定价值（屈小博、程杰；2013）；其次，通过对城市落户门槛的测量也有助于衡量城市公共服务准入机制中的权利均等化问题（吴开亚、张力，2010）；最后，研究者关于公共服务均等化对流动人口家庭所产生的影响和效果的分析主要局限于理论探讨或逻辑推断阶段，缺少经验证据的支撑。

四　家庭迁居模式与社会融合

家庭迁移的完整程度，取决于迁移者对流动后果的理性判断，这关系到流动人口的衣食住行、卫生、社会保障等方面，他们的迁居结果对于流动人口的社会融入有很强的相关性。杨菊华指出，家庭成员中有两个或两个以上的成员参与流动，并在流入地汇合就是家庭流动的开始，并将家庭成员流动模式分为非家庭式流动、半家庭式流动、完整家庭式流动三种，研究使用 2011 年流动人口动态监测调查数据发现将近 2/3 的核心家庭为完整家庭式流动。与其他研究结果相对比，这一比例是比较高的，主要因为研究界定的完整家庭主要是“核心家庭”（杨菊华，2013）。此外，多位研究人员分析了家庭迁居中的分批次流动问题，张洪纲对长三角地区的研究指出，流动人口平均分 1.47 批将家人接出，大部分家庭在第三批时就能将核心家庭成员迁出（张洪纲，2014），杨菊华得出流动人口家庭流出的平均批次是 1.54 批，同时也有极端值达到了 7 批之多（杨菊华，2013），“一次性举家迁居到城市的家庭比例为 17.48%，分批举家迁居到城市的家庭比例为 10.36%；其余家庭多采取一人先行流动（25.63%）、多人一次性先行流动（29.29%）、分批流动（17.22%）等迁居行为”（盛亦男，2014）。从迁居模式选择行为可以看出，流动人口对于举家迁居决策是非常理性的，他们不仅仅面临着老家文化观念束缚、土地、家产、制度福利等资源的牵绊，同时需要面对进入城市后在居住生活各方面的大量支出，以及作为一个外来人在文化、生活方式各方面面临的融入困境。

在完成迁居的家庭中，城市收入和农村收入的差距是比未完成家庭迁居的流动家庭更大的，这也说明完整的家庭迁居需要在城市中有绝对的经济优势才可以完成，同时，已经完成迁居的家庭与流出地的联系会逐渐削弱，这一点在返乡次数和向家乡汇款的次数上表现得非常明显。可见，流动人口完成家庭迁居并不是件容易的事，数据中，流动人口在流入地的住房拥有仅占总比例的8.66%，大部分人只是在流入地租住，在这部分人口中，已完成迁居的家庭中，购房率相对较高，达到了14.54%（盛亦男，2014），这也显示出举家迁移的家庭在流入地定居意愿最为强烈，此外大部分流动者只是有定居意愿但是没有定居能力。翟振武使用北京市流动人口数据指出，流入群体中育龄妇女比重高、部分人滞留北京的时间长、流动者主要借助非正式关系入京、非正规就业比例高、就业环节获得生产技能和职业培训的渠道少、职业以雇员和自营劳动者为主向上流动的机会少、与雇主签订劳动合同的比例低、参加社会“五险一金”的比例低、居住环境差、以搭建房和租私房的比例高等现象普遍存在（翟振武，2006）。可以看到，由于限制性制度的存在，家庭化迁居只能是家庭在制度之间的一种自我融合，在没有得到制度回应的时期，只能将物质和精神上的变革成本“内生化”，因此，“在制度不发生根本的变革的情况下，家庭化迁居将在我国长期存在。”但是长期以来，无法完成家庭迁移的流动人口只能通过候鸟式迁徙参与工业化与现代化建设，他们并不能成为真正的城市常住人口，也难以享有城市的公共服务供给，也很难真正融入城市生活，这与现代化国家拥有的城市化能力和水平是有实质差异的。

流动人口的市民化是社会认同研究常用的一个概念，市民化常被定义为一种政治和地理共同体的成员关系形式，它可以区分为四个维度，即合法地位、权利、政治、其他形式的社会参与、融入和一种归属感（Irene Bloemraad，Anna Korteweg，Gokce Yurdakul，2008）。目前，有关家庭迁居模式的多数研究并未被放置在社会融合的框架下进行。张广济（2010）将社会融入定义为“特殊情境下的社会群体，融入主流社会关系网当中，能够获取正常的经济、政治、公共服务等资源的动态过程或状态”。杨菊华（2010）建立的流动人口在流入地社会融入的指标体系中，将社会融入分为经济整合、行为适应、文化接纳和身份认同四个维度。社会融合涉及经济、制度、行为和心理等多个领域，其最终的表现结果则是生活方式与生活满意度，而对生活方式的认可很大程度上取决于文化接纳和身份认同程度。刘建娥等在乡—城移民的研究中指出，当前我国流动人口相关制度安排严重滞后于家庭化迁移的现实需求，造成流动者家庭成员常年处于异地分隔的状态，文章建构了乡—城移民家庭社会融入的四级指标体系，将流动人口家庭社会融入操作化为家庭结构、家庭经济、家庭政策、家庭服务四类，然后具体到“子女随迁”“就业”“城市收入”“当前住房”以及城镇“五险一金”、农村基本社会保险等变量，在城市享受的各项健康服务、社区服务变量，并通过变量赋值测量各指标项的融入指数（刘建娥等，2015）。张文宏等（2008）使用因子分析方法研究社会融合中经济融合、身份融合、心理融合和文化融合四个维度的变化，发现不同维度的社会融合进度存在先后差异。综上所述，以往的社会融合研究主要基于个体而非家庭的视角，而以家庭为单位的社会融合对社会发展尤其重要，家庭迁居模式以及家庭团聚程度则是衡量家庭社会融合的重要标准，应加以讨论和分析。

第三节　关于家庭迁居决策模型的讨论

当前，流动人口的迁居化已经经过了长期的研究，数据显示，2000 年以来我国流动人口的家庭迁居化水平越来越高，其中既有个人层面的原因，也有社会结构层面的影响。在个人层面，户主的个人特征对于家庭的迁居决策影响较大，同时迁移者个人的年龄、受教育程度、婚姻状况、户籍类型都会对迁居结果有一定影响，家庭禀赋是影响家庭迁居决策的另一个重要维度，家庭规模、家庭人员类型，以及在老家的财产资源拥有状况、先行者的汇款行为都与是否举家迁移有重要的影响。更有研究者从中国的区域发展程度（东、中、西、东北）和片区经济发展程度（珠三角、长三角、京津冀）为结构因素，考量家庭的迁居决策。中国因为制度的限制性因素相对较强，同时家庭为了整体的最大利益更容易做出分批迁居的决策，因为户籍本身所附带的资本差异，城—城迁移和乡—城迁移所面临的选择困境不同，他们的决策结果也存在一定差异。

在此，如何看待中国流动人口的家庭迁居问题？在婚姻、年龄、家庭规模等因素考察中，研究者都得到了相对一致的结论。但是关于外出时间长短、教育资本、家庭汇款、老家土地财产对于家庭人口迁居的影响考察中，体现出的考察维度有所不同，因而部分问题上得出的结论存在一定差异。首先，在外出时间方面，洪小良指出，迁入时间每增加一年，先行者带动家庭随迁的发生比降低 17.6%，迁入时间越长，随迁可能性会逐渐降低，推论认为大部分的随迁都是在短时间内完成的（洪小良，2007）。张展新在其研究中发现“第一，外出时间不满 5 年的受访者，其家庭团聚的比例要明显低于它在全样本中 52.4%的比例；第二，外出时间在 6—10 年和 11—15 年的受访者，其家庭团聚的比例明显高于全样本比例；第三，外出时间超过 15 年的受访者，其家庭团聚的比例反而略低于全样本比例”。作者推断，外出时间长的流动者，家庭团聚的可能性相对更高，而外出时间超过 15 年的人群更多是中老年人口，他们的生活态度、家乡观念与年轻人不同，最终更多会考虑返回老家生活（张展新，2010）。杨中燕等研究发现“在外流动一年以内的流动家庭举家迁移的可能性低，但流动家庭的完整程度并不会随在外流动时间延长而提高。在外流动时间在 3—5 年的流动家庭选择举家迁移的可能性最大；流动时间超过 5 年，举家迁移的可能性则开始降低”，这是因为随着流动时间的增加，流动人口的就业领域和收入也相对固定下来了，而迁居决策也相对固定下来了，如果开始没有迁居，那么后来迁居的可能性也不大（杨中燕，2015）。其次，在家庭成员组成方面，大部分量化研究都证实，家庭人口数越多，家庭越不容易做出迁居决策。周皓和盛亦男指出，未成年子女数的增加会降低家庭迁居的可能性，主要是由于教育的因素，同时，周皓发现家中有老年人的家庭更不容易举家迁移。有所不同的是，杨中燕分析指出，有未满 1 周岁婴儿的家庭在流入地的完整程度相对较高，洪小良发现家庭劳动年龄人口数越多，家庭迁居的可能性越高。可见，研究人员使用的数据资料不同，他们的研究群体也会有较大差异，因此，给出的解释也有其偏重，而什么样的家庭结构更容易迁居，什么特征的家庭更难迁居尚没有答案。再次，教育是一个相对复杂的变量，张展新在研究中指出，受访者有高中以上学历的人员，家庭团聚比例要高于全样本比例，有大学专科、本科、研究生学历的人员，家庭团聚比例明显要更高（张展新，2010），背后主要的原因还是教育会得到更高的收入回报。在这一点上，洪小良指出，"先行迁移者的受教育程度越高，带动家人迁移的可能性越小。样本数据显示，农民工先行迁移者的平均受教育年限为 8.7 年，标准差为 2.8 年，这说明农民工的整体受教育程度较低。在这样的学历情况下，他们之间人力资本的差异较小。因此先行迁移者的受教育程度与其带动家人迁移的负向关系，可能受其他共同因素的影响造成（例如就业身份）"（洪小良，2007）。流动家庭的平均受教育年限的增加并不会促进家庭做出举家迁居的决策。"我国的家庭化迁居表现出家庭的平均受教育水平与迁居行为的非线性关系，这是由于城市劳动力市场存在就业歧视和市场分工。对拥有更高人力资本禀赋的家庭来说，更高的平均教育程度并不能带来相应的迁移回报，他们就不会轻易地做出举家迁居的决策"（盛亦男，2014）。可见，教育与家庭迁居关系究竟如何尚未有定论，在理论上教育提升人力资本，应当是有利于收入的变量，而收入因素对家庭迁居的积极促进作用在已有研究中已经得到证实，那么流动人口的教育程度对于家庭迁居究竟有什么样的影响尚待进一步研究。最后，关于流出地资源与家庭迁居的关系分析中，石智雷等研究发现，流出地的财富积累和耕地数量与家庭成员流动人数呈"U"形关系，流出地的财富和土地多的家庭，有进入城市的财富积累，而财富和土地很少的家庭对于流出地的依赖也相对较弱，也更容易放弃财产到异地寻求发展；盛亦男的研究结论指出："家庭禀赋会阻碍家庭完成迁居。家庭的实物资本方面，家乡中拥有住房、土地等财富积累是农村家庭的保险机制，当家庭的财富积累较高时会降低举家迁居的可能性，但是其影响作用会随着其他变量的进入而下降。"（盛亦男，2013）而洪小良的研究却得出了不同的结论，他纳入变量"原籍家庭人均耕地面积"，发现该变量未通过显著性检验，说明其与家庭后继迁移没有明显关系。在样本数据中，农民工原籍家庭人均耕地面积的平均值仅为 1.2 亩，四分位差为 1.0 亩，说明农民工家庭普遍耕地面积小，差异不大。这也许是导致人均耕地面积与后继迁移没有显著关系的原因之一。可以看出，老家的财产对于流动人口的家庭迁居有什么样的影响也是讨论家庭迁居问题时非常关键的一个话题，当前农村土地流转需求、土地使用权 100 年不变的政策、流动带来的土地抛荒问题以及城市化实现问题等都与这一问题息息相关，在讨论流入地与流动人口家庭迁居的关系时，流出地的影响作用也是不容小觑的。

综上所述，关于流动人口家庭迁居模式的研究主要呈现出以下特点：第一，对于中国流动人口的家庭化迁居特点、类型和模式的经验研究不足，主要关注点集中于某一随迁群体或留守群体；第二，多数研究在市民化的视角下讨论农民工群体的主动城镇化问题，缺乏对乡—城流动人口和城—城流动人口家庭的讨论和比较；第三，关于家庭迁居决策影响因素的分析比较丰富，但主要基于新迁移经济学理论，主要从个人和家庭决策方面开展家庭迁居模式的讨论，对于迁入地和迁出地环境改善的影响讨论较少；第四，关于公共服务均等化对流动人口家庭所产生的影响和效果的分析主要局限于理论探讨或逻辑推断阶段，缺少经验证据的支撑；社会融合研究主要基于个体而非家庭的视角，淡化了以家庭为单位的社会融合的重要性。

第三章

中国大城市的流动人口公共服务水平

自1995年国务院开始推动小城镇户籍管理制度试点改革以来，国家政策对于家庭流动和迁移的包容性不断增加。尤其是在党的十六大提出“消除不利于城镇化发展的体制和政策障碍”之后，国家一方面开始将取消落户限制的政策范围从小城镇拓展到中小城市和部分大城市，试图从户籍改革的角度消除户口迁移的制度阻碍；另一方面开始关注流动人口管理服务政策的建立和完善，试图从公共服务均等化的角度消除人口流动的政策阻碍。由于大城市尤其是特大城市和超大城市的户籍准入政策短期内难以完全放开，因此国家对于流动人口公共服务改善的关注度越来越高，各级政府从就业和社会保障、教育文化、住房服务、土地财政等多个层面开启了公共服务均等化的改革进程，使流动人口生存环境、就业收入和权益保护均得到一定的改善。然而，户籍和公共服务均等化改革在全面推进的同时，也存在显著区域差异和城市差异。我国大城市公共财政投入在不断提高，意味着大城市的公共服务能力和水平也存在相应提升，但当我们考虑到户籍与公共服务之间的高度关联性时，一个显而易见的伴生问题便出现了：在未来一段时期内大城市仍然难以放开落户限制的前提下，针对户籍人口的公共服务改善是否意味着流动人口的公共服务被相对地弱化？户籍人口和流动人口之间接受的公共服务水平差距是在扩大还是缩小？这正是本章所关注的主要问题。

第一节 城市公共服务指标体系的构建

从公共服务均等化的视角看，城市地区流动人口与户籍人口的公共服务差异主要体现在基本民生性和公共事业性服务两类之上，在其他两类公共服务层面并不存在明显差异，因此本章中的“基本公共服务”概念主要包括基本民生性服务和公共事业性服务，公共服务均等化则是指流动人口与户籍人口接受上述两项基本公共服务之间的差异逐渐缩小的过程。尽管公共服务的概念较为明确，但城市公共服务的测量却存在不同的方法，而如何进一步测量城市公共服务均等化程度则更加困难。当前，关于公共服务均等化的量化研究较少的主要原因是数据难以获得和测量体系难以构建。本章一方面计划借鉴前人关于户籍价值和户籍门槛的测量方法，间接地分析城市公共服务均等化程度；另一方面也尝试结合新型城镇化中关于公共服务的定义，通过官方统计数据和微观数据进行公共服务均等化指标体系的构建。当前主要有三种测量方式：①计算户籍门槛指数；②计算常住人口与流动人口公共服务的绝对差异；③计算不同城市间流动人口公共服务的相对差异，最终根据数据可行性和指标的信度与效度决定选择何种测量方式。

一 户籍成本法

使用户籍成本法测量公共服务均等化水平的思路来自对户籍改革所造成的城乡、区域二元分割的长期讨论，当大城市户口被视为一种享受公共服务和社会福利资格时，户口便能够反映区域公共资源配置的差异，可以通过衡量户口获得的难易程度和户口改革的财政成本两种途径衡量城市公共服务均等化的水平。有学者认为，户口背后隐含的社会福利和权益一直被视为户籍改革的最大障碍，而推动户籍改革则需要将与户口相关联的教育、卫生、就业和社会保障等社会福利和公共服务与户口剥离开来（黄仁宗，2002，2003；王红茹、王太元、蔡昉等，2005；王共蒙、刘舒婷，2015）。同时，也有研究认为，户籍制度可以被视为城市流动人口的隐痛，因其与社会公共产品的分享体制的紧密关系而成为固化社会分层的隐性力量，社会公共产品分配与户籍改革之间存在“牵一发而动全身”的关系（余佳、丁金宏，2008），大城市户籍改革成本过高，既需要承担人口承载能力不足的压力，又需要在财政分权模式下解决公共投入的问题，人才引进与人口控制并行的思路下使大城市的户籍改革仍然难以继续推进。当前国内有研究通过资料分析法对城市户籍门槛和户口改革成本等指标进行分析，主要有落户门槛指数（殷志静、郁奇虹，1996；吴开亚、张力，2010）和户籍价值（中国科学院可持续发展战略研究组，2005；国务院发展研究中心课题组，2011；张占斌、冯俏彬、黄锟，2013；屈小博、程杰，2013）两种方法，可以分别从政策覆盖对象和政策制定者两个视角衡量公共服务均等化的程度和困难。

首先，基于落户限制的落户门槛指数。通过分析城市落户条件建立落户门槛指数可以有效地测量流动人口获得城市户口的难易程度，间接反映依托于户籍提供的公共服务均等化的程度。尽管当前只针对户籍人口提供的公共服务范围正在逐渐减少，但仍有部分公共服务内容仅向户籍人口提供，如住房保障、低收入保障、义务教育、失业保障等。在假定城市地区政府通过户籍制度将享受公共服务的资格局限于本地户籍人口，即只有获得当地户口才可以享受城市公共服务的前提下，户籍门槛的高低可以间接地反映城市流动人口和户籍人口在获取服务的难易程度上的差距，也反映了户籍迁移人口和流动人口之间的群体差异。吴开亚等（2010）认为，由于城市地区的落户渠道增加、落户决定权下放和准入条件筛选性明显，大城市在户籍准入政策改革过程中建立了一系列落户限制条件或积分落户政策，这些相对透明的落户条件为建立户口门槛指标体系提供了便利。因此，他提出使用落户门槛指数来衡量城市户口的准入难度，建立户籍门槛指标需要根据历史和现有的城市落户渠道进行分类梳理，原始资料主要来自样本城市现行的落户政策的内容分析，基本可以分为投资渠道、就业渠道、家庭投靠、特殊贡献和其他渠道五类作为一级指标，其中通过特殊贡献和其他渠道落户涉及的人群较少，通过前三类渠道落户最具普遍性。在一级指标之下设二级指标，投资渠道被操作化为实际投资、纳税和购房三方面的落户条件，就业被操作化为高端就业（人才引进）和普通就业的落户条件，家庭投靠被操作化为夫妻投靠、家庭成员投靠和随迁照料等落户条件，特殊贡献或其他落户渠道则被操作化为获奖、立功、村改居、拆迁等落户要求。无论是一级还是二级指标，在城市落户政策文本中基本都有相应规定可循，但在多维度、多指标、多变量的情况下，不同指标之间的权重和评判标准难以确定。针对这一问题，金菊良等（2004）提出了基于投影寻踪的理想点法模型，通过对样本矩阵的一维综合投影解决多指标的权重确定问题。落户门槛指数的计算即采用了此种方法。

其次，基于财政投入视角的户籍价值测算。通过计算城市地区与户口直接关联的基本公共服务与福利计算户籍价值，可以测量每落户一人地方政府所需要支付的财政成本，在此基础上结合户籍改革的覆盖人群规模，即可分析某一城市的户籍改革成本。这里不是指个体完成户口迁移所需要的私人成本，而是指流动人口的社会生活及接受服务与户籍人口实现一致所需要付出的基本财政投入（张国胜、谭鑫，2008）。从财政支出的视角看，户籍改革的公共成本主要包含了义务教育、就业和社会保障、医疗卫生、低收入保障等方面的财政投入，可以通过城市层面的核心公共财政投入数据除以户籍人口数进行计算获得。

二　绝对差异法

从户籍门槛或成本角度出发的方法主要集中于户籍人口享受的与公共服务有关的财政支出，以及流动人口与户籍人口之间的制度阻隔，但难以衡量户籍人口与流动人口之间的公共服务水平的实际差异。较为理想的方法是采用绝对差异法，即同时对某一地区或城市的户籍人口和流动人口在教育、就业、医疗、社会保障和住房等层面的公共服务接受情况进行资料收集，然后计算两类人口在相应层面公共服务接受情况的绝对差距，也可以通过加权汇总的方式将五类公共服务进行整合，从而计算两类人口的公共服务均等化指数。绝对差异法与户籍成本法不同，关键在于需要同时调查流动人口和户籍人口两类群体的公共服务数据，目前此类数据仅能在小范围调查中实现，在全国范围内此类数据难以获得。因此，现有关于公共服务均等化的实证研究主要集中于公共服务的城乡和区域差距，重点关注“城乡之分”和“内外之别”（李树茁、悦中山，2014），关于我国城市公共服务均等化的研究则主要局限于理论层面，以实证方式分析城市公共服务均等化问题的研究较少。

为了在数据资料有限的情况下继续探讨公共服务均等化问题，有学者开始另辟蹊径，借鉴国外关于移民社会融合政策的研究方法，从流动人口自身的公共服务水平出发，讨论其内部差异和动态变化。国外关于移民社会融合政策测量最为典型的是欧盟的公民权指数，该指数从劳动力市场流动、家庭团聚、教育、健康、政策参与、长期居留、国籍迁入和反歧视八个领域界定了公民权的具体内涵。2004 年，British Council Brussels 和 Migrant Policy Group 提出使用欧盟市民公民权与融合指数①，从劳动力市场准入、长期居留、家庭团聚、国籍迁入、反歧视五个领域测量移民社会政策改善水平，其中每个维度均可分为资格限制、条件、政策措施和权利四个方面，共涉及三级指标 99 个。在指标计算过程中，所有三级指标的权重相同，二级指标和一级指标权重各不相同，研究者采用专家打分法对每项指标进行打分②，对所有专家在某一指标上的打分情况进行汇总，然后逐步通过算术平均的方式得到二级指标和一级指标的分数，最终以相对标准化的计算方式得到一个百分制的公民权与政策融合指数。2007 年，欧盟公民权与政策融合指数改版为移民融合政策指数（Migrant Integration Policy Index 2），在原有的五个维度上加入了第六个一级指标——政策参与，三级指标从 99 个拓展至 140 多个。同时，指数计算方法变化较大，三级指标被赋予不同权重，二级和一级指标的权重相同，使用绝对标准化的计算方式得到一个百分制的指数。2011 年，移民融合指数加入

① Geddes, A. et al., *European Civic Citizenship and Inclusion Index*, Belgium: British Council Brussels, 2005.

② 研究小组所请专家包括熟悉相应领域的研究者和从业者，对指标进行 1—3 分的赋值，最低分为 1 分，最高分为 3 分，分值越高代表相应政策越有助于融合。

了第七个一级指标——教育，三级指标拓展至 148 个，仍然采用三级指标权重相等、一级和二级指标赋予不同权重的计算方法（Niessen，2015）。2015 年，移民融合政策指数更新到第四版，加入了第八个一级指标——健康，三级指标拓展至 167 个，仍然采用三级 2011 年的权重法。发展至今，移民融合政策指数已经在欧盟成员国、美国、澳大利亚、加拿大等 38 个国家建立了移民融合政策指标体系，已经成为评估不同国家对外来移民政策接纳程度的最重要且使用最普遍的指标之一。

与国外许多国家不同但相近的是，移民政策融合指数计算主要分析公民身份转移受到的政策限制，而由于我国采取区域化差异明显的户籍管理政策，国内不同地区之间的市民身份转移也受到政策限制。因此，借鉴 MIPEX 计算国家公民权指数的方法计算城市市民权指数，成为当前较为可行的测量不同城市对流动人口接纳程度的方法。值得注意的是，国内多采用市民化而非市民权的概念讨论流动人口在城市地区的政策接纳问题，这也导致对均等化的测量具有一定的局限性。市民化的概念最早于 1989 年被提出，指从农民到城市居民的身份转换过程（黄祖辉、顾益康、徐加，1989），其中涉及收入、生活方式、居住环境和文化教育等多个领域，2000 年以后关于市民化问题的研究迅速增加，但受到概念限制，分析对象仍主要局限于乡—城流动人口（文军，2004；郑杭生，2005；刘传江，2006），并且以政策分析为主，缺少实证研究。2008 年市民化问题开始走向量化，其中以刘传江（2008）提出的“市民化进程”和李树茁等（2014）提出的“流动人口市民化政策指数”最具代表性。前者从生存职业、社会身份、自身素质以及意识行为 4 个层面测量农民身份转换为市民的过程，后者则借鉴移民政策融合指数的计算方法，从劳动就业、社会保障、子女教育、卫计服务、社区接纳和入籍门槛 6 个维度测量城市地区流动人口市民化政策的执行情况。

从资料来源和分析方法的视角看，市民化进程和市民化政策指数虽借鉴了移民政策融合指数，但均未采用后者的资料分析模式，从政策实际效果而非政策制定的角度测量了城市公共服务的接纳程度。然而，与市民化相关的两个指标均具有一定的局限性。首先，市民化是伴随城镇化进程而产生的概念，反映了从农村居民向城市居民的身份转换，未能反映城市之间的人口流动带来的地方身份转换问题；其次，市民化的概念涵盖范围更广，不仅决定享受公共服务资格的个体身份转换，其过程中还涉及生活习惯、文化、收入等多方面的状态转换；最后，对市民化测量严重依赖于对政策文本定性评估，权重问题难以确定。

三　相对差异法

为了充分利用现有资源对城市公共服务进行测量，我们将五种不同的测量方法进行比较。根据上述的指标体系、测量维度和方法可知，公共服务作为公共政策的一部分，反映了国家和区域福利体制的覆盖范围和内涵，而覆盖范围的界定则取决于入籍门槛的制度设定。在欧盟国家，移民是否享有完全的社会福利取决于是否取得入籍资格；在我国的大城市，流动人口是否享有完全的社会福利则取决于是否取得落户资格。

值得注意的是，无论是欧盟国家之间的移民还是我国城乡之间的人口流动，与入籍或落户资格关联的社会福利均存在弱化的趋势，针对移民和流动人口的公共服务水平在不断提高。这一结果与入籍或落户的限制减弱有关，也与针对常住人口而非户籍人口的公共服务体系不断完善有关。那么，如何有效测量针对流动人口城市公共服务水平？采用以落户门槛和户籍价值为主要指标的户籍成本法，还是以融合政策指数和市民化指数为主的绝对差异法？从流动人口个体及其家庭的迁移决策过程看，户籍人口与流动人口之间的公共服务绝对差距是影响其家庭迁移的重要因素，但并不是唯一因素。首先，相对于户籍人口，流动人口的家庭团聚成本更高，消除两者之间的公共服务差距并不等于消除两者之间的家庭迁移成本差距；其次，城市作为吸引人口流入的重要聚集地，不同城市之间的公共服务差距对人口流动的影响较大，大城市之间的相对差异产生了不同的家庭迁移模式。因此，本书既非采用户籍成本法，也非采用绝对差异法，而是从人口流动的视角提出测量城市之间流动人口公共服务相对差异的方法，即比较不同城市之间流动人口公共服务接受状况的差异，如表 3-1 所示。

表 3-1　流动人口政策融合程度/公共服务获取难易度测量方法

	落户门槛指数	户籍价值	移民融合政策指数	市民化进程	市民化指数
资料类型	政策文本	公共财政数据	政策文本	调查数据	调查数据
分析方法	因子分析法	均权法	均权法	均权法	均权法
指标数量（个）	34	5	167	8	16
分析维度	投资落户 就业落户 随迁投靠 特殊渠道 其他渠道	教育 就业 社会保障 医疗卫生 最低生活保障	劳动力市场流动 家庭团聚 教育 健康 政治参与 长期居留 入籍 反歧视	生存职业 社会身份 自身素质 意识行为	劳动就业 社会保障 子女教育 卫计服务 社区接纳 入籍门槛

第二节　数据来源和计算方法

一　数据来源

人口流动是在城乡二元和区域二元的双重结构之下发生的现象，既涉及城乡之间的流动迁移，也涵盖不同区域之间的流动迁移。那么流动人口基本公共服务的改善既包含了城乡之间公共服务的差距缩小，也包含了区域之间公共服务差距的缩小。在 2012 年 7 月印发的《国务院关于印发国家基本公共服务体系“十二五”规划的通知》中，有一段关于流动人口基本公共服务改善的较为完整的阐述。其中最具改革性的政策是提出要“逐步建立城乡一体化的基本公共服务制度，健全促进区域基本公共服务均等化的体制机制，促进公共服务资源在城乡、区域之间均衡配置，缩小基本公共服务水平差距”。因此，流动人口的公共服务指数依托于居住地政府的流动人口基本公共服务制度，其数据来源需要采用以居住地为主的流入地法，能够反映基本公共服务由户籍人口向常住人口扩展的变化过程。因此，本书使用国家卫生计生委在 2013 年开展的全国流动人口动态监测调查数据，该调查的基本情况及特点在前文已介绍，在此不再赘述。总而言之，2013 年的全国流动人口动态监测数据既可以解决城市样本的代表性问题，又有足够的问题以进行公共服务指标的分析，可以满足公共服务指数构建的基本需要。

二　指标体系

流动人口城市公共服务指数的设置参照了《国家新型城镇化规划（2014—2020）》中“积极推进城镇基本公共服务由主要对本地户籍人口提供向对常住人口提供转变”的目标，依据规划中提出的保障随迁子女平等享有受教育权利、完善公共就业创业服务体系、扩大社会保障覆盖面、改善基本医疗卫生条件和拓宽住房保障渠道五项城镇基本公共服务改革要求，结合国务院印发的《“十三五”推进基本公共服务均等化规划》中关于公共服务均等化的要求，可将义务教育、就业服务、社会保障、基本医疗卫生和保障性住房作为大城市公共服务水平的主要测量维度。同时，参照欧盟移民融合政策指数中关于“入籍资格”维度的设置，流动人口城市公共服务指数加入了第六个维度——落户门槛维度，用以衡量大城市居住证制度的实施效果。

流动人口城市公共服务指数除了吸收中国公共服务均等化的政策要求，也借鉴了欧盟移民融合政策指数的 8 项测量维度，同时参考了国内关于落户门槛指数、户籍改革成本和市民化政策指数中的指标维度设置。值得注意的是，尽管参考了相关指数的构建经验，流动人口城市公共服务指数仍然存在其自身特点以适应大城市公共服务水平测量的实际需要。与户籍成本法不同的是，流动人口城市公共服务指数的资料来源既非政策文本，也非公共财政数据，而是取自能够反映公共服务实施效果的调查数据。与绝对差异法不同的是，流动人口城市公共服务指数以各项政策覆盖水平 100% 为参照依据，而不是与市民化政策指数一样在多个指标上采用与市民水平比较的方法，如表 3-2 所示。

表 3-2　　流动人口城市公共服务指数

一级指标	二级指标	指标解释	阈值
子女教育	公办幼儿园	流动人口子女在流入地公办幼儿园就学的比例	0—100%
	公办小学	流动人口子女在流入地公办小学就学的比例	0—100%
	公办初中	流动人口子女在流入地公办初中就学的比例	0—100%
	公办高中	流动人口子女在流入地公办高中就学的比例	0—100%
就业服务	劳动合同	在业流动人口劳动合同签订率	0—100%
	工作时间	每周工作小时数	实际值
	收入水平	流动人口月平均收入	实际值
社会保障	养老保险	流动人口在流入地参加城镇职工养老保险的比例	0—100%
	医疗保险	流动人口在流入地参加城镇职工医疗保险的比例	0—100%
	工伤保险	流动人口在流入地参加城镇职工工伤保险的比例	0—100%
	失业保险	流动人口在流入地参加失业保险的比例	0—100%
	生育保险	流动人口参加生育保险的比例	0—100%
医疗卫生	健康档案	流动人口在流入地建立居民健康档案的比例	0—100%
	社区卫生	流动人口在流入地社区卫生服务机构就医的比例	0—100%
	健康教育	流动人口在流入地接受免费健康教育的比例	0—100%
住房保障	廉租房	流动人口在流入地获得廉租房的比例	0—100%
	公租房	流动人口在流入地获得公租房的比例	0—100%
	保障性住房	流动人口在流入地购买政策性保障房的比例	0—100%
	住房公积金	流动人口在流入地拥有住房公积金的比例	0—100%
登记服务	居住证	流动人口在流入地办理居住证的比例	0—100%

参考移民融合政策指数的计算方法，本书将子女教育、就业服务、社会保障、医疗卫生、住房保障和落户限制视作同等重要的公共服务内容，赋予流动人口城市公共服务指数 6 个维度相同的权重。首先，计算各个二级指标的实际值，在此基础上采用 Z 分数法对实际值进行标准化处理，得到各个二级指标的标准化 Z 分数；其次，对各个一级指标下的二级指标进行平均即可得到 6 个一级指标的标准化得分；最后，对 6 个一级指标进行平均即可得到流动人口城市公共服务指数的综合得分。需要指出的是，由于采用 Z 分数的标准化方法，其统计特性意味着每个指标的值有 0 值和正负数，其中 0 值得分代表该

城市在某一维度处于所有大城市的平均水平，正数得分代表该城市在某一维度高于所有大城市的平均水平，负数得分代表该城市在某一维度低于全部大城市的平均水平。

第三节　城市公共服务水平的多重差异

基于城市流动人口公共服务指数的指标体系，我们可以发现公共服务具有多维的性质和特点，尽管对不同城市之间的公共服务水平进行综合比较极为必要，但从教育服务、就业服务、社会保障、医疗卫生、住房保障和落户门槛 6 个维度讨论城市公共服务水平的多重差异也具有一定参考价值。其中，城市之间各类公共服务差异的比较尤为值得重视，不仅可以讨论城市规模等级和区域影响之间的关系，而且可以为计算城市公共服务的综合指数提供更为详尽的解释和参考。

一　教育服务

公共教育服务水平是衡量大城市公共服务水平的重要维度，国家在“十二五”公共服务发展规划中提出要重点巩固提高九年义务教育，基本普及高中阶段教育和学前一年教育，完善以政府为主导、多种方式并举的家庭经济困难学生资助政策，建立健全基本公共教育服务体系。

（一）学前教育

学龄前儿童的心理健康、习惯、智力发展是国民教育体系中的重要部分，在 0—3 岁的抚育阶段完成之后，流动人口子女面临的首要问题即是幼儿园入园，然而由于大城市公共学前教育资源紧张，城市公办幼儿园入园政策门槛较高，最终导致流动人口子女较低的入园率。从分析结果看，大城市流动人口在居住地接受公共学前教育的比例并不高，且存在较为明显的层次分化，有 33 个城市的流动人口公办幼儿园入园率均保持在 10%—30%，有 9 个城市公办幼儿园入园率低于 10%，8 个城市公办幼儿园率超过 30%。在超大城市中，除了上海市保持 38. 7%的较高比例外，北京市的公办幼儿园率为 23. 1%，深圳市最低，仅为 18.6%；在特大城市中，武汉市公办幼儿园率最高，为 20.4%，广州市公办幼儿园率最低，仅为 11.6%，其他特大城市基本在 15%—20%；在Ⅰ型大城市中，太原市公办幼儿园率高达 44.5%，其他城市多数保持在 20%以上；在Ⅱ型大城市中存在严重的两极分化，一方面汕头、台州、珠海、保定等 9 个城市公办幼儿园率低于 10%；另一方面常州、无锡、中山、南通、江门等 5 个城市公办幼儿园率高于 30%，其他仍有部分城市处于 10%—30%，如表 3-3 所示。

表 3-3　各城市流动人口子女在居住地的幼儿园入园率

城市数量（个）	本地公办幼儿园入园率	城市名称
9	0—10%	汕头市、台州市、珠海市、保定市、包头市、温州市、福州市、柳州市、长沙市
18	10%—20%	呼和浩特市、厦门市、广州市、惠州市、郑州市、长春市、南宁市、海口市、重庆市、东莞市、泉州市、合肥市、乌鲁木齐市、杭州市、兰州市、佛山市、深圳市、成都市
15	20%—30%	天津市、武汉市、石家庄市、贵阳市、昆明市、西安市、南京市、北京市、青岛市、唐山市、大同市、宁波市、苏州市、烟台市、济南市
5	30%—40%	中山市、南通市、大连市、江门市、上海市
3	40%—50%	常州市、无锡市、太原市

按照我国教育事业发展统计公报的数据，2013 年我国学前教育毛入园率为 67.5%，这一比例在 2015 年则达到了 75%，远远高于全部大城市的最高水平，进一步显示出我国流动人口子女在居住地接受学前教育的现状。大城市尤其是特大城市流动人口子女的学前教育水平较低，部分经济发展水平较高且规模相对较小的Ⅱ型大城市的流动人口学前教育水平反而较高。总体而言，无论是大城市、特大城市还是超大城市，流动人口子女在居住地接受公办学前教育的比例仍然有待改善。

（二）小学教育

小学教育作为我国义务教育的重要阶段，其普及率已经达到较高的水平，2013 年全国净入学率已经达到 99.71%。尽管从全国水平而言小学净入学率如此之高，但流动人口子女的义务教育情况并不乐观。2010 年，我国印发《国家中长期教育改革和发展规划纲要（2010—2020 年）》，其中提出要适应城乡发展需要，合理规划学校布局，办好必要的教学点，方便学生就近入学。坚持以输入地政府管理为主，以全日制公办中小学为主，确保进城务工人员随迁子女平等接受义务教育，研究制定进城务工人员随迁子女接受义务教育后在当地参加升学考试的办法。同年，我国接受义务教育的学生中进城务工人员随迁子女约有 1167.17 万人，仅占到全部在校生的 7.7%。[①] 其中，子女随迁就读小学的比例高于初中，进城务工人员随迁子女在小学就读的人数约为 864.30 万人，占全部小学在校生的 8.7%；进城务工人员随迁子女在初中就读的人数约为 302.88 万人，仅占全部初中在校生的 5.7%。2013 年，我国接受义务教育的学生中进城务工人员随迁子女数仅增长 110 万人，且增长主要集中于小学就读人口，1277.17 万的随迁子女中在小学就读 930.85 万人，在初中就读 346.31 万人，如表 3-4 所示。

表 3-4　各城市流动人口子女在居住地的公办小学就学比例

城市数量（个）	本地公办小学就学率	城市名称
12	0—50%	台州市、广州市、保定市、温州市、惠州市、杭州市、东莞市、中山市、宁波市、深圳市、苏州市、昆明市
15	50%—60%	南京市、佛山市、汕头市、成都市、南通市、北京市、上海市、贵阳市、泉州市、长沙市、重庆市、南宁市、福州市、厦门市、珠海市

① 教育部：《2010 年全国教育事业发展统计公报》，《中国地质教育》2011 年第 3 期。

续表

城市数量（个）	本地公办小学就学率	城市名称
8	60%—70%	常州市、唐山市、郑州市、石家庄市、天津市、无锡市、西安市、江门市
11	70%—80%	武汉市、柳州市、烟台市、海口市、呼和浩特市、济南市、乌鲁木齐市、太原市、长春市、合肥市、包头市
4	80%—100%	兰州市、青岛市、大连市、大同市

由表 3-4 可知，流动人口子女在流入地公办小学就学的比例并不高，其中尤其以超大城市和特大城市最为明显。从 2013 年的流动人口动态监测调查数据看，超大城市和特大城市在超大城市中，北京、上海和深圳三城市的流动人口本地公办小学入学率均低于 60%，其中北京和上海为 53%，深圳最低，仅为 46%。同时，特大城市的流动人口小学教育服务水平也处于较低状态，在特大城市中多个城市的本地公办小学入学率低于 60%，其中以东莞最低，仅为 24%和 31%。相对而言，Ⅰ型大城市的流动人口小学教育服务水平较高，在 11 个Ⅰ型大城市中有 8 个城市的本地公办小学入学率高于 60%，其中青岛和大连分别为 83%和 88%。

（三）初中教育

自 2010 年开始，我国初中阶段的毛入学率超过 100%，自 2013 年以后这一比例基本维持在 104%，表明我国义务教育的普及水平已经达到相当高的程度。值得注意的是，在大城市地区，超过半数的流动人口子女在其户籍地而非流入地接受义务教育，调查结果显示流动人口子女在流入地公办中学就学比例低于 50%的大城市数量高达 20 个，其中尤其以超大城市和特大城市最为明显。在超大城市中，北京、上海和深圳三城市的流动人口本地公办中学入学率基本在 40%左右，其中北京和上海为 40%，深圳略高，仅为 43%。同时，特大城市的流动人口中学教育服务水平也处于较低状态。相对而言，Ⅰ型大城市的流动人口中学教育服务水平较高，如表 3-5 所示。

表 3-5　各城市流动人口子女在居住地的公办初中就学比例

城市数量（个）	本地公办初中就学率	城市名称
20	0—50%	广州市、台州市、温州市、汕头市、杭州市、东莞市、保定市、惠州市、宁波市、中山市、昆明市、佛山市、上海市、北京市、泉州市、成都市、深圳市、南京市、苏州市、唐山市
9	50%—60%	南通市、贵阳市、福州市、南宁市、长沙市、重庆市、天津市、江门市、石家庄市
9	60%—70%	厦门市、烟台市、无锡市、常州市、西安市、合肥市、海口市、郑州市、长春市
8	70%—80%	太原市、武汉市、济南市、青岛市、乌鲁木齐市、呼和浩特市、兰州市、珠海市
4	80%—100%	柳州市、包头市、大连市、大同市

（四）高中教育

自 2010 年开始，我国高中阶段的毛入学率为 82.5%，且每年保持一定比例的增长，这一比例在 2013 年为 86%，在 2015 年达到 87%。尽管高中入学率在不断提升，但流动人口子女在流入地能够接受公办高中教育的情况仍然有待改善。在大城市地区，接近 80%的流动人口子女在其户籍地而非流入地接受高中教育，调查结果显示流动人口子女在流入地公办高中就学比例低于 50%的大城市数量高达 31 个，其中几乎包含了所有的超大城市和特大城市，低于 30%的大城市数量为 18 个，其中包含了北京、上海、广州、杭州、昆明、东莞和佛山等流动人口较多的城市。在超大城市中，北京、上海和深圳三城市的流动人口本地公办高中就学比例分别为 24%、20%和 33%。同时，特大城市的流动人口高中教育服务水平也处于较低状态，在 8 个特大城市中有 5 个城市的本地公办高中就学比例低于 50%，其中以广州和东莞最低，仅为 15%和 17%。相对而言，Ⅰ型大城市的流动人口中学教育服务水平较高，在 11 个Ⅰ型大城市中有 5 个城市的本地公办初中入学率高于 60%，其中青岛和长春均为 66%，如表 3-6 所示。

表 3-6 各城市流动人口子女在居住地的公办高中就学比例

城市数量（个）	本地公办初中就学率	城市名称
31	0—50%	汕头市、温州市、中山市、台州市、广州市、宁波市、东莞市、常州市、佛山市、上海市、杭州市、苏州市、惠州市、北京市、泉州市、唐山市、昆明市、保定市、成都市、深圳市、南京市、福州市、无锡市、南通市、江门市、长沙市、天津市、珠海市、厦门市、石家庄市、重庆市
6	50%—60%	郑州市、西安市、南宁市、合肥市、乌鲁木齐市、贵阳市
7	60%—70%	大连市、济南市、太原市、烟台市、青岛市、长春市、海口市
3	70%—80%	呼和浩特市、兰州市、武汉市
3	80%—100%	包头市、柳州市、大同市

（五）大城市教育服务的双重差异：区域与阶段

对于流动人口而言，随迁子女能否在居住地接受公办教育直接关系到其教育成本和质量的高低。从 50 个大城市的调查数据看，基础教育资源紧张是大城市普遍面临的问题之一，其中公办学前教育资源尤为短缺，流动人口子女在流入地接受学前教育的比例为 70. 25%，但接受公办学前教育的比例仅占 30. 29%。同时，流动人口子女在流入地接受义务教育的比例略低且呈现出阶梯式下降的趋势，在流入地接受小学、初中和高中教育的比例分别为 64%、50. 74% 和 36. 96%，在大城市接受高中教育的门槛和成本明显增加。伴随教育阶段的提升，流动人口对学校教育质量的要求越来越高，但同时能承受教育成本有限，其子女在大城市就学的难度越来越高，因此流动人口子女在大城市公办学校就学的比例越来越低，小学、初中和高中分别为 49%、42% 和 31%，越来越依赖于公办教育的支持。

由于不同城市和不同教育阶段的教育资源分布存在差异，导致流动人口子女在大城市就学呈现出显著的空间和阶段双重差异的现象。首先，当子女处于学前教育和义务教育等较低的教育阶段时，城市规模等级越高流动人口子女在本地就学的比例越高。在超大城市生活的流动人口更倾向于将学龄前子女留在身边就学，在流入地就读幼儿园的比例高达75%，比特大城市、Ⅰ型和Ⅱ型大城市更高。其次，当子女处于高中教育等较高的教育阶段时，城市规模等级越高流动人口子女在本地就学的比例越低。相对于其他规模等级的大城市，超大城市流动人口的子女在流入地就读高中的难度更高，比例仅为31.21%，远远低于Ⅰ型和Ⅱ型大城市，如表3-7所示。

表3-7　　各类城市流动人口子女在流入地的就学情况　　单位：%

	幼儿园		小学		初中		高中	
	本地就学	公办就学	本地就学	公办就学	本地就学	公办就学	本地就学	公办就学
超大城市	75.36	34.42	68.51	73.38	51.77	79.36	31.21	80.53
特大城市	67.75	23.13	59.13	70.50	43.62	80.57	35.06	84.81
Ⅰ型大城市	72.64	29.35	65.33	83.12	55.04	86.26	49.09	86.91
Ⅱ型大城市	66.23	30.18	62.43	79.90	52.38	86.52	36.48	90.16
合计	70.25	30.29	64.00	76.22	50.74	83.04	35.96	86.11

从流动人口子女教育状况看，造成双重差异现象的主要原因与子女的生命周期、城市教育产品的市场化水平和公共教育资源的分配格局有关。一方面，0—12岁儿童处于个体发展的初期阶段，迫切需要基础性的通识教育，家庭对其具有更高的关注度，更愿意将子女留在身边接受教育；另一方面，在公共教育服务不足的情况，城市教育产品的市场化程度越高，流动人口越容易从市场中获取相应服务。超大城市的私立学前教育发展较为成熟，在流入地接受市场提供的学前教育的比例较高；除了受到学前教育阶段的市场化程度较高外，当前义务教育和高中教育的市场化水平普遍较低，仍严重依赖于公共教育资源的供给，而在大城市这部分资源供给被严格限制在户籍人口范围之内，非户籍人口子女难以进入。

二　就业服务

提高收入一直被视为影响人口流动的重要因素之一，与之相应的城市就业服务水平则能够反映一个城市为流动人口所提供的工作环境和质量。参照最新的公共服务均等化发展规划，基本就业领域服务项目共包含十项，具体包括基本公共就业服务、创业服务、就业援助、就业见习服务、大中城市联合招聘服务、职业技能培训和技能鉴定、“12333”人力资源和社会保障服务热线电话咨询、劳动关系协调、劳动人事争议调解仲裁、劳动保障监察等。一般情况下，除了职业技能培训外，这十类中的其他服务可以通过劳动合同签订、工作时间和就业收入情况予以反映。

（一）劳动合同签订情况

仅从劳动合同签订情况看，超大城市和特大城市劳动力市场的规制水平比其他大城市更高，流动人口就业更容易获得相应的权益保障。国家统计局发布的《2013 年全国农民工监测调查报告》显示，与雇主或单位签订了劳动合同的农民工比重为 41.3%，同年的全国流动人口动态监测调查中所有大城市与雇主或单位签订了劳动合同的流动人口比重为 41.2%，基本与之接近。其中，超大城市流动人口就业人员签订劳动合同的比例高达 51%，特大城市这一比例则达到了 43%，高于全部大城市流动人口 41.4%的劳动合同签订水平。一般认为收入差距是导致流动人口进一步向少数东部城市聚集的直接原因（段成荣等，2009），但与就业相关的其他服务对人口流动的影响依然不容忽视，超大和特大城市较高的劳动合同签订率间接地反映了城市劳动就业服务水平对人口流向的影响，为人口仍然不断向超大城市和特大城市流动的趋势提供了经验证据。值得注意的是，Ⅱ型大城市流动人口的劳动合同签订率已经接近大城市的平均水平，已经超过 36%，这一比例在Ⅰ型大城市仅为 28%，表明Ⅱ型大城市就业服务环境正在不断改善，在吸引流动人口就业方面未来或可能比Ⅰ型大城市更具有吸引力，如图 3-1 所示。

为什么超大城市和特大城市的劳动合同签订率高于其他大城市？不同行业的劳动合同签订率存在较大差异，当前结论是否受到城市产业结构的影响？从分行业的视角看，流动人口较为集中于制造业、建筑业、批发零售业、住宿餐饮业、社会服务和交通运输业等行业，超大和特大城市这些行业的劳动合同签订情况依然高于其他大城市。其中，超大和特大城市住宿餐饮业的劳动合同签订比例分别为 31.20%

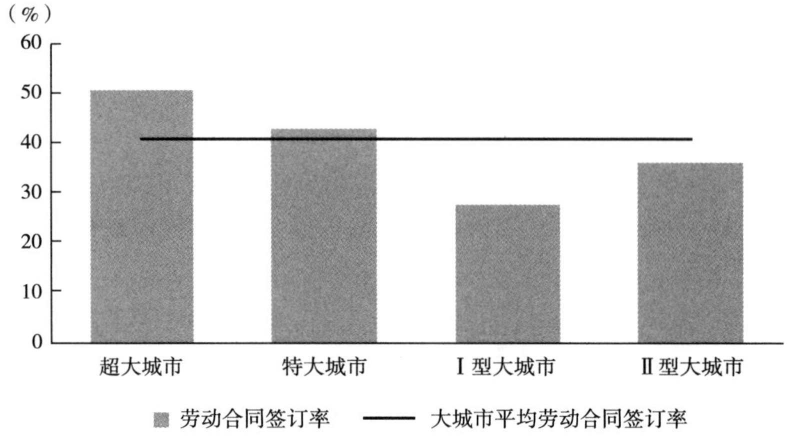

图 3-1　各类城市流动人口劳动合同签订率

和 25.30%，批发零售业分别为 29.90%和 17.10%，尽管低于常住人口的劳动合同签订率，但远远高于Ⅰ型和Ⅱ型大城市。尽管超大城市和特大城市当前正在进行人口疏解和调控，逐步转移制造业到其他区域，从而导致制造业更多地集中于Ⅰ型和Ⅱ型大城市。但需要注意的是，Ⅰ型和Ⅱ型大城市制造业的劳动合同签订比例较低，难以满足制造业转移的就业服务需求，其城市就业服务水平仍然有待改善，如表 3-8 所示。

表 3-8　各类城市部分行业流动人口劳动合同签订情况　　单位：%

	超大城市	特大城市	Ⅰ型大城市	Ⅱ型大城市
制造业	75.50	65.00	49.30	53.10
采掘业	58.80	77.80	65.00	50.90
农林牧渔	11.00	36.40	39.30	12.20
建筑	42.80	30.60	21.30	25.10
电煤水生产供应	61.60	61.40	63.60	47.90
批发零售	29.90	17.10	15.30	15.90
住宿餐饮	31.20	25.30	14.10	16.10
社会服务	44.10	31.90	22.60	20.90
金融/保险/房地产	75.40	66.50	59.80	63.80
交通运输、仓储通信	56.90	51.60	35.50	34.50
卫生、体育和社会福利	67.20	59.50	43.30	47.70

续表

	超大城市	特大城市	Ⅰ型大城市	Ⅱ型大城市
教育、文化及广播电影电视	72.00	67.60	48.60	58.30
科研和技术服务	83.50	67.80	50.90	66.70
党政机关和社会团体	86.90	82.70	50.00	80.60
其他	36.50	28.30	15.40	20.10
合计	50.50	43.20	28.00	36.30

分城市来看，东部沿海地区大城市的流动人口劳动合同签订比例较高，而内陆地区大城市流动人口劳动合同签订比例较低。其中，在劳动权益保障的视角看，上海、苏州、惠州、中山、深圳、东莞等大城市既是流动人口较多的地区，也是流动人口劳动合同签订水平较高的地区，平均签订率超过50%。需要说明的是，仅从劳动合同签订这一项指标讨论流动人口就业的权益保障问题远远不够，在劳动合同的执行与工作环境的改善情况依然是关系到流动人口劳动就业保障的重要维度，如表3-9所示。

表3-9　各城市流动人口劳动合同签订情况

城市数量（个）	劳动合同签订比例	城市名称
14	<20%	包头市、郑州市、大同市、呼和浩特市、西安市、太原市、汕头市、兰州市、昆明市、武汉市、贵阳市、长春市、合肥市、长沙市
10	20%—30%	台州市、石家庄市、烟台市、福州市、乌鲁木齐市、成都市、柳州市、南通市、唐山市、南宁市
13	30%—40%	常州市、江门市、佛山市、青岛市、海口市、宁波市、南京市、温州市、泉州市、大连市、天津市、北京市、杭州市
5	40%—50%	广州市、重庆市、济南市、无锡市、保定市
8	>50%	上海市、苏州市、惠州市、中山市、厦门市、深圳市、珠海市、东莞市

（二）工作时间

劳动合同签订比例可以部分反映城市劳动力市场的规制水平，但难以全面反映劳动者的真实就业状况，工作时间、薪酬待遇等维度则可以进一步解释大城市流动人口的就业状况。当前部分学者认为，流动人口大量进入大城市寻求工作将进一步导致就业环境紧张和从业者的工作压力巨大，然而，当我们从工作时间这一维度讨论就业市场规制的发育程度时，可以看到超大城市和特大城市的劳动力就业可能更加规范，工作环境更加人性化。在不同规模等级城市的分行业比较中，可以发现在调查数据中无论是每周工作时间最长的批发零售业，还是每周工作时间最短的党政机关和社会团体，超大城市流动人口的工作时间均处于较低的水平。尽管流动人口每周工作时间远远高于40小时，但是调查结果显示，城市规模等级越高，流动人口每周工作时间越短。超大城市流动人口就业者每周平均工作小时数为55.49，远远低于Ⅰ型和Ⅱ型大城市60小时以上的每周工作数。

分城市来看，所有大城市流动人口的每周平均工作时间均在50个小时以上，大部分城市每周平均工作时间基本在60个小时以内，但仍有部分城市流动人口每周工作时间超过60个小时。其中，从劳动权益保障的视角看，上海、海口、重庆、大连等大城市的每周工作时间较短，基本在55个小时以内，反映了这些地区在劳动权益维护方面具有一定的执行力。需要说明的是，流动人口工作时间受到产业结构的影响，如制造业、建筑业和服务业等流动人口较为集中的产业，这类产业占比过高将会整体提升每周平均工作时间的水平，如表3-10所示。

表3-10　　各城市流动人口平均每周工作时间

城市数量（个）	每周工作小时数（小时）	城市名称
21	>60	泉州市、昆明市、温州市、兰州市、汕头市、郑州市、太原市、西安市、厦门市、唐山市、武汉市、杭州市、江门市、石家庄市、佛山市、台州市、珠海市、青岛市、成都市、惠州市、长沙市

续表

城市数量（个）	每周工作小时数（小时）	城市名称
23	55—60	宁波市、天津市、合肥市、南通市、呼和浩特市、中山市、常州市、南京市、乌鲁木齐市、福州市、烟台市、苏州市、长春市、无锡市、广州市、保定市、东莞市、济南市、深圳市、贵阳市、包头市、北京市、南宁市
6	50—55	大连市、大同市、重庆市、柳州市、海口市、上海市

分行业看，四类大城市的劳动就业时间呈现阶梯状分布特点，一是“超大城市—特大城市—Ⅰ型大城市—Ⅱ型大城市”表现出劳动时间不断增加的阶梯特征，二是从批发零售业、住宿餐饮业等商业服务业到教育文化、科研技术、党政机关等公共服务业表现出劳动时间不断减少的阶梯特征。从每周工作小时数看，首先，批发零售业、住宿餐饮业和社会服务业的平均劳动时间最长，且在不同规模等级的城市之间存在明显差异，其中批发零售业的每周工作时间均在 60 个小时以上，但超大城市低于其他大城市，住宿餐饮业和社会服务业也表现出同样的特点；其次，制造业的每周劳动时间也较高，但超大城市仍然低于其他大城市，平均每周工作时间仅为 51.78 个小时，而特大城市为 55.14 个小时，Ⅰ型和Ⅱ型大城市则在 58 个小时以上；最后，教育文化、科研和技术服务业、党政机关和社会团体等行业的每周平均工作时间最短，每周工作时间基本低于 45 个小时，且在不同规模等级的城市之间差异不大，如表 3-11 所示。

表 3-11　大城市部分行业流动人口的工作时间分布　单位：小时

	超大城市	特大城市	Ⅰ型大城市	Ⅱ型大城市
制造业	51.78	55.14	58.66	58.64
采掘业	48.57	51.78	50.44	51.98
农林牧渔	56.11	59.83	58.20	59.87
建筑	53.03	54.33	58.12	55.71
电煤水生产供应	53.77	52.30	52.09	53.53
批发零售	64.61	68.48	68.27	68.61

续表

	超大城市	特大城市	Ⅰ型大城市	Ⅱ型大城市
住宿餐饮	58.56	61.61	65.82	64.75
社会服务	56.36	58.96	60.59	61.62
金融/保险/房地产	45.54	46.25	48.36	49.37
交通运输、仓储通信	51.00	55.90	59.50	58.02
卫生、体育和社会福利	48.78	50.56	52.39	55.44
教育、文化及广播电影电视	43.79	45.44	47.30	46.41
科研和技术服务	43.85	48.39	46.38	50.01
党政机关和社会团体	44.31	44.99	45.08	44.54
其他	54.77	59.12	61.75	57.90
总计	55.49	58.80	61.82	60.48

（三）就业收入

无论是从劳动合同签订比例还是平均每周工作时间来看，超大城市和特大城市均表现出高于其他大城市的特点，这在某种程度上为大量人口流向超大城市和特大城市提供了经验支撑。然而，从人口流动的主要动机看，增加收入这一流动原因占据了主要地位，因此比较不同规模等级城市之间的流动人口就业收入差异更能够为当前的大城市就业服务水平提供更为详尽的解释与说明。从调查数据可知，2013 年大城市流动人口就业收入平均每月为 3484 元，其中超大城市流动人口平均月收入为 4030 元，远远高于特大城市和其他大城市，显示出不同规模等级大城市之间就业薪酬方面的巨大差异，如图 3-2 所示。

分行业看，大城市不同行业流动人口的就业收入呈现阶梯状分布特点，科研和技术服务、采掘业、金融/保险/房地产等行业的月均就业收入较高，交通运输、电煤水生产供应、批发零售业、教育文化等行业月均就业收入次之，党政机关和社会团体、农林牧渔、住宿餐饮等行业月均就业收入最低。从不同规模等级城市的分行业月均收入水平看，科技、文化、教育等行业在超大城市的聚集效应极为明显，超大城市的科研和技术服务业月均收入高达 6464 元，比其他大城市的同行业月收入高出 2000 元以上；教育、文化及广播电影电视业月均收入高达4762元，比其他大城市的同行业月收入高出1300元以上。同时，金融/保险/房地产等行业的规模聚集效应也极为明显，在超大城市月均收入几乎接近6000元，而该行业在特大城市、Ⅰ型和Ⅱ型大城市不足4000元。在其他行业，如流动人口最为集中的制造业、批发零售业和住宿餐饮业，尽管超大城市的月均收入仍然高于其他大城市，但并不存在如科技、金融、房地产等行业的高度分化，如表3-12所示。

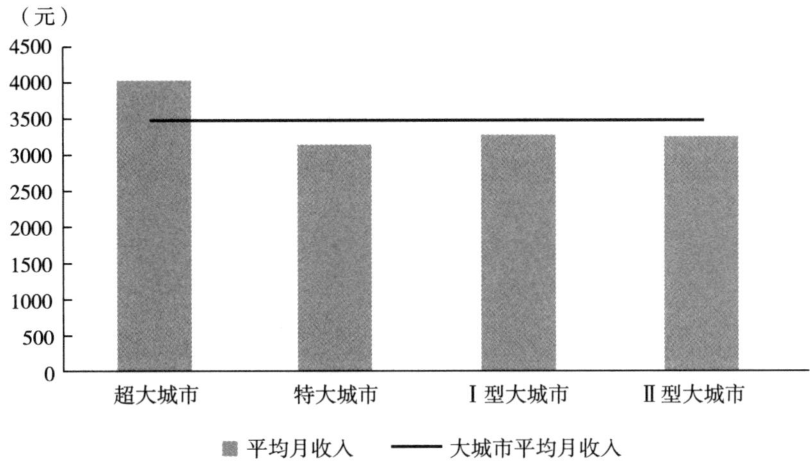

图3-2　不同规模等级城市流动人口平均月收入

表3-12　不同规模等级城市分行业流动人口就业月均收入　单位：元

	超大城市	特大城市	Ⅰ型大城市	Ⅱ型大城市	全样本
制造业	3570	2871	3047	3047	3121
采掘业	5674	3733	3933	4684	4539
农林牧渔	3346	2905	2757	2612	2904
建筑	4587	3937	4082	3979	4169
电煤水生产供应	4633	4972	3139	3733	4185
批发零售	4343	3552	3424	3655	3850
住宿餐饮	3191	2967	3091	3127	3106
社会服务	3354	2941	3114	3040	3142
金融/保险/房地产	5954	3840	3689	3894	4981
交通运输、仓储通信	4507	4083	4134	4021	4247
卫生、体育和社会福利	3819	2862	2954	3106	3273
教育、文化及广播电影电视	4762	2948	3247	3365	4055

续表

	超大城市	特大城市	Ⅰ型大城市	Ⅱ型大城市	全样本
科研和技术服务	6464	4256	3635	4291	5575
党政机关和社会团体	2995	2611	2676	2565	2809
其他	4111	3101	3274	3051	3451
合计	4030	3153	3290	3271	3484

分区域看，东部沿海地区城市的流动人口月均收入高于中西部地区。首先，北京、上海和深圳是流动人口就业收入最高的三个城市，除北京市流动人口月收入在 3800 元左右，上海和深圳市均已超过 4000 元。其次，苏州、厦门、南京等城市的流动人口月均收入也基本在 3500 元以上，杭州、天津、惠州、广州、无锡等城市流动人口月均收入基本在 3300 元以上，高于其他内陆城市。值得注意的是，区域性的差异也因城市等级和区域重要性而有所不同。部分内陆地区大城市的流动人口月均收入水平高于一般大城市，如兰州、武汉、长沙、乌鲁木齐等内陆地区的区域性中心城市，流动人口月均收入水平均在 3500 元左右；也有部分以加工制造业为主的东部沿海大城市流动人口收入状况并不具有明显优势，如佛山、东莞、汕头等代工企业大量分布的城市，如表 3-13 所示。

表 3-13　　　不同规模等级城市流动人口就业月均收入

城市数量（个）	月平均收入（元）	城市名称
2	4000—4500	上海市、深圳市
6	3500—4000	北京市、苏州市、兰州市、厦门市、南京市、武汉市
30	3000—3500	长沙市、杭州市、乌鲁木齐市、天津市、惠州市、呼和浩特市、广州市、合肥市、无锡市、西安市、福州市、温州市、唐山市、常州市、郑州市、台州市、大连市、宁波市、珠海市、泉州市、青岛市、南通市、太原市、长春市、贵阳市、保定市、海口市、中山市、重庆市、昆明市
12	2000—2500	佛山市、东莞市、烟台市、南宁市、包头市、石家庄市、大同市、成都市、江门市、济南市、柳州市、汕头市

（四）就业服务：制度约束与市场逻辑

自我国人口开始大规模流动至今，非正规就业问题始终受到大量学者的高度关注（胡鞍钢等，2001；李强等，2002；原新等，2007；郭菲等，2012）。与国外的非正规部门（小微企业、家庭企业等组织化不足的经济单位）就业不同，我国非正规就业不仅包含在非正规部门中的各类就业，也包括在正规部门中的临时就业、非全日制就业等。非正规就业的一项主要特征即为未签订劳动合同，大城市流动人口较高的劳动合同签订比例反映出非正规就业的比例正在下降的趋势，这一改善主要来自国家劳动法律体系的建立和实施。2008 年，我国开始实施《中华人民共和国劳动合同法》，其中关于劳动关系的法律框架完全适用于所有劳动者，这一举措在后续提升了流动人口的劳动合同签订比例，但劳动环境和就业收入状况仍然有待改善。

由图 3-3 可知，劳动力市场就业均等化水平与流动人口就业收入之间存在正相关关系，即劳动合同签订比例较高的城市流动人口就业月均就业收入水平越高。同时，劳动力市场就业均等化水平与流动人口工作时间之间存在负相关关系，劳动合同签订比例越高的城市流动人口每周工作时间越接近法定时间。尽管如此，大城市流动人口的工作时间仍然远远超过法定劳动时间，几乎所有大城市流动人口的每周工作时间均超过 50 小时，接近半数的大城市每周工作时间在 60 小时以上。在企业的制度规避行为大大提高了流动人口劳动时间的同时，并未使流动人口的就业收入得到相应改善。同时，规模等级不同的大城市流动人口就业收入存在显著差距，同行业内超大城市流动人口的就业收入远远超过其他类型大城市，主要原因是在超大城市金融、保险、科技等行业已形成规模效应，已经且正在吸引大量受教育水平较高的流动人口进入，从而提升了城市流动人口整体的文化水平和收入水平。由此可见，在制度约束的条件下，尽管非正规就业的水平在下降，但在正规就业中的非正规劳动现象普遍存在，同时市场自发调节引起的人才流动和聚集也进一步扩大了大城市之间的就业服务均等化差距。

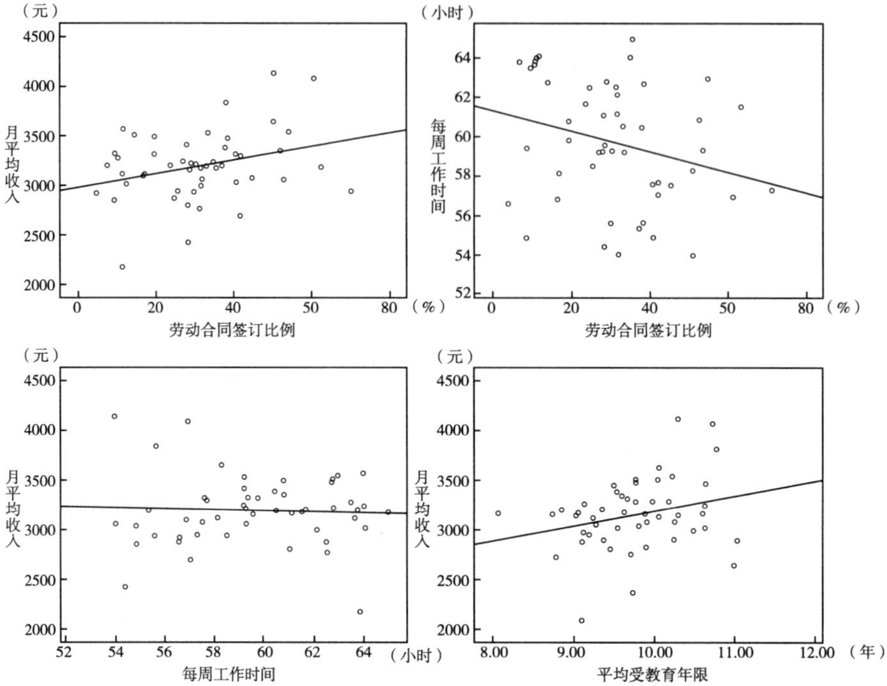

图 3-3　大城市流动人口月平均收入与其他变量的关系

三　社会保障

2008 年以来，我国陆续出台了《中华人民共和国劳动合同法》和《中华人民共和国社会保险法》，强调完善基本养老保险、基本医疗保险、工伤保险、失业保险、生育保险等社会保险制度，对五类社会保险的缴纳做出明确规定，旨在保障公民在年老、疾病、工伤、失业、生育等情况下依法从国家和社会获得物质帮助的权利。在此之前，我国从 2003 年开始即在推行关于农民工就业改善的相关政策，农民工作为最大的流动人口群体，其劳动就业权益保障等公共服务均等化进程也在不断推进。然而，有研究认为，在农民工新政的推行过程中，农民工的就业福利待遇并未得到明显改善，户籍制度的影响仍然存在（张文宏，2008）。同时也有研究认为，社会政策改革削弱了原有户籍制度的影响，促进了公共服务的均等化（Zhang，2014）。关于劳动就业保障均等化和户籍制度的持续影响的争论一直在持续，然而，两类争论均忽视了一个问题，即由于我国城镇化过程中长期对不同规模等级的城市实行不同的政策，因此劳动就业保障均等化改革存在区域性差异，而这一差异对于流动人口劳动就业保障的影响不容忽视，如表 3-14 所示。

表 3-14　不同规模等级城市流动人口的社会保险参与情况　单位:%

		超大城市	特大城市	Ⅰ型大城市	Ⅱ型大城市	合计
流动人口全样本	养老保险	36.90	24.50	21.60	23.90	28.80
	医疗保险	34.00	24.10	19.90	23.00	27.10
	工伤保险	50.50	42.70	22.10	30.30	30.20
	失业保险	28.60	24.20	15.70	20.30	23.40
	生育保险	11.90	11.90	6.70	8.40	9.90
城城流动子样本	养老保险	59.90	44.60	42.70	45.90	53.60
	医疗保险	55.70	40.60	39.50	45.00	50.40
	工伤保险	69.50	52.70	38.60	46.30	59.40
	失业保险	47.60	40.80	34.70	40.00	43.90
	生育保险	23.20	14.50	15.20	16.00	20.00
农民工子样本	养老保险	31.10	22.40	18.70	21.80	24.90
	医疗保险	28.40	22.40	17.20	20.80	23.30
	工伤保险	48.50	41.90	20.10	29.00	28.30
	失业保险	23.70	22.50	13.00	18.40	20.10
	生育保险	9.10	11.60	5.50	7.70	8.30

（一）养老保险

从不同规模等级大城市流动人口的城镇基本养老保险参与情况看，城市规模等级越高，流动人口基本养老保险参与比例越高，其中超大城市和特大城市保险参与比例最高。分险种看，2013 年大城市流动人口参加城镇基本养老保险的比例为 28.8%。按照人力资源和社会保障部的统计数据，2013 年农民工参加城镇基本医疗保险的比例有两种估计值，分别为 18.2%和 29.5%，在与国家统计局 15.7%的比例进行比较之后，张展新（2016）认为，国家统计局低估了农民工参加基本养老保险的比例，真实值应在 18.2%—29.9%。由于流动人口中同时包含了乡—城流动人口和城—城流动人口，因此本书将农民工的参保情况分离开来，数据显示 2013 年大城市农民工基本养老保险的参保比例为 24.9%，与已有研究结果较为接近。

分城市看，大部分东部沿海城市流动人口参加基本养老保险的比例高于内陆城市，且与各城市流动人口的劳动合同签订情况密切相关。珠海、厦门、深圳、苏州、上海等流动人口劳动合同签订比例较高的城市参加基本养老保险的比例超过 40%，东莞、杭州、北京、南京等城市的参保比例也在 30%以上，而兰州、大同、郑州等流动人口劳动合同签订比例较低的城市养老保险参保比例也处于较低水平，如表 3-15 所示。

表 3-15　各城市流动人口城镇基本养老保险参与情况

城市数量（个）	养老保险参加比例	城市名称
5	>40%	珠海市、厦门市、深圳市、苏州市、上海市
8	30%—40%	济南市、东莞市、中山市、重庆市、无锡市、杭州市、北京市、南京市
11	20%—30%	青岛市、海口市、惠州市、广州市、宁波市、柳州市、乌鲁木齐市、常州市、成都市、佛山市、大连市
26	<20%	南宁市、烟台市、天津市、合肥市、贵阳市、长沙市、长春市、福州市、南通市、江门市、唐山市、武汉市、保定市、温州市、兰州市、泉州市、汕头市、呼和浩特市、太原市、西安市、昆明市、石家庄市、大同市、郑州市、包头市、台州市

与区域差异相比，流动人口在不同行业之间的基本养老保险参保率差异更为突出，同时在不同规模等级的城市之间存在明显的组间差异。以金融/保险/房地产，教育、文化及广播电影电视，科研和技术服务为典型代表的现代行业养老保险参保率相对更高，基本均在 50%以上，而以建筑业、批发零售、住宿餐饮为典型代表的传统行业参保

率较低，基本均在30%以下。上述结果既反映出不同行业劳动力市场规范化程度的差距，也间接反映出灵活就业群体面临的养老社会保障困境。伴随技术革新和行业结构调整，我国灵活就业人员规模仍在不断扩大，未来将成为劳动社会保障需要重点关注的对象。

表3-16　分行业大城市流动人口基本养老保险参保情况　单位:%

	超大城市	特大城市	Ⅰ型大城市	Ⅱ型大城市	合计
制造业	57.20	35.00	34.70	31.20	38.10
建筑	29.00	11.50	10.00	12.10	16.90
批发零售	24.00	13.40	13.30	13.60	17.30
住宿餐饮	21.90	15.30	11.30	12.20	15.80
社会服务	36.00	23.80	18.90	16.60	25.30
金融/保险/房地产	64.90	52.00	49.10	58.30	60.10
交通运输、仓储通信	47.30	38.20	31.30	27.10	37.80
卫生、体育和社会福利	54.20	54.80	38.30	43.20	50.40
教育、文化及广播电影电视	64.00	55.30	47.10	54.40	59.10
科研和技术服务	71.30	56.90	48.10	60.10	65.60
党政机关和社会团体	65.70	61.20	39.10	71.50	65.10

（二）医疗保险

与基本养老保险的参与情况相近，大城市流动人口城镇职工医疗保险的参与比例为27.1%，大城市农民工城镇职工医疗保险的参与比例为23.3%。按照国家统计局的统计，我国所有外出农民工参加医疗保险的比例为17.6%，大城市外出农民工的医保参保比例明显高于全国平均水平。同时，在大城市的医保参保状况内部也存在从超大城市到Ⅱ型大城市递减的特点，超大城市流动人口参加医保的比例为34%，特大城市为24.1%，Ⅰ型和Ⅱ型大城市则处于更低的水平。由于流动人口中同时包含了乡—城流动人口和城—城流动人口（农民工），因此本书将农民工的参保情况分离开来，数据显示大城市农民工的医疗保险参保比例也存在从超大城市到一般大城市递减的特点，超大城市农民工参加医保的比例为28.4%，尽管低于相同区域流动人口的平均水平，但依然远远高于其他大城市的参保水平，这进一步显示出我国城市社会保障体系建设的区域层次差异。

分城市看，东南沿海城市流动人口参加医疗保险的比例高于内陆城市，其中厦门、珠海、苏州和上海等流动人口劳动合同签订比例较高的城市参加基本养老保险的比例超过40%，深圳、惠州、无锡、东莞等城市的参保比例也在30%以上，北京、广州、杭州等城市的医保参保比例则处于中等水平，而包头、汕头、台州等流动人口劳动合同签订比例较低的城市养老保险参保比例也处于较低水平，如表3-17所示。从分城市的流动人口参加医保比例可以看出，市场化程度越高的城市医保参保比例越高，其劳动合同签订比例也越高。同时，城市之间的产业结构差异也是造成医保参保比例存在差异的重要原因，一方面，深圳、无锡、东莞等制造业集中的城市流动人口参加医保的比例较高；另一方面，苏州、上海等金融、运输服务业集中的城市流动人口参加医保的比例也处于较高水平。为进一步讨论产业结构与医保参保之间的关系，我们对不同规模等级的大城市流动人口医保状况进行行业划分，可以发现行业间的医保覆盖差异也是造成大城市流动人口医保覆盖差距的重要原因。

表3-17　　各城市流动人口城镇职工医疗保险参与情况

城市数量（个）	医疗保险参加比例	城市名称
4	>40%	厦门市、珠海市、苏州市、上海市
6	30%—40%	深圳市、惠州市、无锡市、东莞市、重庆市、南京市
11	20%—30%	杭州市、济南市、北京市、青岛市、广州市、海口市、大连市、常州市、宁波市、柳州市、佛山市
29	<20%	成都市、烟台市、南宁市、天津市、合肥市、福州市、南通市、泉州市、长沙市、乌鲁木齐市、中山市、保定市、江门市、唐山市、长春市、武汉市、贵阳市、呼和浩特市、兰州市、温州市、太原市、石家庄市、大同市、郑州市、昆明市、西安市、包头市、汕头市、台州市

即使在考虑城市规模等级差异的前提下，科研和技术服务、金融、保险、房地产、教育文化等行业的医保覆盖水平仍然高于其他行

业，而这些行业往往集中于特大城市和超大城市，因此进一步拉升了两类大城市的医保覆盖水平。在Ⅰ型和Ⅱ型大城市，制造业、批发零售、住宿餐饮等行业的从业比例较高，除了制造业的劳动合同签订水平较高外，其他服务业的劳动合同签订水平较低，医保覆盖水平也非常低。总而言之，大城市的产业结构和社会保障体系规范程度共同导致了当前的医保覆盖差距。从产业结构看，金融保险、科技服务、公共事业等服务业的医保覆盖水平更高，批发零售、住宿餐饮等服务业的医保覆盖水平更低。从社会保障体系规范程度看，城市规模等级越高其制度规范化程度越高，大城市医保覆盖水平高于中小城市，超大和特大城市医保覆盖水平高于其他大城市，如表3-18所示。

表3-18　　分行业大城市流动人口医保参保情况　　单位：%

	超大城市	特大城市	Ⅰ型大城市	Ⅱ型大城市	合计
制造业	48.80	39.60	36.50	30.50	37.50
采掘业	54.30	50.00	66.70	31.30	46.40
农林牧渔	9.20	17.20	12.50	7.40	9.50
建筑	26.10	8.60	9.40	10.40	15.70
电煤水生产供应	37.90	33.30	38.50	45.10	40.90
批发零售	16.60	8.60	10.60	12.10	13.50
住宿餐饮	20.80	9.50	10.00	12.50	15.20
社会服务	29.70	12.90	18.00	16.80	22.40
金融/保险/房地产	63.00	36.60	49.20	55.30	58.40
交通运输、仓储通信	40.90	32.10	27.60	26.90	34.20
卫生、体育和社会福利	53.60	55.90	39.60	44.00	50.00
教育、文化及广播电影电视	62.00	48.20	42.10	53.80	57.30
科研和技术服务	68.60	42.60	47.50	61.10	64.30
党政机关和社会团体	60.80	46.70	55.90	72.00	62.20
其他	23.50	16.40	8.90	12.90	17.40
合计	34.00	24.10	19.90	23.00	27.10

（三）工伤保险

大城市流动人口中农村人口占据重要比例，农民工群体主要从事制造业、建筑业、采掘业和住宿餐饮等服务业，其中多数行业与其他行业相比存在更高的工作风险，因此国家对于流动人口尤其是农民工的工伤保险覆盖极为重视。2003 年，《工伤保险条例》对农民工工伤保险的参加程序和要求做了相应规定，之后在 2004 年出台的《关于农民工参加工伤保险有关问题的通知》和 2006 年出台的《关于解决农民工问题的若干意见》中进一步明确，将农民工的大病医保和工伤保险等问题置于优先地位。自此之后，流动人口工伤保险政策体系得以建立，全国范围内开始推进流动人口工伤保险的强制参保工作，流动人口工伤保险覆盖水平开始逐渐提高。以国家统计局的农民工监测调查为例，2008 年我国外出农民工工伤保险参保比例为 24.1%，2013 年这一比例达到 28.5%。从全国流动人口动态监测的调查数据看，我国大城市农民工工伤保险的参保比例为 28.3%，与全国农民工工伤保险的平均覆盖水平相近，其中流动人口的参保比例略高于农民工，为 30.2%。

从城市规模等级看，超大城市流动人口的工伤保险覆盖水平高于其他类型大城市，基本接近 50%，同时特大城市流动人口的工伤保险覆盖水平也高于大城市和全国的平均水平，Ⅱ型大城市的这一指标与全国平均水平相当，接近 30%，而在Ⅰ型大城市的这一指标则低于全国平均水平，低于 20%，如图 3-4 所示。

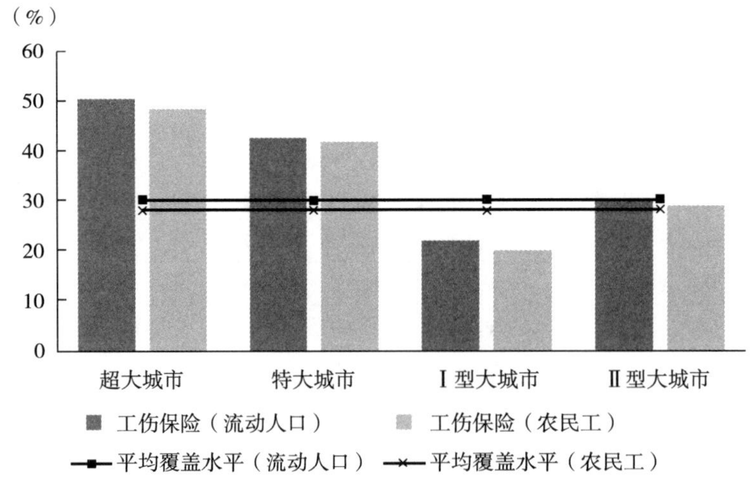

图 3-4　不同规模等级大城市流动人口工伤保险覆盖水平

分城市看，东南沿海城市流动人口参加工伤保险的比例高于内陆城市，其中东莞、珠海、深圳等城市流动人口参加工伤保险的比例超过40%，中山、无锡、天津等城市的参保比例也在30%以上，南京、佛山、济南等城市的参保比例则处于中等水平，而兰州、西安、包头等城市参保比例处于较低水平，如表3-19所示。从分城市的流动人口参加工伤保险的比例可以看出，以加工制造业为主的大城市工伤保险参保比例更高，反映出这些地区对于流动人口职业风险防范的重视。同时，城市社会保障体系的建设进程也影响区域流动人口工伤保险的覆盖水平，在因工伤问题引发劳动纠纷较多的城市，为应对各类问题和维护社会稳定，城市社会保障体系调整进度更快，这也是东南沿海城市工伤保险覆盖水平远远高于内陆地区的重要原因。

表3-19　各城市流动人口工伤保险参与情况

城市数量（个）	工伤保险参加比例	城市名称
9	>40%	东莞市、珠海市、深圳市、厦门市、保定市、苏州市、惠州市、上海市、广州市
9	30%—40%	中山市、无锡市、天津市、温州市、大连市、北京市、杭州市、泉州市、重庆市
15	20%—30%	南京市、佛山市、济南市、江门市、唐山市、海口市、宁波市、青岛市、台州市、柳州市、石家庄市、南通市、常州市、福州市、成都市
17	<20%	南宁市、烟台市、长沙市、合肥市、乌鲁木齐市、贵阳市、昆明市、汕头市、武汉市、长春市、大同市、太原市、呼和浩特市、郑州市、兰州市、西安市、包头市

分行业看，受制度约束程度越高的行业工伤保险覆盖水平越高，排在首位的是党政机关和社会团体、科研和技术服务业；其次是金融、保险、房地产和教育文化行业；再次是制造业、建筑业等职业风险较高的行业；最后是批发零售、住宿餐饮等服务行业。即使是相同行业，不同城市的流动人口工伤保险覆盖比例也存在一定差距。以农

民工较为集中的制造业和建筑业为例，超大城市和特大城市的工伤保险覆盖水平高出其他大城市接近20%以上。在工伤保险覆盖水平较低的批发零售和住宿餐饮行业，超大城市流动人口的参保比例几乎是其他大城市的4倍，进一步显示出超大城市社会保障体系的完善和规范性，如表3-20所示。

表3-20　　分行业大城市流动人口工伤保险参保情况　　单位：%

	超大城市	特大城市	Ⅰ型大城市	Ⅱ型大城市	合计
制造业	72.00	79.90	53.90	48.50	59.40
采掘业	64.40	75.00	46.20	39.60	49.30
农林牧渔	54.50	50.50	36.00	16.00	34.50
建筑	61.60	40.20	20.60	21.10	36.80
电煤水生产供应	59.00	50.00	42.30	45.10	50.60
批发零售	37.60	11.00	8.90	10.80	22.50
住宿餐饮	42.50	15.00	10.90	13.60	25.00
社会服务	49.90	18.30	18.00	16.80	31.70
金融/保险/房地产	71.90	45.50	53.00	53.80	64.50
交通运输、仓储通信	69.40	43.40	26.60	28.30	49.60
卫生、体育和社会福利	56.70	56.60	36.00	40.60	50.60
教育、文化及广播电影电视	69.70	64.00	41.40	48.90	62.20
科研和技术服务	77.40	52.70	49.30	57.70	70.50
党政机关和社会团体	79.40	58.10	52.90	72.90	75.10

流动人口在迁移流动过程中面临比户籍人口更多的不确定性和风险，工伤保险有助于其抵御相应风险且降低对于流动成本的预期。因此，工伤保险的覆盖水平与流入地的吸引力密切相关，劳动力市场越规范，越容易降低人口流动的成本预期，从而导致更多的人口流入。在现有的相关研究中，许多学者认为农民工参保意识不强和制度规定不明晰共同导致了农民工工伤保险参保水平过低的状况。然而，通过调查数据可以发现，农民工与城—城流动人口之间的参保水平并不存在过于显著的差距，与户籍人口也不存在显著差距。根据人社部的统

计，2013 年我国就业人口工伤保险参保比例为 26%，农民工工伤保险参保比例为 27%，与本书测算的比例相近。

（四）生育保险

生育保险作为国家为女性劳动者因怀孕分娩而中断劳动的社会保险，主要由生育津贴、生育医疗服务和生育休假三部分构成，直接关系到女性就业者的生育成本和意愿。中华人民共和国成立初期，生育保险的主要覆盖对象为女工人和女职员，女性劳动者因怀孕分娩可休产假 56 天[①]，产生的相关费用（含休假津贴和工资补助）被列入劳动保险金的开支范畴。1988 年，我国出台《女职工劳动保护规定》[②]，将产假时间由 56 天延长至 90 天，并开始承认生育保险资金社会化统筹的路径。1995 年，我国出台了《企业职工生育保险试行办法》，生育保险开始从企业保险走向社会统筹，但其覆盖范围和保护程度仍然存在较大的群体差异。临时工和农民工的参保比例和享受相应待遇的水平低于固定工和新合同工，私营企业职工的参保比例和待遇低于国有企业，经济效益差的企业职工的参保比例和待遇低于经济效益好的企业（杨玉臣，1996），群体差异的问题至今依然存在。根据人社部统计，2013 年我国就业人口生育保险参与比例为 21.3%，而全国流动人口动态监测调查结果显示大城市流动人口生育保险参与比例仅为 9.9%，远远低于全国平均水平。同时，农民工参加生育保险的比例低于城城流动人口，超大城市和特大城市流动人口参加生育保险的比例高于其他大城市，如图 3-5 所示。

我国生育保险统筹工作在区域之间的发展很不平衡，东部经济相对发达的地区覆盖水平较高，而西部经济相对落后的地区覆盖率较低（潘锦棠，2003）。大城市流动人口生育保险覆盖水平也存在显著的区域不平衡问题，珠海、厦门、东莞、苏州等东南沿海城市流动人口参加生育保险的比例在 15%以上，北、上、广、深等超大城市的生育保险覆盖比例也在 10%以上，而在城区人口 100 万人以上的大城市中，

① 《中华人民共和国劳动保险条例》，《劳动和社会保障法规政策专刊》2011 年第 1 期。

② 《女职工劳动保护规定》，《劳动和社会保障法规政策专刊》2011 年第 9 期。

多数内陆城市尤其是西部地区的大城市生育保险覆盖流动人口的比例较低，进一步显示出区域发展差异中流动人口生育权益保障的缺失，如表 3-21 所示。

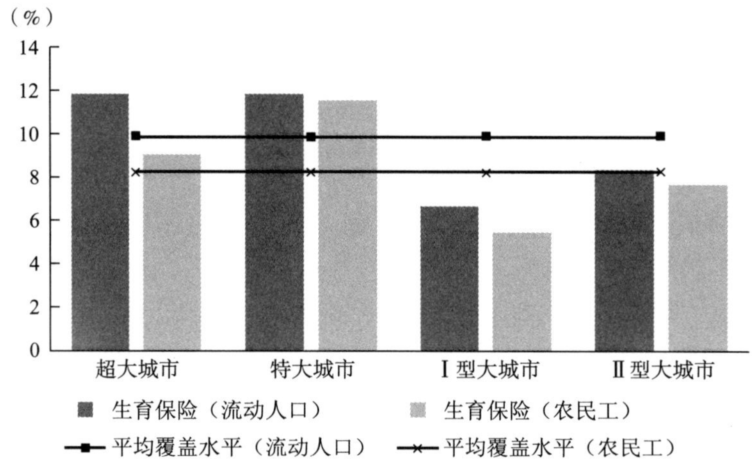

图 3-5　不同规模等级大城市流动人口工伤保险覆盖水平

表 3-21　不同城市流动人口生育保险参保情况

城市数量（个）	生育保险参加比例	城市名称
4	>15%	珠海市、厦门市、东莞市、苏州市
9	10%—15%	济南市、深圳市、惠州市、北京市、无锡市、上海市、南京市、广州市、成都市
37	<10%	佛山市、杭州市、青岛市、大连市、重庆市、常州市、海口市、柳州市、合肥市、南宁市、宁波市、天津市、中山市、烟台市、南通市、保定市、福州市、长沙市、乌鲁木齐市、江门市、泉州市、温州市、贵阳市、武汉市、呼和浩特市、长春市、唐山市、郑州市、兰州市、石家庄市、西安市、昆明市、太原市、汕头市、台州市、包头市、大同市

尽管区域间的发展不平衡问题对大城市流动人口参加生育保险存在

一定影响，但在同一区域内的从业人员参加生育保险的状况也存在极大的内部差异。分行业看，机关事业单位、国有及国有控股企业职工参加生育保险的比例较高，港澳台企业和外资企业职工参加生育保险的比例也较高，而私营企业、集体企业在保障职工生育保险权益方面存在较大不足，个体工商户的雇员则更加缺少相关保障，如表3-22所示。

表3-22　分就业单位性质的大城市流动人口生育保险参保情况　单位：%

	超大城市	特大城市	Ⅰ型大城市	Ⅱ型大城市	合计
机关、事业单位	26.00	19.00	24.70	24.20	24.90
国有及国有控股企业	24.10	13.80	14.90	16.00	20.20
集体企业	12.10	7.10	15.80	16.90	13.50
个体工商户	3.80	2.50	2.20	2.80	3.00
私营企业	15.60	12.90	9.20	7.60	11.30
港澳台企业	21.10	28.10	35.70	30.40	26.70
日/韩企业	24.70	29.40	38.20	42.40	34.40
欧美企业	28.10	37.50	17.10	42.60	32.60
中外合资企业	22.90	44.90	27.20	30.40	27.90

流动人口参加生育保险的状况因就业单位性质而存在差异的同时，行业之间的参保差异也极为明显。流动人口相对集中的批发零售、住宿餐饮、建筑业的生育保险覆盖水平极低，几乎不足10%，制造业略高于前者，教育文化、卫生、科技服务、党政机关、金融保险、房地产等行业的覆盖水平较高，基本均在20%以上，但该类行业对于就业者的文化程度要求较高，并未覆盖规模庞大的农民工群体，如表3-23所示。

表3-23　分行业大城市流动人口生育保险参保情况　单位：%

	超大城市	特大城市	Ⅰ型大城市	Ⅱ型大城市	合计
制造业	14.10	21.60	11.40	11.40	13.30
农林牧渔	1.40	18.40	5.20	3.80	4.20

续表

	超大城市	特大城市	Ⅰ型大城市	Ⅱ型大城市	合计
建筑	6.70	1.20	1.00	1.50	3.30
电煤水生产供应	7.80	10.00	3.90	6.90	7.10
批发零售	7.40	3.20	4.80	5.20	5.90
住宿餐饮	8.90	4.60	4.20	5.40	6.50
社会服务	11.80	6.60	6.80	6.20	8.80
金融/保险/房地产	30.10	11.50	21.50	20.70	26.10
交通运输、仓储通信	11.20	4.30	3.90	4.90	7.90
卫生、体育和社会福利	19.10	13.10	17.10	23.10	19.20
教育、文化及广播电影电视	35.10	28.80	20.90	26.70	31.50
科研和技术服务	23.60	10.10	9.00	21.40	21.30
党政机关和社会团体	28.10	16.10	25.70	25.40	26.70

随着流动人口规模和比例的不断提升，流动人口的生育意愿和行为对我国生育水平的影响越来越大。当前，低生育率问题开始引起世界范围内的关注，越来越多的国家受到生育水平过低的困扰。1976年全球总和生育率低于更替水平的国家仅占10.7%，主要为芬兰、法国等欧洲国家；1990—1995年，有55个国家总和生育率低于更替水平；2010—2015年则增长至86个国家，其中发达国家的总和生育率已经下降到1.7，部分发达国家的人口甚至呈现负增长。[①] 与此同时，东亚和大洋洲国家，如日本、韩国、中国和澳大利亚，也纷纷加入低生育水平国家的行列，越来越多的国家忧虑生育水平的持续低迷。2000年以前中国三次调查的生育意愿水平均在2.2以上（侯佳伟等，2014），2000年以后的生育意愿调查结果基本在1.9以下甚至更低（王军等，2013；庄亚儿等，2014），实际总和生育率已长期低于更替水平。计划生育作为我国的基本国策，党的十八届五中全会提出“全面二孩”政策决议，如何保证政策实施效果、鼓励按政策生育是当前亟须解决的问题。其中，由于较高的工作压力和生活成本，大城市的

① 联合国人口基金：《2014年世界人口状况报告》。

生育率远远低于中小城市和农村地区，大城市流动人口的生育水平也受到影响。如何改善大城市人口尤其是流动人口的生育服务水平，保障大城市流动人口的生育保险权益，降低其生育成本和风险预期，已经成为当前亟待解决的重要问题，对于中国未来人口均衡发展和家庭结构影响巨大。

（五）失业保险

由于流动人口工作和居住地点的变动频繁，跨城市的职业流动比例较高，失业风险也较高。同时，失业流动人口特征突出表现为相对年轻、学历偏低，外出具有盲目性，生活容易陷入困境，其中农业户籍失业流动人口更为明显（徐玮、杨云彦，2016）。分群体来看，由于流动人口自身的选择性，流动人口的实际失业率低于城镇居民，男性比女性更低，已婚群体低于单身群体，城—城流动人口低于乡—城流动人口。根据人力资源和社会保障部的统计，2013 年我国就业人口参加失业保险的比例为 21.3%，而农民工参加失业保险的比例仅为 13.9%[①]，国家统计局的调查则显示我国外出农民工参加失业保险的比例仅为 9.1%。[②] 两部门关于农民工和外出农民工规模的统计口径一致（分别为 26894 万人和 16610 万人），因此可以推论比较外出农民工和非外出农民工失业保险参保之间的差异。值得注意的是，面临更高概率失业风险的外出农民工群体，参加失业保险的比例实际上低于非外出农民工（21.7%）。然而，根据全国流动人口动态监测调查的数据显示，在大城市就业的外出农民工参加失业保险的比例为 20.1%，远远高于外出农民工的平均参保水平。大城市流动人口参加失业保险的比例为 23.4%，城—城流动人口的参保水平高于乡—城流动人口。

流动人口失业保险覆盖水平呈现出明显的规模等级和区域差异。从城市规模等级看，超大城市和特大城市流动人口的失业保险覆盖水平高于其他大城市。超大城市流动人口参加失业保险的比例高达

---

① 佚名：《2013 年度人力资源和社会保障事业发展统计公报发布》，《劳动保障世界》2014 年第 24 期。

② 国家统计局：《2013 年全国农民工监测调查报告网站》，http://www.stats.gov.cn/tjsj/zxfb/201405/t20140512_551585.html.

28.6%，特大城市流动人口这一指标也接近 25%，而Ⅰ型和Ⅱ型大城市则基本保持在 20%以下，如图 3-6 所示。这一分布不仅与城市规模等级有关，与城市空间分布也存在密切联系。在流动人口失业保险覆盖率超过 30%的 5 个城市中，全部属于东南沿海城市；在流动人口失业保险覆盖率超过 20%的 18 个城市中，除了北京、济南、重庆和柳州外，其余均为东部沿海城市，如表 3-24 所示。

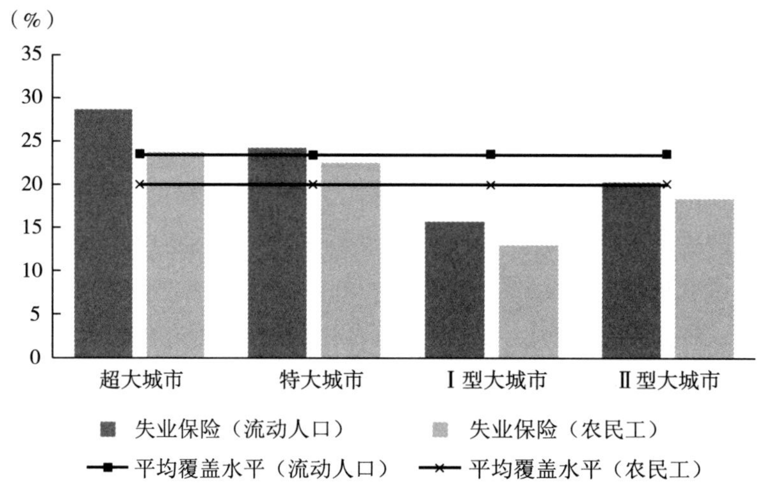

图 3-6　不同规模等级大城市流动人口失业保险覆盖水平

表 3-24　　不同城市流动人口失业保险参保情况

城市数量（个）	失业保险参加比例	城市名称
5	>30%	厦门市、珠海市、苏州市、东莞市、深圳市
13	20%—30%	上海市、无锡市、北京市、南京市、惠州市、济南市、重庆市、海口市、杭州市、柳州市、青岛市、佛山市、广州市
32	<20%	常州市、宁波市、大连市、成都市、中山市、南宁市、合肥市、烟台市、天津市、南通市、长沙市、保定市、唐山市、乌鲁木齐市、温州市、福州市、江门市、贵阳市、汕头市、长春市、呼和浩特市、武汉市、泉州市、昆明市、兰州市、石家庄市、太原市、郑州市、大同市、台州市、西安市、包头市

与养老、医疗、工伤等保险相关联，失业保险参保水平的行业差距非常明显。科技服务、党政机关、教育文化、金融保险、房地产等行业的流动人口参加失业保险的比例基本都接近或超过50%，制造、卫生、交通运输等行业的流动人口参保水平次之，基本在30%左右，批发零售、住宿餐饮等劳动合同签订水平较低且失业风险较高的行业失业保险覆盖水平最低，基本在11%左右，农民工在这两类行业的就业较为集中，如表3-25所示。

表3-25　分行业大城市流动人口失业保险参保情况　单位：%

	超大城市	特大城市	Ⅰ型大城市	Ⅱ型大城市	合计
制造业	42.40	43.60	30.30	27.50	33.90
采掘业	32.60	68.80	52.90	27.10	37.80
建筑	23.20	12.50	5.50	9.10	13.80
电煤水生产供应	28.80	23.30	37.30	38.20	33.50
批发零售	14.00	5.80	7.60	10.30	11.10
住宿餐饮	16.30	6.30	8.00	10.00	11.90
社会服务	23.50	11.10	12.50	13.20	17.40
金融/保险/房地产	50.60	37.50	49.50	54.60	50.60
交通运输、仓储通信	34.90	27.20	18.40	22.40	28.50
卫生、体育和社会福利	39.50	31.70	33.50	37.90	37.70
教育、文化及广播电影电视	51.80	51.10	36.10	49.20	49.60
科研和技术服务	63.00	34.60	39.80	57.60	58.80
党政机关和社会团体	45.40	33.30	51.40	64.70	49.40

（六）社会保险：就业关联下的双重差异

我国流动人口与就业关联的社会保障均等化改革取得了一定进展，但区域分割和户籍分割仍然是阻碍均等化进程的重要因素，并且劳动力市场的地方保护政策削弱带来的区域间人口流动正在逐渐弱化户籍身份带来的影响。随着市场化程度的不断加深，大城市的就业环境和劳动保障体系不断完善，尤其是在《中华人民共和国劳动合同法》出台以后大城市的劳动合同签订率得以迅速提升，这是与就业相关联的社会保险覆盖水平迅速扩大的重要原因。大城市流动人口正规就业比例的增加缩小了与户籍人口之间的社会保险差距，使社会保险领域的“本地—外来”分割不断弱化。然而，在“本地—外来”的区域分割弱化的同时，城市之间的区域分割和城乡之间的户籍分割依然凸显。

即使从不同口径的统计数据看，户籍身份导致的社会保险参与差异依然存在，农民工的社会保险参与状况仍然远远低于全人群的水平，同时外出农民工的社会保险参与状况可能比本地农民工更差。通过对大城市流动人口社会保险参与状况的分析可知，城—城流动人口的五类社会保险参与比例均高于乡—城流动人口，这一差距在大城市地区更为明显。以养老保险为例，城—城流动人口参保比例为53.60%，而乡城流动人口仅为24.90%，比前者参保水平的一半更低。值得注意的是，乡—城流动人口的社会保险参保存在显著的区域分割现象，超大城市和特大城市的流动人口各类保险的参保比例高于其他大城市，其中乡—城流动人口的区域差异更加明显。换言之，在户籍分割的影响持续存在的同时，城市之间的社会保障服务差异为流动人口提供了“用脚投票”的可能。在社会保险区域间转移接续问题得以解决的前提下，可能导致更多的农村人口进入大城市寻求工作机会，如表3-26所示。

表3-26　　不同统计口径下的流动人口参保状况①　　单位：%

	养老保险	医疗保险	工伤保险	失业保险	生育保险
全国	41.90	35.70	25.90	21.30	21.30
农民工	18.20	18.70	27.00	13.90	—
外出农民工	15.70	17.60	28.50	9.10	6.60
大城市农民工	24.90	23.40	39.30	20.10	8.30
大城市城城流动人口	53.60	50.40	59.40	43.90	20.00

① 全国和农民工指标根据人力资源和社会保障部2013年统计公报计算得出，外出农民工指标根据国家统计局2013年农民工监测调查报告数据计算得出，大城市流动人口指标根据2013年全国流动人口动态监测调查数据计算得出。

四　医疗卫生

在各类公共服务之中，医疗卫生服务一直被视为基本公共服务均等化的重要组成部分，在2017年出台的《"十三五"推进基本公共服务均等化规划》（以下简称《规划》）中基本医疗卫生被作为8个重要领域之一。《规划》提出国家需要建立健全覆盖城乡居民的基本医疗卫生制度，基本医疗卫生项目涵盖范围较广，共包括居民健康档案、健康教育、预防接种、传染病及突发公共卫生事件报告等在内的20项服务。本书选取居民健康档案建档率、社区卫生服务机构利用率和免费健康教育接受率作为衡量流动人口医疗卫生公共服务利用水平的代理指标，分析流动人口在接受基本医疗卫生服务方面的群体差异。

（一）居民健康档案

我国的居民健康档案是由个人基本信息表、健康体检表、接诊记录表、会诊记录表、双向转诊单、居民健康档案信息卡组成的系统化档案记录，是记录有关居民健康信息的系统化文件，被作为社区卫生服务工作中收集、记录社区居民健康信息的重要工具。居民健康档案作为记录居民个体信息和健康状况的载体，有助于更好地为城乡居民提供连续、综合、适宜、经济的公共卫生服务和基本医疗服务。对于流动人口而言，居民健康档案的建立一方面能够反映流动人口被纳入流入地公共服务体系的情况，另一方面也反映出流动人口的社区参与状况。

从居民健康档案管理的角度看，大城市流动人口公共卫生服务水平较低，难以满足其实际需求。2009年，卫生部出台了《关于规范城乡居民健康档案管理的指导意见》，提出了建立城乡居民健康档案的工作目标：从2009年开始，逐步在全国统一建立居民健康档案，并实施规范管理。到2009年年底，按照国家统一建立居民健康档案的要求，农村居民健康档案试点建档率达到5%，城市地区居民健康档案建档率达到30%；到2011年，农村达到30%，城市达到50%。按照流动人口监测调查数据统计，2013年大城市流动人口的居民健康档案管理率比2011年设置的农村30%的目标更低，仅为16%左右。其中，农民工群体的建档率仅为15%，足见健康档案管理的覆盖范围之窄，如图3-7所示。

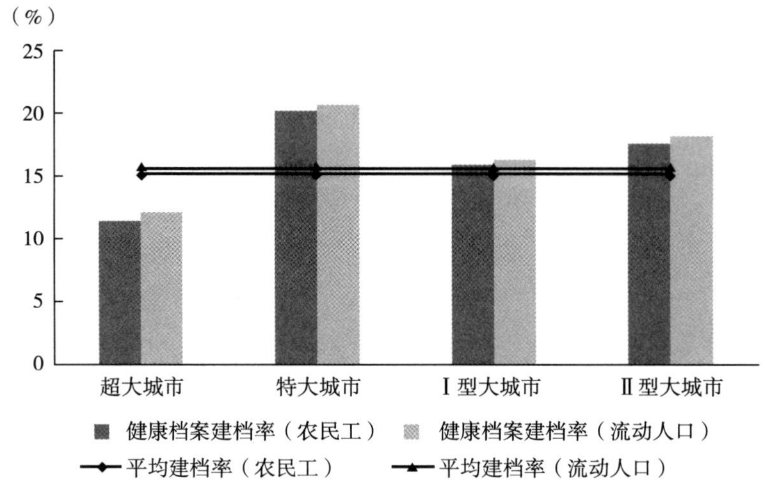

图 3-7　不同规模等级大城市流动人口居民健康档案建档率

分城市规模看，特大城市流动人口的健康档案建档率最高，Ⅰ型和Ⅱ型大城市其次，超大城市最低。这与不同规模等级的城市对流动人口的管理和服务水平不同有关，居民健康档案的建立工作主要由社区的基层机构承担。仅仅从社区层面看，超大城市对流动人口主要集中于管理控制而非服务，反而是规模等级略低的城市在流动人口方面开始从管理转向服务。分城市看，贵阳、兰州、大同、重庆等内陆城市社区的流动人口居民建档率比东部沿海城市更高，恰恰反映了东部沿海城市和规模等级较高的城市在社区层面流动人口服务理念的差距，对流动人口社区服务关注的不足，正是对于上述问题的反映，如表 3-27 所示。

表 3-27　不同城市流动人口居民健康档案建档情况

城市数量（个）	居民健康档案建档率	城市名称
13	>30%	长春市、贵阳市、兰州市、珠海市、大同市、南宁市、重庆市、西安市、天津市、郑州市、惠州市、无锡市、乌鲁木齐市

续表

城市数量（个）	居民健康档案建档率	城市名称
8	20%—30%	海口市、柳州市、长沙市、成都市、烟台市、太原市、厦门市、武汉市
13	10%—20%	南通市、合肥市、江门市、深圳市、保定市、苏州市、宁波市、东莞市、温州市、中山市、呼和浩特市、佛山市、大连市
16	<10%	北京市、济南市、泉州市、包头市、昆明市、广州市、上海市、石家庄市、汕头市、青岛市、杭州市、南京市、台州市、常州市、福州市、唐山市

（二）社区卫生机构利用

居民健康档案作为基本公共卫生服务项目之一，反映了社区层面为流动人口提供服务的水平，而难以反映流动人口对社区服务的利用情况。因此，我们使用社区卫生机构利用率这一指标分析大城市流动人口在患病期间接受社区基本公共卫生服务的情况。

从社区卫生服务利用情况看，大城市流动人口患病后去社区卫生机构就医的比例为 27. 6%，其中农民工在社区卫生机构就医的比例比城—城流动人口更高。同时，流动人口的社区卫生服务利用水平呈现出明显的城市规模等级和区域差异。从城市规模等级看，特大城市流动人口的社区卫生服务利用水平高于其他大城市。特大城市流动人口在社区卫生机构就医的比例高达 32. 7%，超大城市和Ⅱ型大城市流动人口这一指标接近 28%，而Ⅰ型大城市则基本保持在 20%左右。这一分布不仅与城市规模等级有关，与城市空间分布也存在密切联系（如图 3-8 所示）。在流动人口社区卫生服务利用率超过 30%的 12 个城市中，全部属于东南沿海城市；在流动人口社区卫生服务利用率超过 20%的 22 个城市中，除了昆明外，其余均为东部沿海城市，如表 3-28 所示。

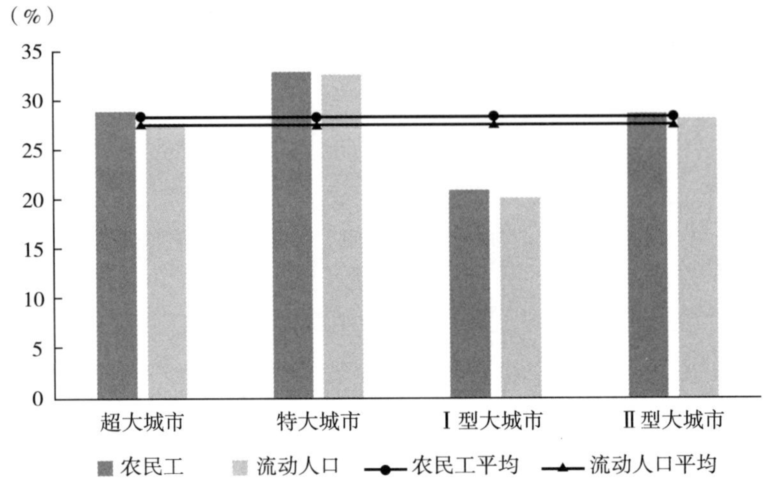

图 3-8　不同规模等级大城市流动人口社区卫生服务利用情况

表 3-28　　　　不同城市流动人口社区卫生机构利用情况

城市数量（个）	社区卫生机构利用率	城市名称
12	>30%	中山市、珠海市、无锡市、江门市、东莞市、佛山市、广州市、海口市、深圳市、惠州市、宁波市、常州市
10	20%—30%	苏州市、天津市、杭州市、上海市、温州市、南京市、昆明市、台州市、柳州市、烟台市
21	10%—20%	武汉市、福州市、西安市、石家庄市、青岛市、南宁市、成都市、重庆市、长沙市、北京市、乌鲁木齐市、泉州市、郑州市、贵阳市、兰州市、太原市、包头市、合肥市、长春市、大同市、南通市
7	<10%	厦门市、济南市、大连市、唐山市、呼和浩特市、保定市、汕头市

因此，从居民健康档案建档率和社区卫生机构利用率两个指标看，我们可以得到两种看似互相矛盾的结论。一方面，内陆地区的大城市居民健康档案建档率更高，但社区卫生机构的利用率更低；另一方面，东部沿海地区的大城市居民健康档案建档率更低，但社区卫生

机构的利用率更高。这恰恰反映了公共卫生资源的区域不平衡问题，内陆城市在建档管理方面之所以较好，一个重要原因是城市流动人口规模较小，分散至社区中的规模进一步减少，便于统计和服务管理，而东部沿海城市流动人口规模较大且流动性更强，社区管理者难以有效掌握相关信息并完成建档工作，如表 3-29 所示。

表 3-29　大城市流动人口患病就医的机构类型分布　单位：%

	本地社区卫生站	本地个体诊所	本地综合专科医院	本地药店	在老家治疗	其他	未治疗
超大城市	27.80	7.60	31.00	26.50	1.30	0.30	5.50
特大城市	32.70	16.50	25.10	18.20	0.80	0.80	5.80
Ⅰ型大城市	20.20	13.80	29.90	28.00	1.80	0.40	6.00
Ⅱ型大城市	28.20	13.60	29.80	20.50	2.30	1.20	4.40
合计	27.60	11.30	30.00	23.60	1.70	0.70	5.10

同时，这一矛盾也反映出建档管理与服务资源之间的冲突，在公共卫生资源缺乏的内陆城市，即使完成建档，流动人口在社区卫生服务机构就医的比例仍然不足。Ⅰ型和Ⅱ型大城市流动人口患病后在当地个人诊所就医的比例接近 14%，而超大城市的这一比例仅为 7.6%。换言之，尽管东部沿海城市居民健康档案建档率不足，但流动人口仍然可以较为充分地利用社区卫生服务。

（三）健康教育

除了健康档案、患病就医等直接与医疗卫生相关的公共服务外，健康教育也是公共医疗卫生服务中的重要组成部分。2014 年，国家卫生计生委出台《全民健康素养促进行动规划（2014—2020 年）》，开始重视国民健康教育工作。在 2017 年国务院发布的《“十三五”推进基本公共服务均等化规划》中，健康教育在基本医疗卫生服务均等化中的地位仅次于居民健康档案的建立，流动人口接受健康教育的状况因此可以被视为衡量基本医疗卫生服务水平的主要指标之一。

从免费接受健康教育的情况看，大城市流动人口接触过各种形式的健康教育的合计比例为79%，其中农民工接触过健康教育的比例与城—城流动人口接近。同时，流动人口的接触免费健康教育的水平呈现出明显的城市规模等级和区域差异。从城市规模等级看，特大城市和Ⅱ型大城市流动人口的接触免费健康教育水平高于其他大城市。特大城市流动人口接受过免费健康教育的比例高达84.9%，Ⅱ型大城市流动人口这一指标接近87.5%，而Ⅰ型大城市和超大城市则基本保持在77%左右。这一分布不仅与城市规模等级有关，与城市空间分布也存在密切联系，如图3-9所示。

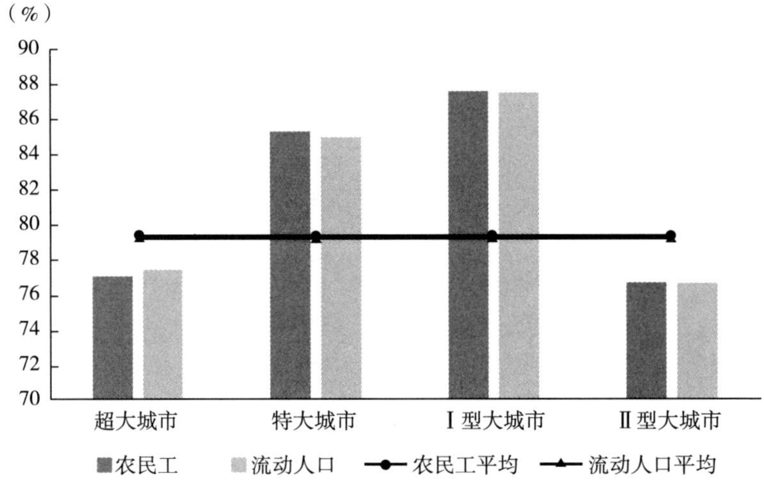

图3-9　不同规模等级大城市流动人口接触过免费健康教育情况

从区域分布看，东部沿海城市的免费健康教育接触比例低于内陆城市。在流动人口免费健康教育接触比例超过90%的18个城市中，大部分属于内陆城市，仅有厦门、珠海、烟台、大连和天津5个城市属于东部沿海城市；在流动人口免费健康教育接触比例低于80%的18个城市中，除了兰州、西安和呼和浩特等城市外，其余均为东部沿海城市。考虑到健康教育等公共服务工作主要在社区层面开展，而在流动人口数量较多的社区可能存在人力有限而难以覆盖的状况。然而从另一方面看，流动人口较为集中的社区反而更有利于开展健康教育活动，因此这一指标的解释存在一定争议。调查过程中的个案访谈为这一矛盾提供了一项可能的解释：大城市流动人口的健康教育严重依赖于原有的计划生育管理体系，多数流动人口在流入地接受计划生育管理的过程中接受健康教育，因此免费健康教育的接受比例反映的是该区域的计划生育管理覆盖水平，这恰恰可以解释为什么流动人口规模越低的城市免费健康教育水平越低，如表 3-30 所示。

表 3-30　　不同城市流动人口接触免费健康教育的比例

城市数量（个）	免费健康教育接触比例	城市名称
18	>90%	包头市、保定市、成都市、郑州市、济南市、厦门市、大同市、南京市、长春市、珠海市、贵阳市、烟台市、太原市、大连市、唐山市、长沙市、南宁市、天津市
14	80%—90%	青岛市、柳州市、无锡市、昆明市、福州市、重庆市、南通市、宁波市、深圳市、武汉市、合肥市、乌鲁木齐市、杭州市、常州市
18	<80%	兰州市、石家庄市、北京市、佛山市、东莞市、海口市、惠州市、西安市、温州市、呼和浩特市、苏州市、广州市、中山市、江门市、汕头市、台州市、上海市、泉州市

（四）公共医疗卫生服务：社区管理与服务的矛盾

2014 年，国家卫生计生委联合中央综治办、国务院农民工办、民政部、财政部出台了《关于做好流动人口基本公共卫生计生服务的指导意见》，政策背景部分指出“流动人口所获得的基本公共服务，与城镇户籍人口相比还有比较明显的差距”，因此建议将推进基本公共服务均等化作为实现城镇基本公共服务常住人口全覆盖的核心任务。然而，意见的政策背景部分对于流动人口公共卫生计生服务接受状况并未作出详细描述。

从健康档案建档、社区卫生机构利用和免费健康教育三个维度看，大城市流动人口在基本医疗卫生服务利用方面存在一定的区域差异，城市规模等级的高低与医疗卫生服务提供和利用之间存在非线性关系。调查数据表明，2013 年我国大城市流动人口在流入地建立居民健康档案的比例仅为15.5%，其中超大城市流动人口建档比例仅为12.1%，低于特大城市和其他大城市。大城市流动人口患病后在社区卫生服务机构就医的比例仅为27.6%，其中特大城市最高，为32.7%，超大城市和Ⅱ型大城市次之，Ⅰ型大城市最低。然而，从接受免费健康教育的情况看，Ⅰ型大城市的情况更好，流动人口接受过免费健康教育的比例高达87.5%，其他类型大城市基本在80%左右，如图3-10所示。

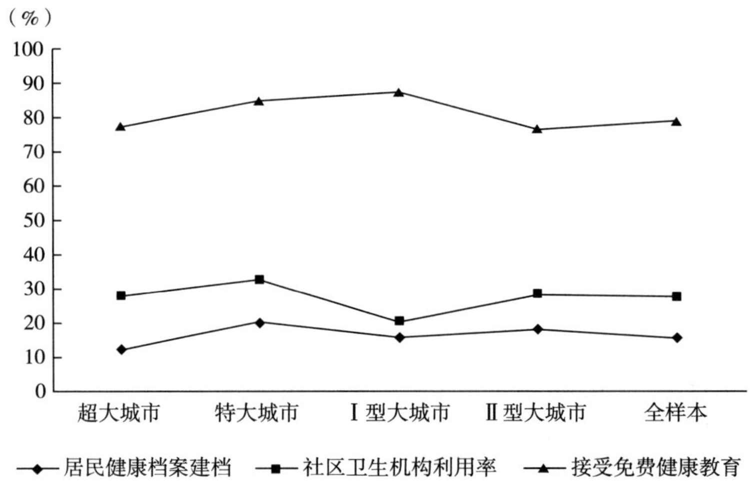

图3-10 不同规模等级城市流动人口医疗卫生服务状况

除了区域差异之外，大城市流动人口的医疗卫生服务利用也存在明显的城乡差异。在所有规模等级的大城市中，农民工的居民健康建档率均低于城—城流动人口，而社区卫生机构利用率均高于城—城流动人口，免费健康教育状况则不存在显著的城乡差异。这一状况反映出区域、城乡和居住环境三重约束下的流动人口医疗卫生服务差异，一方面，不断扩大的流动人口规模和有限的公共医疗卫生资源之间形成了紧张矛盾的局面，使公共医疗卫生服务难以满足流动人口的需求，这一问题在超大城市表现尤为突出；另一方面，公共医疗卫生服务不同于社会保险等与就业相关联的公共服务，其服务水平严重依赖于社区卫生服务中和社区居委会等基层组织的工作开展情况，城—城流动人口在流入地经济社会状况较乡—城流动人口更好，所居住社区的管理服务水平较乡—城流动人口更好，因导致其居民健康档案建档率高于乡—城流动人口，如表 3-31 所示。

表 3-31　　分城乡的大城市流动人口医疗卫生服务状况　　单位：%

	居民健康档案		社区卫生机构利用率		免费健康教育	
	乡—城流动	城—城流动	乡—城流动	城—城流动	乡—城流动	城—城流动
超大城市	11.40	14.70	29.00	23.20	77.00	78.78
特大城市	20.00	23.30	33.00	30.90	85.25	82.38
Ⅰ型大城市	15.40	18.30	21.00	15.40	87.55	87.20
Ⅱ型大城市	17.50	23.50	28.70	23.70	76.63	76.46
全样本	15.20	17.80	28.40	23.10	79.09	79.39

作为一项非就业关联的公共服务，尽管公共医疗卫生服务在区域、城乡和社区层面存在极大的不平衡，但并不意味着乡—城流动人口在该项服务利用方面全面低于城—城流动人口。乡—城流动人口患病后在社区卫生服务机构就医的现象较为普遍，而城—城流动人口患病后在城市二级或三级医院就医的比例远远高于乡城流动人口，这一现象既与乡—城流动人口的经济社会状况较差从而难以负担大医院诊疗费用有关，也反映出健康意识和就医习惯的城乡差异。

五　住房保障与户籍限制

住房状况和户籍身份直接关系到流动人口在流入地的生存成本和身份认同，对于流动人口的迁居意愿和行为模式影响较大（史毅，2016）。在 2017 年出台的《“十三五”推进基本公共服务均等化规划》中，基本住房保障被作为 8 个重要领域之一。文件明确提出：国家建立健全基本住房保障制度，加大保障性安居工程建设力度，加快解决城镇居民基本住房问题和农村困难群众住房安全问题，更好地保障住有所居。基本住房保障领域的服务项目共有 3 项，具体包括：公共租赁住房、城镇棚户区住房改造、农村危房改造。在公共住房资源有限的情况下，公共住房的租赁和购买资格与居民的区域户籍身份之间存在极大关联，因此在本书中，除了分析本地住房公积金缴纳情况、保障性住房租赁和购买情况外，同时将流动人口办理居住证和暂住证的情况纳入分析框架，以便于更好地分析其中的关联性。

（一）住房公积金

尽管大城市流动人口的劳动合同签订和社会保险参与水平正在不断提升且已经达到相对不低的水平，但住房公积金的流入地缴纳情况仍然不容乐观。从城市规模等级的视角看，城市规模等级越高，流动人口的住房公积金缴纳比例越高。其中，超大城市流动人口住房公积金缴纳比例接近 12%，特大城市接近 7.5%，而Ⅰ型和Ⅱ型大城市这一指标仅为 6%左右。这一状况反映出特大城市和超大城市劳动力市场的规范化不仅有助于提升流动人口的正规就业比例和社会保险参与水平，而且对于住房公积金缴纳比例的提升也有一定作用，这对于在流入地具有较强居留意愿的流动人口而言具有重要意义。

在大城市流动人口中住房公积金缴纳的城乡差异依然存在，农民工缴纳住房公积金的比例仅为 6%，远远低于流动人口 8.7%的平均水平，这一不同主要来自乡城流动人口与城城流动人口的就业差异，如图 3-11 所示。

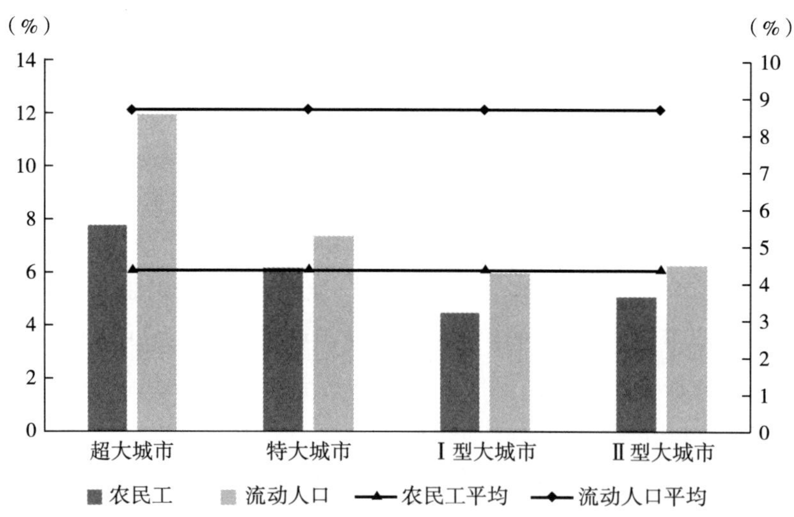

图 3-11　不同规模等级城市流动人口拥有住房公积金的比例

同时，大城市流动人口住房公积金缴纳比例的差异不仅仅体现在城市规模等级和城乡的不同之上，而且存在明显的区域分化。除了宁波、汕头等个别城市外，大部分东部沿海城市的流动人口住房公积金缴纳比例在6%以上，其中苏州、深圳、广州、北京的缴纳比例最高，基本接近14%，而中西部内陆城市流动人口的缴纳比例基本均在6%以下，如表3-32所示。

表3-32　不同城市流动人口拥有住房公积金的比例

城市数量（个）	拥有住房公积金比例	城市名称
8	>10%	苏州市、深圳市、广州市、北京市、大连市、惠州市、东莞市、海口市
13	6%—10%	无锡市、烟台市、济南市、上海市、杭州市、常州市、重庆市、南通市、青岛市、南京市、厦门市、珠海市、天津市
29	<6%	唐山市、柳州市、南宁市、福州市、长春市、长沙市、合肥市、中山市、乌鲁木齐市、贵阳市、成都市、保定市、兰州市、呼和浩特市、宁波市、石家庄市、佛山市、太原市、泉州市、郑州市、江门市、西安市、昆明市、武汉市、大同市、汕头市、台州市、温州市、包头市

从就业结构看，大城市流动人口缴纳住房公积金的状况存在一定的行业差异。流动人口相对集中的批发零售、住宿餐饮、建筑业的住房公积金缴纳比例极低，不足10%，社会服务业略高于前者，教育文化、卫生、科技服务、党政机关、金融保险、房地产等行业的覆盖水平较高，基本均在20%以上，其中科研和技术服务业甚至达到47%，但该类行业对于从业者的文化程度要求较高，以城—城流动人口为主，难以代表规模庞大的农民工群体的真实水平。

表3-33　不同规模等级城市分行业流动人口拥有住房公积金的比例　单位：%

	超大城市	特大城市	Ⅰ型大城市	Ⅱ型大城市	大城市
制造业	17.00	12.00	14.00	9.00	12.10
建筑业	8.80	4.20	2.50	3.70	5.40

续表

	超大城市	特大城市	Ⅰ型大城市	Ⅱ型大城市	大城市
电煤水生产供应	14.60	32.30	7.70	19.70	17.30
批发零售	6.30	1.50	1.70	2.40	3.90
住宿餐饮	4.50	1.70	1.50	2.30	3.00
社会服务	10.40	5.90	3.70	4.70	7.10
金融/保险/房地产	36.40	23.20	25.00	29.80	33.00
交通运输、仓储通信	19.50	11.30	11.80	7.80	14.30
卫生、体育和社会福利	19.10	20.00	18.90	22.80	20.00
教育、文化及广播电影电视	28.30	12.90	16.80	17.50	23.80
科研和技术服务	46.90	23.80	23.50	30.40	41.00
党政机关和社会团体	30.30	33.30	17.60	33.90	30.50
其他	9.90	3.90	1.70	4.30	6.30
合计	13.30	7.50	6.40	6.80	9.40

（二）保障性住房

尽管住房公积金为大城市流动人口在流入地购买住房提供了一定的基本保障，但由于其覆盖范围较窄且大城市住房价格较高，流动人口在大城市购买住房的能力仍然受限，仍然有接近70%的流动人口在流入地租住私房。然而，分城乡来看，城—城流动人口的住房状况明显优于乡—城流动人口，接近30%的城—城流动人口在大城市购买了商品房，而乡—城流动人口购买商品房的比例仅为5%，进一步显示出乡城流动人口在大城市居留的生活压力，如图3-12所示。

大城市流动人口购买商品房的城乡差异主要来自流动人口自身的经济社会地位差距，而享受公共住房保障的状况则能反映出大城市基本公共住房服务的城乡差异。尽管城—城流动人口购买商品房的比例远远高于乡城流动人口，但在租赁政府提供的廉租房、公租房和购买政策保障房的比例上并不存在相似的差距，这也说明基本住房保障服务相较于其他类型公共服务具有更高的户籍门槛，而这一门槛无论是在超大城市、特大城市还是其他类型大城市均表现出难以逾越的鸿沟。

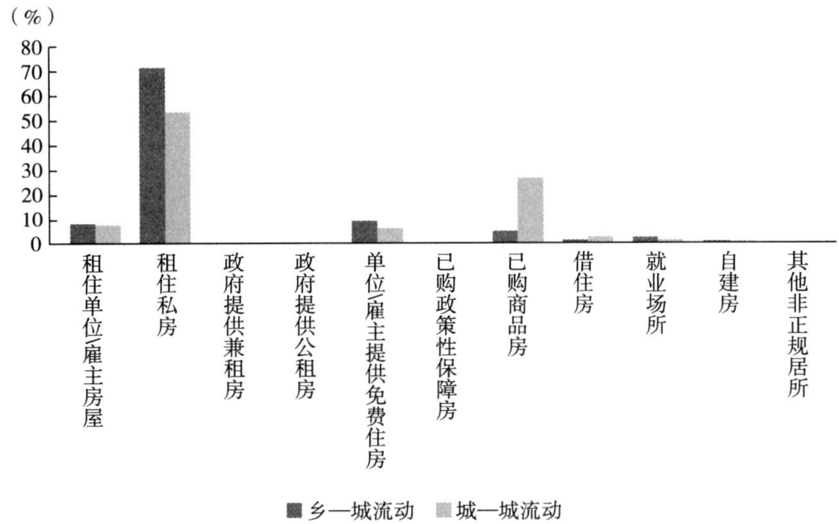

图 3-12　大城市流动人口分城乡住房状况

尽管大城市购买和租赁保障性住房的比例不因城市规模等级的不同而存在较大差异，但在补偿性的住房服务方面仍然存在一定不同，其中最为突出的问题是单位或雇主提供低价或免费住房。在超大城市，由于住房价格昂贵、用工成本高等多重原因，单位或雇主提供免费住房的比例仅为 6.80%，低于其他类型的大城市。同时，特大城市与就业相关联的住房保障水平远远高于其他类型大城市，但在与就业不存在关联的基本住房保障方面依然未能覆盖流动人口群体，如表 3-34 所示。

表 3-34　　不同规模等级城市流动人口住房状况　　单位：%

	超大城市	特大城市	Ⅰ型大城市	Ⅱ型大城市	大城市
租住单位/雇主房	7.60	11.20	5.70	8.90	8.20
租住私房	69.50	64.40	70.40	69.60	69.20
政府提供廉租房	0.00	0.00	0.30	0.10	0.10
政府提供公租房	0.30	0.10	0.10	0.10	0.20
单位/雇主提供免费住房	6.80	13.40	9.20	10.10	9.00
已购政策性保障房	0.10	0.10	0.20	0.20	0.10
已购商品房	9.90	6.10	9.50	6.10	8.00

续表

	超大城市	特大城市	Ⅰ型大城市	Ⅱ型大城市	大城市
借住房	2.90	0.60	0.70	0.60	1.60
就业场所	1.90	3.00	2.70	2.40	2.30
自建房	0.60	0.60	1.00	1.40	0.90
其他非正规居所	0.20	0.40	0.20	0.50	0.40

（三）户籍限制

户籍制度一直被视为流动人口实现社会融合的阻碍，通过户籍制度改革消除原有的城乡二元分割和区域二元分割，将对于流动人口公共服务均等化具有重要意义。然而，与中小城市不同，大城市一直被作为户籍人口调控的重点领域，尽管随着户籍改革的推动城区常住人口 500 万人以下的大城市正在取消落户限制，但特大城市和超大城市的落户限制和门槛依然存在。一方面，根据文化程度、就业年限、社保缴费年限和居住年限等条件完善积分落户政策，对符合条件的流动人口准许落户；另一方面，降低户籍人口家属随迁的严格限制，允许子女投靠、夫妻投靠和父母投靠（独生子女）。由于 2013 年部分大城市已经开始实施居住证制度而仍有部分城市尚未实施，因此本节分析了大城市流动人口办理居住证或暂住证的情况，以此衡量大城市流动人口的管理服务水平。

首先，大城市流动人口登记比例存在明显的规模等级差异，超大城市和Ⅱ型大城市的流动人口登记比例高于特大城市和Ⅰ型大城市。换言之，在流动人口登记管理方面，超大城市和Ⅱ型大城市的执行情况以及流动人口参与情况更好，如图 3-13 所示。这一状况主要存在两个层面的解释，一是超大城市较早地开始实施积分落户政策，流动人口登记管理更加规范和完善；二是Ⅱ型大城市的流动人口规模较小，登记管理的压力也相应较低。然而，从分城市的流动人口登记情况看，后一种解释难以得到验证，在登记比例高于 80%的 20 个城市中，除了北上深津等超大城市外，大部分Ⅱ型大城市均为东南沿海城市，流动人口规模甚至不低于部分Ⅰ型和特大城市，如表 3-35 所示。

因此，仅从城市规模登记的维度难以解释这一问题，或许从区域的维度可以得到更为详细的解释。

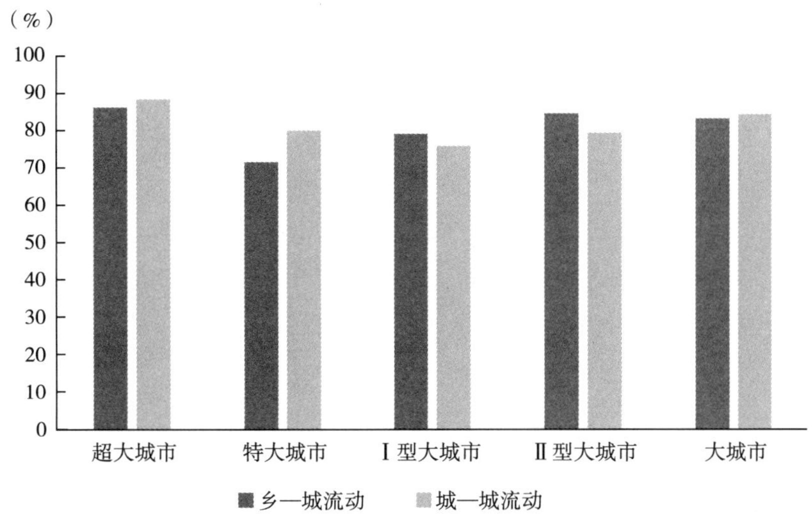

图 3-13　不同规模等级大城市流动人口办理居住证或暂住证的比例

表 3-35　　不同城市流动人口办理居住证或暂住证的比例

城市数量（个）	办证比例	城市名称
20	>80%	宁波市、杭州市、南京市、温州市、台州市、无锡市、贵阳市、济南市、乌鲁木齐市、苏州市、上海市、厦门市、南通市、常州市、北京市、深圳市、天津市、大连市、青岛市、福州市
16	60%—80%	保定市、佛山市、太原市、泉州市、烟台市、广州市、昆明市、郑州市、石家庄市、西安市、珠海市、武汉市、唐山市、中山市、东莞市、江门市
14	<60%	南宁市、长春市、重庆市、柳州市、成都市、海口市、汕头市、兰州市、大同市、惠州市、长沙市、合肥市、包头市、呼和浩特市

其次，大城市流动人口登记比例存在明显的区域差异，东部和中部地区大城市流动人口登记比例高于西部大城市。在流动人口登记比

例低于60%的14个城市中，大多数为西部地区的内陆城市。因此，可以发现，大城市流动人口的登记比例既与城市规模等级存在一定关联，也与城市所在区域密切相关。20世纪60年代以来，中国户口迁移调控实行“严格控制城市人口机械增长规模”和“严格控制大、中城市，积极发展小城镇”两项指导政策，尽管后来有所调整，但依照规模等级采取不同程度落户控制的政策体系一直在持续。通过建立复杂的调控层次、设置迁移分类专项调控和计划指标性的调控手段，中国建立起一整套完善的限制户口迁移的制度，并从两个方面限制了迁移人口的社会融入。一方面，户籍制度限制了迁移人口的社会流动，使农村非户籍迁移人口进入城市仍然难以摆脱边缘社会地位（王春光，2003）。户口差异增加了迁移人口在当地的生活成本，造成“本地—外来”两个群体的社会差异不断扩大。另一方面，户籍制度与社保、医疗、就业、教育等公共资源的分配相互关联，也构成了影响流动人口进入本地的重要阻碍。城市作为一个资源体并未赋予所有居住在其中的人口分享资源的权利和资格，而是通过户籍制度将一部分人屏蔽在资源分享的行列之外（李强、唐壮，2002）。即使迁移人口在城市中获得相对平等的就业岗位和经济收入，也会因未获得当地户口而难以享受城市所提供的相应福利待遇。在某种程度上，在当地长期生活获得当地户口的迁移人口只能被称为“准市民”（朱力，2000；马广海，2003）。在多数城市中，户籍制度限制了“准市民”共享资源的公民权利。相对于乡—城流动人口，城—城流动人口尽管处于相对有利地位，但同样受到住房供给、就业渠道、社会保障、子女教育、卫生服务等方面的制度限制。

第四节 大城市公共服务均等化面临的问题与约束

一 大城市公共服务均等化面临的问题

在对大城市流动人口教育、就业、社保、医疗、住房和入籍6个方面的基本公共服务状况分析的过程中，可以发现大城市各类公共服务均等化水平均存在各类问题与不足，并且不同维度的公共服务水平面临的问题与困难存在差异。

第一，大城市流动人口子女在流入地接受教育面临多重困境，在超大城市尤其严重。伴随教育阶段的提升，流动人口对学校教育质量的要求越来越高，但同时能承受教育成本有限，其子女在大城市就学的难度越来越高，因此流动人口子女在大城市公办学校就学的比例越来越低。由于城市和教育阶段的教育资源分布存在差异，导致流动人口子女在大城市就学呈现出显著的空间和阶段双重差异的现象。首先，当子女处于学前教育和义务教育等较低的教育阶段时，城市规模等级越高流动人口子女在本地就学的比例越高。其次，当子女处于高中教育等较高的教育阶段时，城市规模等级越高流动人口子女在本地就学的比例越低。相对于其他规模等级的大城市，超大城市流动人口的子女在流入地就读高中的难度更高。

第二，大城市的正规就业水平提高与非正规劳动问题共存。超大城市和特大城市的流动人口劳动合同签订率远高于平均水平的同时，流动人口的每周工作时间也普遍高于 50 小时，且接近半数的大城市每周工作时间在 60 小时以上。在企业的制度规避行为大大提高了流动人口劳动时间的同时，并未使流动人口的就业收入得到相应改善，规模等级不同的大城市流动人口就业收入存在显著差距，同行业内超大城市流动人口的就业收入远远超过其他类型大城市。由此可见，在制度约束的条件下，尽管非正规就业的水平在下降，但在正规就业中的非正规劳动现象普遍存在，同时市场自发调节引起的人才流动和聚集也进一步扩大了大城市之间的就业服务均等化差距。

第三，大城市社会保险领域的“本地—外来”分割不断弱化，但城市之间的区域分割和城乡之间的户籍分割依然凸显。即使从不同口径的统计数据看，户籍身份导致的社会保险参与差异依然存在，农民工的社会保险参与状况仍然远远低于全人群的水平，同时外出农民工的社会保险参与状况可能比本地农民工更差。值得注意的是，在户籍分割的影响持续存在的同时，城市之间的社会保障服务差异为流动人口提供了“用脚投票”的可能。在社会保险区域间转移接续问题得以解决的前提下，可能导致更多的农村人口进入大城市寻求工作机会。

第四，大城市流动人口基本医疗卫生服务也存在明显的区域和城乡差异。一方面，不断扩大的流动人口规模和有限的公共医疗卫生资源之间形成了紧张矛盾的局面，使公共医疗卫生服务难以满足流动人口的需求；另一方面，公共医疗卫生服务不同于社会保险等与就业相关联的公共服务，其服务水平严重依赖于社区卫生服务中和社区居委会等基层组织的工作开展情况，城—城流动人口在流入地经济社会状况较乡—城流动人口更好，所居住社区的管理服务水平较乡城流动人口更好。在区域、城乡和居住环境三重约束下，尽管公共医疗卫生服务在区域、城乡和社区层面存在极大的不平衡，城—城流动人口的居民健康档案建档率远高于乡城流动人口，但乡—城流动人口患病后在社区卫生服务机构就医的现象较为普遍。

第五，大城市流动人口住房保障水平低下，将进一步影响其居留意愿和行为。劳动力市场的规范化不仅有助于提升流动人口的正规就业比例和社会保险参与水平，而且对于住房公积金缴纳比例的提升也有一定作用，这对于在流入地具有较强居留意愿的流动人口而言具有重要意义。然而，由于政策性住房覆盖范围较窄、门槛高，加之大城市住房价格较高，流动人口在大城市购买住房的能力仍然受限，仍然有接近70%的流动人口在流入地租住私房。

第六，居住证和暂住证办理比例较高，但与公共服务关联性不足。即使迁移人口在城市中获得相对平等的就业岗位和经济收入，也会因未获得当地户口而难以享受城市所提供的相应福利待遇。在多数城市中，户籍制度与社保、医疗、就业、教育等公共资源的分配相互关联，限制了“准市民”共享资源的公民权利。相对于乡城流动人口，城—城流动人口尽管处于相对有利地位，但同样受到住房供给、就业渠道、社会保障、子女教育、卫生服务等方面的制度限制。

二　二元分割的遗产与等级划分的影响

尽管与户籍人口相比，大城市流动人口公共服务水平在教育、就业、社保等领域面临的问题存在差异，但其形成机制存在一定共同特征，即在流动人口面临严重的“本地—外来”分割的情况下，其公共服务均等化过程仍然受到来自城乡、区域和规模等级的三种约束。从现有研究来看，城市户籍人口与流动人口之间的公共服务水平存在较大差异已经是毋庸置疑的经验事实，然而值得注意的是，流动人口公共服务水平还存在严重的内部分化。换言之，依据城市规模等级进行不同的公共服务均等化改革设计是否适合中国的人口流动现状与需求？由于城乡差异部分已经在分项描述中做了详细的解释，即无论从哪个维度看城—城流动人口的公共服务水平均高于乡—城流动人口。因此，城市公共服务均等化过程中应该更重视区域差异还是规模等级差异是需要重点讨论的问题。

从大城市流动人口公共服务指数的统计结果看，如表 3-36 所示，无锡、珠海、苏州、厦门、深圳等城市的流动人口公共服务水平处于前五位，主要是多数是流动人口与户籍人口规模相近的大城市。重庆作为户籍改革较早的城市，市域内流动占据流动人口的大部分，流动人口的公共服务水平也处于较好的状态。此外，北京、上海、南京、杭州等城市的流动人口公共服务水平也较高，对流动人口的吸引力较大。总体而言，仅从描述性的数据分析中难以判断城市公共服务综合水平与城市所在区域和规模等级的关系，因此需要做进一步的对比检验。

表 3-36　　大城市流动人口公共服务指数

城市	指数	排序	城市	指数	排序
上海市	0.42	8	石家庄市	-0.35	43
北京市	0.18	17	福州市	-0.22	34
深圳市	0.63	5	无锡市	0.94	1
广州市	-0.18	30	温州市	-0.24	36
天津市	0.33	9	贵阳市	0.01	22
重庆市	0.61	6	南宁市	-0.06	25
武汉市	-0.11	28	兰州市	-0.07	26

续表

城市	指数	排序	城市	指数	排序
东莞市	0.11	19	汕头市	-1.19	50
佛山市	-0.12	29	宁波市	0.07	20
成都市	-0.22	33	包头市	-0.39	45
南京市	0.32	10	中山市	-0.18	31
西安市	-0.24	37	唐山市	-0.28	40
杭州市	0.31	11	常州市	0.26	12
大连市	0.24	13	烟台市	0.14	18
郑州市	-0.23	35	惠州市	-0.09	27
青岛市	0.22	16	呼和浩特市	-0.62	49
济南市	0.51	7	柳州市	0.02	21
长春市	-0.20	32	大同市	-0.43	47
昆明市	-0.41	46	海口市	-0.06	24
合肥市	-0.30	41	江门市	-0.25	38
太原市	0.23	14	南通市	0.01	23
厦门市	0.72	4	珠海市	0.73	2
苏州市	0.73	3	泉州市	-0.36	44
长沙市	-0.33	42	保定市	-0.28	39
乌鲁木齐市	0.23	15	台州市	-0.56	48

由于分组后的城市样本数量较少，因此使用 Tukey 检验（Keselman，1976）这一适合于小样本量比较的方法。从检验结果看，尽管单个城市之间的公共服务指数差别较大，但分规模等级来看时城市人口 300 万人以上的大城市之间并不存在显著差异，仅有超大城市和Ⅱ型大城市之间存在显著差异。这也从另一个角度说明，在新型城镇化政策和城市规模等级划分标准出台之前，尽管已经存在一系列依据城市人口规模进行管理调控的政策，但对大城市公共服务均等化水平的影响并不突出，如表 3-37 所示。

表 3-37 分规模等级的大城市公共服务指数两两比较

	规模等级	均值差值	标准误差	显著性水平	95%置信区间	
					下限	上限
超大城市	特大城市	0.34	0.23	0.16	-0.13	0.80
	Ⅰ型大城市	0.32	0.20	0.12	-0.08	0.72
	Ⅱ型大城市	0.40*	0.17	0.02	0.06	0.75
特大城市	超大城市	-0.34	0.23	0.16	-0.80	0.13
	Ⅰ型大城市	-0.02	0.21	0.94	-0.44	0.41
	Ⅱ型大城市	0.07	0.19	0.71	-0.31	0.44
Ⅰ型大城市	超大城市	-0.32	0.20	0.12	-0.72	0.08
	特大城市	0.02	0.21	0.94	-0.41	0.44
	Ⅱ型大城市	0.09	0.14	0.55	-0.20	0.37
Ⅱ型大城市	超大城市	-0.40*	0.17	0.02	-0.75	-0.06
	特大城市	-0.07	0.19	0.71	-0.44	0.31
	Ⅰ型大城市	-0.09	0.14	0.55	-0.37	0.20

注：* 表示 $p<0.05$，即差值在 5%的水平下显著。

值得注意的是，当我们使用同样的方法比较东中西部大城市公共服务指数时，如表 3-38 所示，可以发现东部地区的大城市公共服务指数显著高于中西部地区，进一步凸显出大城市公共服务水平的区域差距问题。当前，关于乡—城流动人口和城—城流动人口、东中西不同地区的流动人口之间的生活状况及公共服务差异的研究已经大量存在，但是不同规模等级城市的流动人口之间的公共服务差异至今缺乏经验分析与检验，而这一问题恰恰直接关系到我国新型城镇化和公共服务均等化改革的方向与思路。因为无论是从户籍改革过程中提出要按照不同规模等级进行落户限制来看，还是从新型城镇化中重视对不同规模等级的常住人口规模控制来看，抑或是从公共服务均等化改革过程中提供减少户籍与非户籍人口差异来看，如何对待不同规模等级大城市的公共服务改革是当前亟待思考的问题，这也正是本书选择使用我国城市规模等级划分和新型城镇化改革启动之前的数据分析的主要原因。

表 3-38 分区域的大城市公共服务指数两两比较

所在区域		均值差值	标准误差	显著性	95%置信区间	
					下限	上限
东部地区	中部地区	0.34	0.14	0.06	-0.01	0.69
	西部地区	0.09	0.14	0.08	-0.26	0.44
中部地区	东部地区	-0.34	0.14	0.06	-0.69	0.01
	西部地区	-0.25	0.18	0.36	-0.69	0.19
西部地区	东部地区	-0.09	0.14	0.08	-0.44	0.26
	中部地区	0.25	0.18	0.36	-0.19	0.69

通过本章的分析可以发现，大城市流动人口公共服务的 6 个维度中，不同城市中乡—城流动人口和城—城流动人口的服务水平存在显著差异，规模等级较高的东部城市在与就业相关的公共服务方面（就业服务、社会保险、住房公积金等）效果显著，而规模等级较低的中西部城市则在非就业相关的公共服务方面（教育、医疗等）取得较好的进展，但其中的关联性仍需进一步检验。由此可见，城乡和区域二元分割的影响将持续存在，并且存在相互影响的特点。因此，以问题为导向的公共服务改革更适合于当前的人口流动现状，在优先缩小区域之间大城市公共服务水平差距的前提下，重点解决不同区域大城市公共服务面临的地方问题，而不是仅仅着眼于参考城市规模等级进行顶层调控和改革，可能是未来大城市公共服务均等化改革需要注意的重要问题。

第四章

市场化、户籍改革与公共服务均等化进程

通过对大城市公共服务指数的比较分析可以发现，除了超大城市具有一定的特殊性外，流动人口公共服务水平的区域差异比因规模等级不同而产生的差异更加严重。如果说规模等级标准下的城镇化政策反映了由国家层面开展的顶层设计，其终极目标在于保障国家公民的社会权利，那么流动人口公共服务水平较大的区域差异则反映出公共服务均等化改革中的地方色彩。换言之，在推进国家层面的公民社会权利均等化和地方层面的市民权利均等化过程中，地方会采取不同的行动，尤其是在涉及地方财政支出的前提下，公共服务的均等化进程实际上可能并不同步，而是以分领域的方式逐步实现的。其中，最为值得关注的即是由国家和市场影响的就业关联服务均等化与由地方政府影响的非就业关联均等化服务之间的不同步性，这一问题尽管在城市公共服务指数的分维度比较中已经显现出端倪，但是两者之间的关系以及背后关于工业公民权和普通公民权的冲突逻辑仍未得到充分解释，而这正是本章需要进一步回应的核心问题。

第一节　关于双重市民化问题的争论

在国外的迁移研究中，公民资格和权利问题是不可回避的议题之

一，公民资格规定了制度范围内的个体是否享有制度规定的各种权利，也引发了关于双重市民化问题的种种争论，这些争论对于我们重新审视公共服务均等化问题提供借鉴和参考。

首先，关于双重市民化的争论集中于因同时拥有两国国籍引发的公民身份冲突。一个世纪前，大多数国家都将双重公民身份看作类似于重婚罪的非正当行为，渐渐越来越多的国家开始允许多重国籍的合法对接。不同国家对双重公民身份有不同的规定，例如惯常于迁出而非迁入的国家可以制定自己的迁出国指标，而非增加双重公民身份给那些住在他们边界的入境移民，这可在波兰的案例中看到（Gorny，2007）。与之相反，一些传统移民国家，对双重公民身份表现出一定的热情，当然他们也不得不同时为政治自治和跨国公民身份间的权衡而担忧（Baubock，2007）。在欧盟，非欧盟国家的双重公民身份变成了德国公民身份改革的一个中心附着点，这些对多重公民身份的关注认为双重市民身份有可能不利于入境移民的整合（Faist，2007）。在瑞典，双重市民身份在 2001 年被采纳，也被视作人类的一项基本权利（Spang，2007）。由此可见，不同国家对于双重公民身份的政治观点存在较大差异，在交通的可能性之下，流动的权利越来越普遍，而公民身份的获得前景并不一定乐观，这与不同国家对整体利益与个人权利、义务的强调倚重有较大关系。

然而，双重市民化还存在另外一种不同的解释，即工业公民资格和普通公民资格之间的二重性问题。马歇尔提出了“工业公民资格”概念，指通过工会代表工人集体行使民事权利的公民资格，该资格主要用于保障产业工人的最低生活和基本工资（李志明，2012）。尽管工业公民资格仍然属于公民资格中社会权利的一部分，但其概念以就业作为标准将公共服务划分为两个不同的领域，这一区分为我们分析公共服务均等化改革过程中的问题提供了新视角。尽管我国人口流动过程中不存在双重市民化的问题①，但这一思路为我们分析城市流动人口公共服务供

① 当然，这一问题在不同区域存在不同的状况，在某些允许农民进城落户但保留农村土地承包权的地方，另一层面的双重市民身份也是存在的，但仅仅是在公民权利的意义上存在，而非双重户籍身份。

给提供了参考。城市作为一个资源体并未赋予所有居住在其中的人口分享资源的权利和资格，而是通过户籍制度将一部分人屏蔽在资源分享的行列之外（李强、唐壮，2002）。然而，户籍制度仅仅限制了一部分公共服务资源，流动人口在城市中获得相对平等的就业岗位和经济收入，也可以享受城市所提供的部分福利待遇。在某种程度上，在当地长期生活且已经正规就业的流动人口可以被认为获得了工业公民资格，即享受了与就业相关公共服务待遇。在多数大城市中，尽管户籍制度限制了流动人口共享公共服务资源的普通公民资格，但相对于非就业的流动人口而言，正规就业的流动人口处于相对更有利的地位，在就业服务、社会保障等方面享有更多的权利。换言之，当前公共服务体系针对不同类型的流动人口采取不同服务策略和标准，这也导致了我国大城市公共服务均等化改革过程中出现不同步和不均衡的问题。

如果说原有的城乡户籍制度通过对迁移人口公民身份的限制实现了城乡二元结构的分割状况，那么随着户籍制度改革进程加快，城市户籍准入制度成为当前“本地—外来”的区域分割状况产生的基础。在大中型城市，职业、税收、居住时间、住房和学历程度等因素成为迁移人口进入本地的重要审核标准，在北、上、广等超大城市户籍审核标准更加严格。同时，针对就业人口的公共服务与针对非就业人口的公共服务改革之间存在一定延迟效应。因此，城乡户籍制度和城市户籍准入制度共同形成了以“城市—农村”为基础的公民身份的二重性、以“本地—外来”为基础的市民身份的二重性和以“就业—非就业”为基础的公民身份的二重性。其中，非就业流动人口没有工业公民身份也没有本地市民身份，因此处于社会分层的最底端，在公共服务获取中处于不利的位置。就业流动人口虽然没有本地市民身份，但是与城市本地劳动者参与社会保险的差距在不断缩小（张展新，2015），在公共服务方面比非就业流动人口处于更高的地位。然而，当前关于流动人口公共服务均等化的研究大多缺少定量分析，同时缺少相应的理论视角和维度。因此，本章重点从理论视角重新构建大城市流动人口公共服务的评价体系，从而为公共服务均等化改革提供相应的解释和建议。

第二节　城市公共服务评价的内在逻辑

大城市流动人口公共服务指数使用多维度多指标对大城市流动人口公共服务水平进行了指数化评价，尽管在计算过程中采用了Z分数法对各项指标的实际值进行标准化处理，但是指数的计算结果仍然仅能反映各维度均权前提下的公共服务差距。换言之，在公共服务综合评价方法中，对不同维度进行均权处理的方式进行分析尽管得到了大量经验研究的支持，在政策效果评价中也具有一定的代表性，但是在理论解释方面仍然难以实现更为清晰的结论，在因果分析时也不能解决各指标之间的共线性问题。

据前文分析可知，大城市流动人口公共服务指数的设置参照了《国家新型城镇化规划（2014—2020）》中“积极推进城镇基本公共服务由主要对本地户籍人口提供向对常住人口提供转变”的目标，结合国务院印发的《“十三五”推进基本公共服务均等化规划》中关于公共服务均等化的要求，将义务教育、就业服务、社会保障、基本医疗卫生和保障性住房作为大城市公共服务水平的主要测量维度。同时，参照欧盟移民融合政策指数中关于“入籍资格”维度的设置，流动人口城市公共服务指数加入了第六个维度——落户门槛维度，用以衡量大城市居住证制度的实施效果。同时，在指数评价过程中参考了移民融合政策指数的计算方法，将子女教育、就业服务、社会保障、医疗卫生、住房保障和落户限制视作同等重要的公共服务内容，赋予了流动人口城市公共服务指数6个维度相同的权重。流动人口公共服务指数与移民融合政策指数的共同之处在于，指标的各项维度均基于政策设定的框架和逻辑进行构建，在政策效果评价方面表现出较好的效度，但不能反映其各个指标之间的内在关联性，而在公共服务指数中，内部指标的相关性恰恰是极为紧密的（见表4-1）。

表 4-1　　流动人口公共服务指数内部指标的相关性

	学前教育	公办小学	公办初中	公办高中	劳动合同	工作时间	平均月收入	养老保险	医疗保险	工伤保险	失业保险	生育保险	健康档案	社区卫生	健康教育	住房公积金	住房保障	登记管理
学前教育	1																	
公办小学	0.262	1																
公办初中	0.204	0.916**	1															
公办高中	-0.009	0.841**	0.897**	1														
劳动合同	0.077	-0.493**	-0.359*	-0.482**	1													
工作时间	-0.121	-0.131	-0.223	-0.244	-0.265	1												
平均月收入	0.167	-0.145	-0.098	-0.162	0.303*	-0.048	1											
养老保险	0.136	-0.187	-0.067	-0.215	0.824**	-0.342*	0.359*	1										
医疗保险	0.143	-0.183	-0.069	-0.215	0.817**	-0.332*	0.398**	0.947**	1									
工伤保险	0.004	-0.528**	-0.397**	-0.515**	0.973**	-0.204	0.276	0.743**	0.776**	1								
失业保险	0.065	-0.235	-0.11	-0.252	0.832**	-0.296*	0.320*	0.953**	0.969**	0.805**	1							
生育保险	0.065	-0.245	-0.11	-0.251	0.830**	-0.269	0.294*	0.923**	0.950**	0.804**	0.971**	1						
健康档案	-0.108	0.339*	0.442**	0.505**	-0.147	-0.147	-0.067	-0.001	-0.031	-0.2	-0.022	-0.05	1					
社区卫生	0.246	-0.423**	-0.314*	-0.450**	0.575**	-0.056	0.168	0.465**	0.417**	0.551**	0.419**	0.416**	-0.052	1				
健康教育	0.024	0.367**	0.495**	0.500**	-0.141	-0.17	-0.118	0.047	0.036	-0.142	0.069	0.069	0.351*	-0.317*	1			
住房公积金	0.252	-0.152	-0.102	-0.168	0.651**	-0.497**	0.442**	0.693**	0.735**	0.594**	0.697**	0.710**	-0.082	0.314*	-0.026	1		
住房保障	0.077	0.245	0.287*	0.341*	-0.104	-0.326*	-0.086	0.046	0.065	-0.148	0.011	-0.019	0.168	-0.143	0.182	0.024	1	
登记管理	0.370**	0.328*	-0.314*	-0.388**	0.377**	0.035	0.352*	0.347*	0.336*	0.354*	0.309*	0.297*	-0.269	0.222	0.015	0.278	-0.234	1

注：**表示在 0.01 水平（双侧）下显著相关；*表示在 0.05 水平（双侧）下显著相关。

总体而言，某一维度的组内关联性越高表明该维度的指标选取效度越高，不同维度的组间关联性越高则需要对不同政策目标之间内在关系进行更加深入的分析和讨论，如劳动合同签订、社会保险和住房公积金在内的与正规就业相关联的维度和指标。通过对流动人口公共服务指数内部指标的相关性分析，可以发现尽管各维度的内部指标选取效度较高（存在显著的组内关联），反映出国家在公共服务政策目标设计上的合理性，但组间关联的问题仍然值得重视。因此，将因子分析的方法引入指数评价中极为必要，因子分析方法可以参照指标之间的相关性对指标进行重新分组，最终新产生组别的组内关联性进一步提高，组间关联性进一步下降，最终形成若干个能够集中反映指标信息的公因子。换言之，因子分析的主要功能在于可以将一些关系复杂的指标重组为几个单一的能够集中负载相应信息量的维度，既可以有效避免指标和维度的均权问题，也可以根据各维度和指标之间的内在联系重新构建评价体系。

第三节　基于因子分析的公共服务评价

一　适用性检验

一般情况下，在因子分析之前，需要对分析的指标进行筛选和清理，以便于优化因子载荷矩阵结构。筛选原则主要包含两步：首先，对指标体系中与其他指标完全不相关或相关性极低的指标进行清理，这类指标不利于增加公因子的组内关联度，反而会降低公因子的代表性，由表 4-1 可知，流动人口子女在流入地公办幼儿园就读的比例这一指标与其他 16 项指标均不存在显著相关，仅与流动人口办理居住证或暂住证的指标存在显著相关，因此在因子分析的过程中将该指标删去。其次，按照各个指标因子载荷量的高低进行清理，为了使因子载荷结构更加清晰有效，一般会删除因子载荷量低于 0.4 的指标，经过因子载荷矩阵的计算，每周工作时间、月平均收入和社区卫生机构利用率 3 项指标的因子载荷量低于 0.4，因此在因子分析过程中予以删除，最终保留了 14 个指标。为了了解指标筛选和清理对于因子分析的效果，我们使用了 KMO 和 Bartlett 检验法对指标体系优化前后的分析适用性进行了比较，如表 4-2 所示。

表 4-2　　指标调整前后的 KMO 和 Bartlett 检验结果比较

检验方法		优化前	优化后
KMO 取样适切性量数		0.752	0.781
Bartlett 的球形度检验	近似卡方	948.321	883.201
	自由度	136	91
	显著性	0.000	0.000

KMO 和 Bartlett 检验是分析变量是否适合进行因子分析的常见判定方法。KMO 样本检验法主要被用于检验变量是否适合进行因子分析，而 Bartlett 球形检验则主要用于检验各个变量之间是否存在相互独立。分析结果显示，在指标体系优化前，KMO 的统计量数为 0.752，Bartlett 球形检验值为 948.321，自由度为 136，显著性水平小于 0.001，表明各个指标之间的相关性较强，比较适合进行因子分析。当我们删除流动人口子女在流入地公办幼儿园就读、每周工作时间、月平均收入和社区卫生机构利用率 4 个指标之后，尽管因指标减少导致检验的自由度减少至 91，但 KMO 的统计量数提升至 0.781，Bartlett 球形检验值为 883.201，显著性水平小于 0.001，表明各个指标之间的相关性在调整后得到了增强，比调整前更适合进行因子分析。

二　提取公因子

为了进一步确定指标体系调整的必要性，在确定各项指标适合进行因子分析之后，可以通过抽取初始公因子并计算贡献率的方式比较指标体系优化前后的差异。在提取过程中，我们主要使用主成分分析法，计算出指标体系优化前后初始公因子的特征值、方差贡献率和累计方差贡献率。分析结果显示，指标体系优化之前，共有 4 个特征值大于 1 的因子，说明所有指标可以降低至 4 个维度，而这 4 个因子的累计方差贡献率是 74%。尽管优化前的因子负载了原始指标的大部分信息，但维度过于分散，并且第 3 个和第 4 个因子的特征值较低，负载的信息量过于单一。

在指标体系优化之后，可得到 3 个特征值大于 1 的因子，说明所有指标可以降低至 3 个维度。然而，值得注意的是，第 3 个因子的特征值仅为 1.002，相比前两个因子来说，作为一个单独的因子进行分析的代表性不足。为了简化分析维度和集中指标特征，提取前两个公因子更为合适，即使在提取前两个公因子的情况下，方差贡献率并未有太大的下降，仍然超过 70%。在因子数减少的同时，两个因子的方差贡献率分别提升了 7 个和 4 个百分点。换言之，优化后的因子负载了原始指标更多的信息，且维度较为集中，比优化前更适合代表大城市流动人口公共服务水平，如表 4-3 所示。

表 4-3　　指标调整前后的 R 特征值和方差贡献率比较

因子数	优化后			优化后		
	特征值	方差贡献率	累计方差贡献率	特征值	方差贡献率	累计方差贡献率
1	7.164	39.8	39.8	6.597	47.121	47.121
2	3.576	19.868	59.668	3.283	23.451	70.572
3	1.475	8.194	67.862	1.002	7.159	77.731
4	1.105	6.138	74			

此外，从主成分碎石图也可以发现，如图 4-1 所示，指标优化前不同因子之间的特征值呈现出下降的趋势，在前 3 个因子上表现得较为陡峭，但是从第 5 个因素开始变得较为平缓，第 3 个和第 4 个因子之间存在一个平缓的过渡，拐点的模糊性将增加因子提取的难度。然而在指标优化后，前 3 个因子特征值表现出明显的骤降，而从第 3 个因子开始即呈现出缓慢下降的态势，这从另一个角度说明了指标优化对于因子提取的必要性和积极效果。因此，使用优化后的指标体系抽取前 3 个因子可以更好地代表大城市流动人口公共服务水平，然而由于指标体系由原来的 6 个维度降低为 2 个，维度变化产生的内涵和外

延变化需要进一步加以解释。

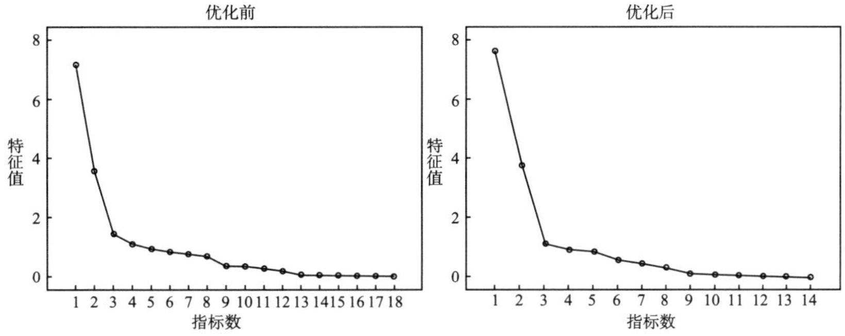

图 4-1　大城市流动人口公共服务指数主成分分析碎石图

三　建立因子载荷矩阵

基于累计方差贡献率的计算结果，我们按照已经提取的 3 个公因子建立了初始因子载荷矩阵。从初始因子载荷矩阵可以发现，大城市流动人口公共服务指数可以划分为两个维度，因子 1 包含流动人口劳动合同签订率、5 类社会保险和住房公积金参与比例、办理居住证或暂住证的比例等 8 个指标，因子 2 包括在流入地就读公办小学、中学比例、居民健康档案建档率、免费健康教育接受比例、保障房政策的比例等 6 个指标，如表 4-4 所示。

表 4-4　旋转前后的因子载荷矩阵

指标	旋转前		旋转后	
	因子 1	因子 2	因子 1	因子 2
公办小学	-0. 542	0. 704	-0. 239	0. 855
公办初中	-0. 442	0. 827	-0. 101	0. 932
公办高中	-0. 566	0. 759	-0. 241	0. 916
劳动合同签订率	0. 942	0. 043	0. 890	-0. 312
养老保险参保率	0. 877	0. 387	0. 958	0. 031
医保参保率	0. 891	0. 391	0. 973	0. 029

续表

指标	旋转前		旋转后	
	因子 1	因子 2	因子 1	因子 2
工伤保险	0.921	-0.02	0.847	-0.364
失业保险	0.905	0.363	0.975	-0.002
生育保险	0.901	0.348	0.966	-0.014
居民健康档案	-0.241	0.552	-0.017	0.602
免费健康教育	-0.159	0.607	0.080	0.622
住房公积金	0.727	0.283	0.780	-0.009
保障房比例	-0.136	0.423	0.032	0.443
办证比例	0.476	-0.199	0.367	-0.363

为了进一步提升因子的代表性，简化因子载荷矩阵的结构，我们使用方差最大化正交旋转的方法对初始矩阵进行了再转置，得到旋转成分矩阵。由于已经删除了因子载荷低于 0.4 和组内关联性低的指标，保留下来的 14 个指标的阈值均在 0—100%，单位统一且不需要标准化处理，因此在正交旋转后抽取到的因子并未减少，仍然抽取 2 个共因子，累计方差贡献仍为 70.6%，如表 4-5 所示。

表 4-5　旋转前后三个因子的方差贡献率变化

	旋转前			旋转后		
	特征值	方差贡献率	累计方差贡献率	特征值	方差贡献率	累计方差贡献率
因子 1	6.597	47.121	47.121	6.133	43.807	43.807
因子 2	3.283	23.451	70.572	3.747	26.765	70.572

尽管旋转前后的累计方差贡献率并未产生明显变化，但因子载荷量得到了一定程度的分散，因子 1 的方差贡献率下降了 3 个百分点，因子 2 的方差贡献率提升了 3 个百分点。同时，流动人口子女在流入地公办学校就读、居民健康档案建档率、健康教育等多个指标的因子载荷量均有明显增加，进一步显示出正交旋转后的因子载荷矩阵对于

评价大城市流动人口公共服务水平的有效性。

四　因子分析统计结果

与基于政策设计构建的公共服务指数体系不同，因子分析主要依据指标之间的关联性构建分析维度，并以信息丢失最小化和因子载荷最大化为处理原则，尽可能地将复杂多变的三级指标简化为组内关联度较高的维度。从分析结果看，此次因子分析恰好发挥了这一功能，将原来基于政策目标构建的义务教育、就业服务、社会保障、基本医疗卫生、保障性住房和落户门槛 6 个维度 18 个指标简化为 2 个因子 14 个指标，如表 4-6 所示。然而，如何根据各因子所包含的指标内容解释每个因子的意义和内涵，是本书较为重要的问题之一。

表 4-6　大城市流动人口公共服务评价的主要维度及指标因子载荷量

指标	因子 1 就业关联服务	因子 2 非就业关联服务
劳动合同签订率	0.890	
养老保险参保率	0.958	
医保参保率	0.973	
工伤保险	0.847	
失业保险	0.975	
生育保险	0.966	
住房公积金	0.780	
办证比例	0.367	
公办小学		0.855
公办初中		0.932
公办高中		0.916
居民健康档案		0.602
免费健康教育		0.622
保障房比例		0.443
指标数量	8	6
方差贡献率（%）	43.81	26.77

（一）与就业相关联的公共服务均等化

因子1可以称为与就业相关联的公共服务水平，主要包含与就业相关的公共服务指标。第一个公因子是3个因子中影响最为重要的因子，解释了全部指标中43.81%的变化和差异。该因子在劳动合同签订率、城镇居民养老保险参与率、城镇职工医疗保险参与率、工伤保险参与率、失业保险参与率、生育保险参与率和住房公积金参与率、办理居住证或暂住证的比例8个指标上拥有较高的因子载荷。这些指标均与劳动就业密切相关，反映了与身在劳动力市场中的就业者相关的公共服务水平，因此可以称为就业关联服务水平。

从就业关联公共服务的因子得分看，如表4-7所示，东部地区大城市高于中西部地区，规模等级高的大城市高于规模等级低的大城市。分区域看，东部沿海地区流动人口规模较高的大城市服务水平较高，如珠海、苏州、厦门、东莞、无锡等；中西部地区流动人口规模较低的大城市就业关联服务水平较低，如包头、西安、昆明等。分规模等级看，城区人口1000万人以上的超大城市公共服务水平位处前列，如北京、上海和深圳，特大城市次之，如南京、东莞等，Ⅰ型和Ⅱ型大城市最低。表面看来，规模等级越高的城市就业关联服务水平越高，事实上这与人口流动的规模以及产生的经济效益密切相关，就业关联服务由政府和市场公共负担，市场缓解了政府服务负担的大部分压力，因而在流动人口规模效应越高的城市其劳动力市场的规范性越强，正规就业的比例越高，最终形成了城市规模等级与就业关联服务之间的正相关关系。

表4-7　大城市流动人口就业关联公共服务因子得分及排名

城市	就业关联服务因子得分	排名	城市	就业关联服务因子得分	排名
上海市	1.515	6	石家庄市	-0.981	40
北京市	0.976	8	福州市	-0.409	30
深圳市	1.916	4	无锡市	1.288	7
广州市	0.601	13	温州市	-0.714	37

续表

城市	就业关联服务因子得分	排名	城市	就业关联服务因子得分	排名
天津市	0.127	21	贵阳市	-0.591	34
重庆市	0.769	11	南宁市	-0.079	25
武汉市	-0.925	39	兰州市	-1.044	42
东莞市	1.680	5	汕头市	-1.704	50
佛山市	0.012	23	宁波市	0.086	22
成都市	-0.145	26	包头市	-1.320	49
南京市	0.715	12	中山市	0.312	18
西安市	-1.233	48	唐山市	-0.595	35
杭州市	0.539	15	常州市	0.360	17
大连市	0.554	14	烟台市	-0.066	24
郑州市	-1.231	47	惠州市	0.902	10
青岛市	0.297	19	呼和浩特市	-1.146	44
济南市	0.912	9	柳州市	0.155	20
长春市	-0.697	36	大同市	-1.076	43
昆明市	-1.218	46	海口市	0.510	16
合肥市	-0.425	31	江门市	-0.577	33
太原市	-1.014	41	南通市	-0.235	28
厦门市	1.918	3	珠海市	2.195	1
苏州市	2.077	2	泉州市	-0.803	38
长沙市	-0.546	32	保定市	-0.197	27
乌鲁木齐市	-0.275	29	台州市	-1.170	45

（二）非就业关联的公共服务均等化

因子2可以称为非就业关联的公共服务水平，主要包含与居住地有关的教育、医疗卫生和住房保障服务。第二个公因子的方差贡献率为26.77%，解释了所有指标中近1/4的变化和差异。该因子在流动人口子女在流入地公办小学就读的比例、子女在流入地公办初中就读的比例、子女在流入地公办高中就读的比例、居民健康档案建档率、接受免费健康教育的比例、享受住房保障政策的比例6个指标上拥有较高的因子载荷。这些指标反映了大城市针对流动人口一般性的公共服务水平，与流动人口是否参与劳动力市场不存在显著关联，因此可以称为非就业关联的公共服务水平。

非就业关联公共服务的因子得分与就业关联服务呈现负相关的关系，东部地区大城市低于中西部地区，规模等级高的大城市低于规模等级低的大城市，如表4-8所示。分区域看，东部地区大城市非就业关联服务的均等化程度反而较低，如台州、温州、广州、东莞等；中西部地区大城市非就业关联服务的均等化程度更高，如大同、柳州、包头、重庆等。分规模等级看，超大城市和特大城市非就业关联公共服务的均等化程度最低，得分均值分别为-0.2和-0.35，远远低于大城市平均水平；Ⅰ型和Ⅱ型大城市的均等化程度更高，得分均值分别为0.435和-0.05。这一结果呈现的倒“U”形曲线反映出规模等级过高和过低的城市面临的不同困境，由于非就业关联的公共服务严重依赖于政府公共财政投入，规模等级过高的城市严格控制公共财政支出的增长，从而享受人口流动带来的经济效益；规模等级过低的城市无力负担针对流动人口的财政支出，难以吸引更多的人口进入该城市；Ⅰ型大城市既具有一定的财政负担能力，也有从超大城市和特大城市吸引人口流入的动力，两种因素共同推动了Ⅰ型大城市非就业关联服务的均等化进程。

表4-8 大城市流动人口非就业关联公共服务因子得分及排名

城市	非就业关联服务因子得分	排名	城市	非就业关联服务因子得分	排名
上海市	-0.574	37	石家庄市	-0.376	33
北京市	-0.325	31	福州市	-0.377	34
深圳市	-0.276	29	无锡市	0.656	18
广州市	-1.517	47	温州市	-2.071	49
天津市	0.202	23	贵阳市	0.548	19
重庆市	1.286	4	南宁市	0.751	14
武汉市	0.494	20	兰州市	1.038	8

续表

城市	非就业关联服务因子得分	排名	城市	非就业关联服务因子得分	排名
东莞市	-1.045	43	汕头市	-1.536	48
佛山市	-0.949	41	宁波市	-1.004	42
成都市	-0.005	26	包头市	1.505	3
南京市	-0.277	30	中山市	-1.481	46
西安市	0.052	25	唐山市	-0.424	35
杭州市	-1.247	44	常州市	-0.243	28
大连市	1.267	6	烟台市	0.836	11
郑州市	0.289	22	惠州市	-0.878	39
青岛市	0.737	15	呼和浩特市	0.860	10
济南市	1.188	7	柳州市	1.528	2
长春市	1.271	5	大同市	1.876	1
昆明市	-0.890	40	海口市	0.835	12
合肥市	0.753	13	江门市	-0.501	36
太原市	0.928	9	南通市	-0.156	27
厦门市	0.443	21	珠海市	0.723	16
苏州市	-0.327	32	泉州市	-1.332	45
长沙市	0.125	24	保定市	-0.792	38
乌鲁木齐市	0.721	17	台州市	-2.310	50

（三）大城市流动人口公共服务均等化的总体水平

根据选取的就业关联和非就业关联公共服务两个公因子的得分及方差贡献率，可以构建评价各城市流动人口公共服务水平的综合得分。值得注意的是，尽管大城市流动人口公共服务因子综合得分依据与劳动就业的关联类型计算，反映的是公共服务承担者和内在动力的逻辑差异，但是与依据公共服务均等化政策目标设计的大城市流动人口公共服务指数存在显著的高度正相关关系。这也表明尽管从就业关联和非就业关联的视角分析城市流动人口公共服务水平，但最终得到的结果总体相近，同时也为公共服务均等化改革的内在逻辑分析提供了新的维度和思路。

总体而言，大城市流动人口公共服务的因子综合得分既反映了城市各类公共服务的均等化水平，也反映了城市对流动人口的吸引力。东部地区大城市高于中西部地区，规模等级高的大城市高于规模等级低的大城市。分区域看，东部地区大城市公共服务的总体均等化程度更高，如珠海、厦门、苏州、深圳等；中西部地区大城市公共服务的总体均等化程度更低，综合得分排名前十位的大城市中仅有两个中西部城市。分规模等级看，超大城市和特大城市公共服务的总体均等化程度最高，得分均值分别为 0.54 和 0.03，高于大城市平均水平；Ⅰ型和Ⅱ型大城市的均等化程度更低，得分均值分别为-0.05 和-0.10。这一结果对于解释当前中国人口流动仍然持续向超大和特大城市聚集的趋势提供了经验证据，如表 4-9 所示。

表 4-9　　大城市流动人口公共服务因子综合得分及排名

城市	公共服务综合得分	排名	城市	公共服务综合得分	排名
上海市	0.723	9	石家庄市	-0.752	45
北京市	0.482	13	福州市	-0.397	39
深圳市	1.085	4	无锡市	1.048	5
广州市	-0.202	28	温州市	-1.229	48
天津市	0.155	19	贵阳市	-0.159	27
重庆市	0.965	7	南宁市	0.236	17
武汉市	-0.387	38	兰州市	-0.255	31
东莞市	0.647	11	汕头市	-1.640	50
佛山市	-0.352	35	宁波市	-0.327	34
成都市	-0.092	25	包头市	-0.249	30
南京市	0.339	15	中山市	-0.368	36
西安市	-0.746	44	唐山市	-0.530	41
杭州市	-0.138	26	常州市	0.132	20
大连市	0.825	8	烟台市	0.276	16
郑州市	-0.654	43	惠州市	0.227	18
青岛市	0.464	14	呼和浩特市	-0.385	37

续表

城市	公共服务综合得分	排名	城市	公共服务综合得分	排名
济南市	1.017	6	柳州市	0.676	10
长春市	0.050	22	大同市	0.044	23
昆明市	-1.093	47	海口市	0.633	12
合肥市	0.022	24	江门市	-0.548	42
太原市	-0.277	32	南通市	-0.205	29
厦门市	1.358	2	珠海市	1.637	1
苏州市	1.165	3	泉州市	-1.003	46
长沙市	-0.292	33	保定市	-0.423	40
乌鲁木齐市	0.103	21	台州市	-1.602	49

注：使用 Spearman 相关系数对大城市流动人口公共服务因子综合得分和大城市流动人口公共服务指数的城市排序数据进行分析，相关系数为 0.829，在 0.001 的水平上显著。

第四节　城市公共服务改善的双重路径与阻碍

在国外相关研究中，人口或户籍登记被视为公民资格的一种形式，而公民资格主要包含法律权利、社会权利和政治权利三部分。公民资格规定了制度范围内的个体是否享有制度规定的各种权利，它既能够反映外在客观的社会分化，因此一般被用于分析社会结构、权力分层与移民不平等问题。在此基础上，马歇尔提出了“工业公民资格”概念，以就业作为标准将公共服务划分为基于工业公民资格获得公共服务和基于普通公民资格获得公共服务两个不同的领域，这两种公共服务被认为代表了市场制度建设和非市场制度建设（侯慧丽，2016），为分析公共服务均等化改革过程中的问题提供了新视角。我国的户籍制度不仅仅作为一项人口登记制度而存在，而是受到早期计划经济时代影响的产物，户口被作为公共产品分配的重要资格。换言之，户口不仅规定了个体是否拥有作为国家公民的资格，而且直接关联着个体享有的相关公共服务的权利。然而，户口所提供的公共服务来自普通公民资格的获得，如当前大城市教育、住房保障等公共服务项目，与就业相关的公共服务则来自工业公民资格的获得，与是否正规就业（签订劳动合同关系）直接相关。

从工业公民权和普通公民权的视角看，我国的公共服务均等化进程主要存在两种推动力，一方面来自户籍制度变革带来的制度建设，另一方面来自市场化进程加快带来的劳动力市场的规范化。同时，我国公共服务均等化改革的主要困难和阻力也来自这两个方面，这一问题直接体现在大城市就业关联服务与非就业关联服务的矛盾与冲突之上。从财政负担的角度看，地方政府保障工业公民权的动力和积极性更高，事实上这与人口流动带来经济效益密切相关。流动人口规模较大的城市在享受劳动力聚集带来的经济效益的同时，同样具有负担流动人口相应公共服务的义务和责任。然而，工业公民权的保障为地方政府带来的财政压力较小，劳动合同签订、社会保险等与就业相关联的公共服务不仅仅由政府独立承担，市场缓解了政府负担的大部分压力。因而流动人口规模效应越高的城市其劳动力市场的规范性越强，正规就业的比例越高，最终形成了城市规模等级与就业关联服务改善之间的良性循环，流动人口越集中，地方政府推动就业关联的公共服务均等化的决心和动机越大；反之亦然。与工业公民权保障的改革逻辑不同的是，保障常住人口的普通公民权则需要政府付出更大的财政代价，教育、住房保障等公共服务提供基本需要完全由政府承担。一旦放开对流动人口的公共服务限制，地方政府将面临巨大的财政压力，且相应服务的使用者并非在劳动力市场就业的人群，如教育服务主要面向流动人口子女，该类服务的改善并不会带来劳动力效益的增加。正是基于这一逻辑，流动人口规模较高的城市更加严格地控制非就业关联公共服务产品的供给，从而实现控制公共财政支出的增长，继续享受人口流动带来的经济效益。同时，流动人口规模较小的城市尽管产业集聚优势不明显，难以吸引更多的人口进入该城市，但其户籍人口公共服务水平也较低，推动非就业关联公共服务覆盖流动人口的财政压力也相应较小，因此才产生了规模等级较低的城市非就业关联公共服务水平高于规模等级较高的城市的特点。

总体而言，工业公民权和普通公民权作为公民社会权利的组成部分，与就业关联的公共服务和非就业关联的公共服务密切相关，在未来很长一段时期内仍然可以被视为公共服务均等化改革的两条主线。尽管规模等级更高的大城市非就业关联公共服务的均等化水平不足，难以满足流动人口子女、医疗、住房等方面的现实需求，但是其高水平的就业关联公共服务供给的吸引力明显大于其他服务供给不足带来的阻碍与困难。换言之，在中国当前的发展阶段下，人口流动的经济动机仍然优先于其他的生活需求，提高收入仍然是多数人口流动决策的重要影响因素。在公共服务均等化改革过程中，应该重视工业公民权和普通公民权之间的关系协调与平衡，重点解决规模等级高的大城市公共服务改革动力不足和规模等级低的大城市公共服务改革能力不足的问题。

第五章

公共服务视角下的流动人口家庭化问题

关于公共服务如何影响迁移流动的问题始终受到学界的高度关注，Tiebout 较早地提出公共服务水平更高的地区具有更强的人口吸引力，但是也有研究认为公共服务水平过高反而会增加地方财政负担从而降低地方收入水平，最终阻碍人口迁入（Quigley，1985）。尽管后续有研究验证了公共服务水平越高的地区越能够吸引人口迁移的假说（Dahlberg，2012；Dustmann，2014），但公共服务对人口迁移流动的作用是积极还是消极的争论仍然存在。值得注意的是，上述研究基本都是基于宏观层面对人口迁移方向和规模的讨论，缺乏关于公共服务水平差异对人口迁居模式影响的分析。那么，在大城市流动人口公共服务普遍存在多重差异的前提下，我国人口流动的迁居模式是否也随之存在不同？城市层面的公共服务改善对流动人口的家庭团聚具有积极还是消极的影响？不同类型的公共服务改善对于流动人口的家庭团聚是否存在不同的影响？这是本书最为关注的核心问题。

第一节　我国流动人口家庭迁居模式的变动趋势

近 30 年的中国迁移大潮中，大量人口从农村迁移到城市，从中小城市到特大城市之间的迁移规模也在不断扩大，两者的增长共同推动了城市地区迁移人口的规模扩大。在此过程中，尽管流动人口的就业、收入、社会保障等方面迎来了更多的机遇与改善，但其社会生活状况仍然与户籍人口存在较大差异，仍面临如何在迁入地实现家庭团聚（邵岑、张翼，2012）。作为社会融合的重要内容，大城市流动人口的家庭化过程直接关系到生活稳定性和完整性，对迁入地的经济发展与社会稳定具有重要影响，如何通过促进流动人口的家庭发展来实现良性的社会融合成为当前政府和学术界关注的重点。

随着流动人口规模的不断扩大，其迁移的方式在发生不断变化。随着居留时间增加、经济生活水平的提升以及个体所面临的家庭生活完整性的需要，流动和迁移方式都呈现出家庭化的趋势（聂倩、齐立云，2016）。一方面，在迁入地寻找配偶组建家庭的比例也在不断提升；另一方面，携妻带子、携老扶幼的举家搬迁或家庭团聚的比例有所升高，越来越多的人口流动从个体单独流动转向家庭流动，家庭迁移流动成为当前最为重要的特征之一（侯佳伟，2009；杨菊华、陈传波，2013）。自 20 世纪 90 年代开始，举家流动的现象开始增加，越来越多的人口流动从个人流动转向家庭流动，表现为携妻带子、携老扶幼的举家搬迁或家庭团聚，在流入地长期居留的现象已经非常普遍。根据中国农村劳动力流动百村跟踪调查数据，1994 年在农村外出劳动力中，已婚流动人口中夫妻共同流动的比例不到 9%。2004 年全国 6 城市流动人口抽样调查登记人口中，举家流动比例占 26.78%，其中已婚流动人口中夫妻共同流动比例占 75.1%。2010 年流动人口动态监测数据显示，携家属一同流动①的比例达到 66.4%；2012 年流动人口动态监测数据显示，已婚流动人口中夫妻共同流动的比例高达 89.8%，流动人口的 0—14 岁子女有 66%随父母双方或其中一方流动。2014 年中国家庭发展调查数据显示，2 人户中夫妻共同流动比例为 81.7%，3 人户中夫妻携子女共同流动比例为 84.7%，流动家庭平

① 根据 2010 年全国流动人口动态监测调查数据统计，携家属一同流动指流动人口与任一家庭成员共同流动。

均户规模为 2. 59 人，2 人户和 3 人户家庭超过 60%。

选择何种方式完成家庭化过程，同时受到来自外在环境和家庭个人禀赋两方面的影响。我国新型城镇化战略实施差别化落户政策，使城市规模与区域户籍政策和公共服务体系紧密相连。《国家新型城镇化规划（2014—2020 年）》提出全面放开建制镇和小城市落户限制，有序放开城区人口 50 万—100 万人的城市落户限制，合理放开Ⅱ型大城市落户限制，合理确定Ⅰ型大城市落户条件，严格控制特大城市人口规模。大中城市可设置参加城镇社会保险年限的要求，但最高年限不得超过 5 年。特大城市可采取积分制等方式设置阶梯式落户通道调控落户规模和节奏。因此，大城市作为流动人口的主要聚集地，其落户政策和公共服务体系的改善将在很长一段时期内与中小城市存在显著差异，这也意味着流动人口完成家庭化过程的阻力将持续存在。

由于流动人口“家庭化”过程需要经济、社会、心理等非户籍因素的改善，仅仅解决户籍问题仍有可能难以完成家庭化过程。因此，本章研究重点聚焦于大城市流动人口的家庭化问题，使用全国流动人口动态监测调查数据，从家庭团聚层面讨论大城市流动人口的家庭化过程及其影响因素。

第二节　理论框架与模型构建

一　迁居模式与家庭化过程

在个体流动的过程中，其他家庭成员发生相伴随的迁移或流动的情况。当个体发生迁移或流动时，其所在家庭的其他成员全部未发生相应的迁移或流动，这种纯个体迁移流动的方式构成了第一种迁居模式——独自迁居模式。当个体发生迁移或流动时，其所在家庭的其他成员部分发生相应的迁移或流动，这种部分迁移流动的方式构成了第二种迁居模式——半迁居型模型。当个体发生迁移或流动时，其所在家庭的其他成员全部都发生相应的迁移或流动，这种举家迁移流动的方式构成了第三种迁居模式——完全迁居模式。家庭迁居模式可分解为三个组成部分，即首次流迁方式、随迁间隔和顺序、家庭团聚结果，三个部分取值的不同组合可以构成比上述三种更为详细的迁居模式，如图 5-1 所示。

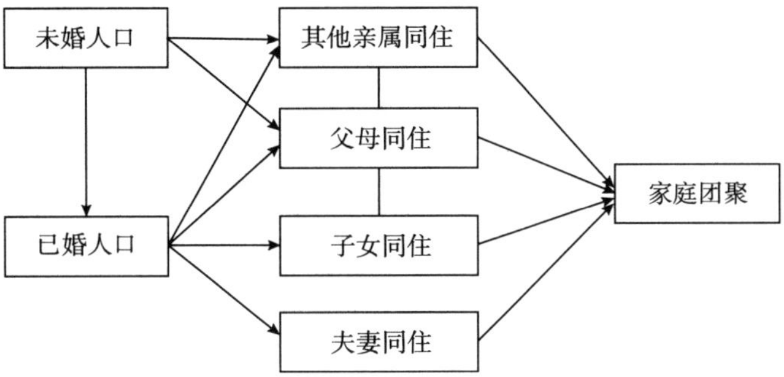

图 5-1　流动人口的家庭化过程

如果说家庭迁居模式反映的是流动人口静态的迁移类型，那么家庭化过程指个体在生命历程中不断组建新家庭或实现原有家庭团聚的过程。与迁居模式不同，家庭化过程的侧重点不仅在于发生迁移或流动行为时是否存在其他家庭成员发生的相伴随的迁移或流动的情况，而在于迁移或流动行为发生之后流迁者所属家庭能否在现居地保持一定的完整性。对于已婚的流动人口而言，能否与其配偶、父母、子女等原家庭成员共同生活是测量家庭化过程的重要判定标准；对于未婚的流动人口而言，能否与其父母共同生活是测量家庭化过程的重要判定标准。此外，因流动人口的婚育状况和家庭结构的不同，家庭化过程还包含离婚或丧偶后与父母或子女共同生活的情况，也包含已婚或未婚青年与其他亲属共同生活等情况，但这几种模式并不常见且在本次调查中占比极低，因此不作为本书研究的主要分析对象。

二　家庭化过程的影响机制

流动人口的迁移流动行为方面积累了大量的经验和理论成果。总的来说，学界普遍认为，我国流动人口的家庭迁居化水平越来越高，其中既有个人层面的原因，也有社会结构层面的影响。在个人层面，户主的个人特征对于家庭的迁居决策影响较大，同时迁移者个人的年龄、受教育程度、婚姻状况、户籍类型都会对迁居结果有一定影响，家庭禀赋是影响家庭迁居决策的另一个重要维度，家庭规模、家庭人员类型，以及在老家的财产资源拥有状况、先行者的汇款行为都对是否举家迁移有重要的影响作用。也有研究者以中国的区域发展程度（东部、中部、西部、东北部）和城市群经济发展程度（珠三角、长三角、京津冀）为结构因素，考量家庭的迁居决策。中国因为制度的限制性因素相对较强，同时家庭为了整体的最大利益更容易做出分批迁居的决策，因为户籍本身所附带的资本差异，城—城迁移和乡—城迁移所面临的选择困境不同，它们的决策结果也存在一定差异，如图5-2所示。

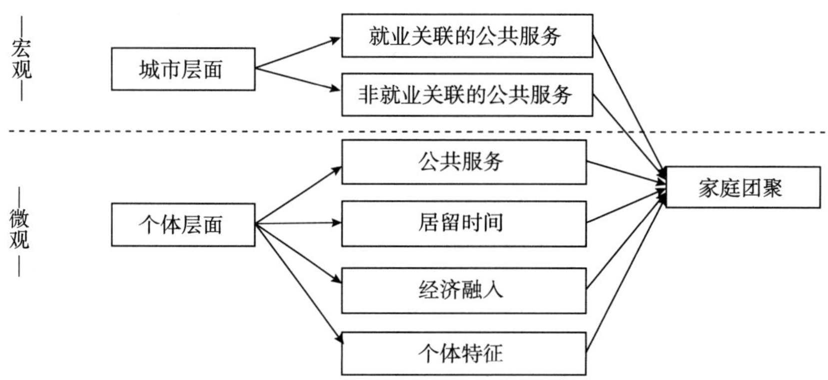

图 5-2　大城市流动人口家庭化过程的分层影响机制

由于层次和维度具有多重性，家庭化的过程也是分层次、分维度且不同步的过程。家庭团聚作为家庭化过程的最后结果，与各类随迁行为一样受到个体人力资本、社会资本、经济社会地位等多重因素的影响，但同时也受到经济融入、制度融入等更高层次融入的影响，而更高层次的融入高低很大程度上取决于流入地环境的改善，其中流入地公共服务均等化的影响极为重要，直接关系到流动人口的家庭化成本。因此，家庭化过程的多维性质决定了其受到个体层面多种因素的影响，同时更受到来自流入地公共服务等制度环境的影响。基于上述假设，进一步将研究假设操作化，具体假设如下：

假设 5.1：流动人口的个体特征对家庭团聚具有显著影响。

假设 5.1.1：受教育程度高的人比受教育程度低的人更可能实现家庭团聚。

假设 5.1.2：城—城流动人口比乡—城流动人口更可能实现家庭团聚。

假设 5.2：流动人口的经济融入程度越高，家庭团聚的可能性越高。

假设 5.2.1：在流入地拥有住房的流动人口更可能实现家庭团聚。

假设 5.2.2：流动人口的个人收入水平越高，越可能实现家庭团聚。

假设 5.3：流动人口的居留时间越长，家庭团聚的可能性越高。

假设 5.3.1：流动人口在流入地居留时间越长，越可能实现家庭团聚。

假设 5.4：流动人口获得的公共服务越多，家庭团聚的可能性越高。

假设 5.4.1：获得居住证的流动人口更可能实现家庭团聚。

假设 5.4.2：拥有社会保险的流动人口更可能实现家庭团聚。

假设 5.4.3：拥有住房公积金的流动人口更可能实现家庭团聚。

假设 5.4.4：建立居民健康档案的流动人口更可能实现家庭团聚。

假设 5.4.5：享受住房保障的流动人口更可能实现家庭团聚。

假设 5.5：大城市的公共服务水平越高，家庭团聚的可能性越高。

假设 5.5.1：大城市非就业关联的公共服务水平越高，流动人口家庭团聚的可能性越高。

假设 5.5.2：大城市与就业相关联的公共服务水平越高，流动人口家庭团聚的可能性越高。

假设 5.5.3：在流动人口家庭团聚的影响上，大城市非就业关联的公共服务水平提升的影响高于就业相关联的公共服务水平提升的影响。

三　分析变量选择及描述

在家庭团聚的理论框架基础上，我们将相关研究假设操作化为可观测和检验的变量。因变量包含两个变量，首先是流动人口家庭团聚的最终结果，为由 0 和 1 组成的虚拟变量，其次是家属随迁的顺序，为定类变量。自变量共分为控制变量、经济融入、居留时间、个体公共服务获得和城市公共服务环境五个部分。控制变量主要包括性别、年龄、户口、婚姻状态、受教育程度等人口学变量。由于家庭团聚测量过程中涉及被访者的婚姻状态和家庭结构，因此本书将婚姻状态划分为在婚和不在婚两种类型，在婚状态包含初婚有配偶和再婚有配偶两种情况，不在婚状态包括未婚、离婚、丧偶和同居四种情况。

表 5-1　　主要变量界定与描述性统计

变量类别	变量名称	比例/平均值
因变量	家庭团聚	
	不含子女团聚（%）	72.5
	含子女团聚（%）	53.9
	随迁次序	
	夫妻优先随迁（%）	61.3
	子女优先随迁（%）	32.8
	父母优先随迁（%）	5.8
基本特征	男性（%）	50.9
	年龄（岁）	34.2
	农业户口（%）	86.0
	受教育程度	
	未上过学（%）	1.3
	小学（%）	11.4
	初中（%）	53.9
	高中（%）	22.2
	大专（%）	7.1
	本科及以上（%）	4.1
	在婚比例（%）	76.0
	子女数量（个）	1.4

续表

变量类别	变量名称	比例/平均值
经济融入	本地购房（%）	9.1
	个人月收入（元）	3484.5
居留时间	居留时间（年）	6.1
个体公共服务获得	养老保险（%）	28.80
	医疗保险（%）	27.10
	工伤保险（%）	30.20
	失业保险（%）	23.40
	生育保险（%）	9.90
	住房公积金（%）	8.7
	居住证办理（%）	54.0
	居民健康档案（%）	16.0
	享受住房保障（%）	0.4
城市公共服务环境	就业相关的公共服务	—
	非就业相关的公共服务	—

注：城市公共服务环境中的两个变量为标准化后的因子得分，均值为0。

从因变量的描述性统计结果看，如表5-1所示，大城市流动人口的家庭化过程存在团聚比例较低、次序固定的特征。首先，大城市流动人口实现基本的家庭团聚比例仍然较低，未婚者与父母团聚、已婚者与配偶团聚的比例相对较高，达到72.5%；已婚有子女的流动人口与配偶和子女团聚的比例较低，仅为53.9%。换言之，在大城市有近46.1%的流动人口的子女仍然在流出地生活和居住，这部分儿童构成了当前留守儿童群体的大部分。从随迁次序来看，我国大城市流动人口在选择随迁家属时存在次序选择，优先选择配偶随迁在大城市流动人口中最为普遍，优先选择子女随迁的流动人口次之，优先选择父母辈随迁至流入地的比例极低，仅占5.8%。

从自变量的描述性统计结果看，大城市流动人口呈现出男女比例相当、年龄偏向中年化、乡—城流动人口占比高、受教育程度偏低、已婚比例高等特点。从经济融入情况来看，大城市流动人口在流入地购买住房的比例极低，仅为9.1%，个人月平均收入3484.5元，相较中小城市流动人口的收入更高。从居留时间情况来看，大城市流动人口的生活和工作稳定性较高，平均居留时间为6.1年。从个体公共服务获得情况看，大城市流动人口正规就业比例的增加缩小了与户籍人口之间的社会保险差距，使社会保险领域的“本地—外来”分割不断弱化，“五险一金”的覆盖比例与全国平均水平相当。从居住证办理的情况看，部分大城市未实行居住证制度，同时在实行居住证制度的大城市，流动人口办理比例也处于较低水平。此外，居民健康档案的建档率远远低于户籍人口，仅为16%，流动人口享受公租房、廉租房和保障房的比例最低，不到0.4%。

四　模型构建

（一）基于个体层面分析的传统Logit模型

家庭团聚作为典型的二分变量，尽管可以利用线性概率模型得出Y=1的概率，但P（Y=1）的预测值有可能与实际观测值不符，也不能保证P（Y=1）的预测值大于0且小于1。上述问题的解决方法是对Y=1的概率值P（Y=1）转换为Y=1的发生比odds（Y=1），其中odds（Y=1）为P（Y=1）与P（Y≠1）之比，即实现家庭团聚与未实现家庭团聚的概率之比。发生比odds的取值范围为0到正无穷大，为进一步将取值范围转换为直观可视的形式，可以对发生比进行对数转换，ln［odds（Y=1）］的取值范围由此变为负无穷大至正无穷大，从而避免估计概率超出概率的最高或最低范围的问题。就实际意义而言，概率、发生比和Logit所表达的内涵并无差异，得到其中任意一个值便可得到其他两个值的结果，三者之间的转换关系如下：

$$\text{Logit}(Y=1)=\alpha+\beta_1 dem+\beta_2 eco+\beta_3 local+\beta_4 servicel+\varepsilon$$

$$\text{odds}(Y=1)=e^{\ln[\text{odds}(Y=1)]}=e^{\text{Logit}(Y=1)}$$

$$P(Y=1)=\frac{\text{odds}(Y=1)}{1+\text{odds}(Y=1)}=\frac{e^{\text{Logit}(Y=1)}}{1+e^{\text{Logit}(Y=1)}} \quad (5-1)$$

因此，在控制性别、婚姻、年龄和教育等基本人口学变量（demography）的基础上，我们在Logistic回归模型中分别引入经济融入（economic）、居留时间（local）、个体公共服务获得（service1）三个层面的变量，构成嵌套模型以检验各个层面变量的影响大小和有效性。基于这一模型，我们可以使用多分类 Logit 方法分析家庭成员的随迁次序问题，在此不再对模型进行赘述。

（二）加入城市变量的多层 Logit 模型

家庭团聚作为一项行为决策，受到多个层次自变量的影响，既可以是微观层面的，也可以是宏观层面的。换言之，家庭的迁居决策既是个体根据家庭经济社会状况和生活需求做出的选择，也受到流出地和流入地环境的影响。当流出地的生活环境难以满足流动人口的需求且其足以承担迁居成本时，流动人口个体将倾向于选择家庭成员一起流动至现居地生活，其中流入地的公共服务环境改善直接影响迁居成本，从而改变其家庭迁居决策。因此，将城市层面的公共服务水平纳入家庭迁居模型非常重要。但是，当出现多层次效应时，我们不能直接使用一般的线性模型进行分析，因为直接使用城市层面的信息推论个体层面的迁居行为时不可避免地会犯层次谬误。为解决这一问题，Lindley 等首次提出了多层线性模型（Hierarchical Linear Model，HLM），可以从低维度的成员信息中获取高层次的群体特征，并使用高层次数据分析其对于低层次的个体行为产生的影响（Davidian，1994）。值得注意的是，本书分析的因变量为取值 0 和 1 的虚拟变量，可使用广义多层线性分析模型进行分析（李雪燕、辛涛，2006；谢美华等，2013）。为了分析个体层次和城市层次对流动人口家庭团聚结果的影响，我们先后建立多个模型，使用 HLM6. 08 和 SPSS22. 0 对所定义的模型进行参数估计。

模型 5-1：零模型。即个体层面和城市层面均没有自变量。建立零模型的主要作用在于检验城市层面不同单位之间的变异是否显著，检验方法为卡方检验。换言之，如果卡方检验的结果显著，则表明城市之间存在显著的差异。当城市之间的公共服务水平存在差异时，传统的线性回归方法并不适用，在此基础上我们可以进行进一步的多层分析。

第一层：$\text{Prob}(Y=1 \mid B)=P$

$$\text{Log}[P/(1-P)]=B_0$$

第二层：$B_0=G_{00}+U_0$ （5-2）

由于不存在一层或二层预测变量，零模型中只有一项固定效应 G_{00} 被估计，估计值为 1.11582，表明流动人口的家庭团聚结果因为所在城市的不同而存在显著差异，其中零模型的输出结果显示二层方差为 0.58159，显著性水平为 0.000，进一步验证了该问题适合进行多层线性分析，如表 5-2 所示。

表 5-2　　　　零模型的主要统计结果

固定效应	系数	odds	标准误	T 值	自由度	P 值
层一截距 B_0						
层二截距 G_{00}	1.11582	3.05205	0.10728	10.401	49	0.000
随机效应	标准差		方差分量	自由度	卡方	P 值
层二方差 U_0	0.76262		0.58159	49	6434.38594	0.000

在确定多层分析的适用性之后，我们依据上述理论框架，构建同时包含个体层面和城市层面的二层 Logit 模型。第一层模型与传统模型（5-3）保持一致，仅在第二层加入了就业相关联的公共服务水平和非就业相关联的公共服务水平两个反映城市公共服务均等化水平的变量，用于解释城市层面的公共服务均等化对于大城市流动人口家庭团聚平均概率的影响。

第一层：$\text{Prob}(Y=1 \mid B)=P$

$$\text{Log}[P/(1-P)]=\alpha+\beta_1 dem+\beta_2 eco+\beta_3 local+\beta_4 servicel+\varepsilon$$

第二层：$$B_0=G_{00}+G_{01}\times(servicel\_city)+G_{02}\times(service2\_city)+U_0 \quad (5-3)$$

第三节　实证结果分析

在大城市流动人口家庭团聚的传统 Logit 回归（模型 1）结果中，虚拟判决系数为 0.51。判决系数 R^2 在 OLS 线性回归分析中较为常见，而在 Logistic 回归的分析文献中较少被关注且在实际应用中也经常受到各种质疑，但虚拟判决系数 R^2 仍然具有一定不可被取代的优势，因为它可以补充自变量与因变量之间的关系，表示模型中包含的自变量可以降低的方差。在传统模型中，除了个体特征变量的加入对于模型解释力的提升有一定贡献外，社会保险、医疗卫生、住房保障等公共服务变量对流动人口的家庭团聚也存在显著影响，该结果对于进一步探讨流动人口家庭团聚的机制具有一定意义，如表 5-3 所示。

表 5-3　　大城市流动人口家庭团聚的传统 Logit 模型和多层 Logit 模型的参数估计

	模型 1		模型 2	
固定效应	系数	标准误	系数	标准误
截距	0.405***	-0.075	0.404***	0.026
就业关联性服务			-0.007	0.007
非就业关联性服务			0.020***	0.007
男性	-0.032	-0.024	0.002	0.005
年龄	-0.073***	-0.002	-0.007***	0.000
非农业户口	-0.126***	-0.034	-0.012+	0.007
受教育年限	0.019***	-0.005	0.007***	0.002
在婚	4.532***	-0.036	0.735***	0.017
子女数量	0.274***	-0.020	0.020***	0.002
本地购房	1.190***	-0.045	0.073***	0.005
个人月收入	0.000***	0.000	0.000***	0.000
居留时间	0.129***	-0.003	-0.006	0.000
养老保险	0.084+	-0.047	0.009	0.006
医疗保险	-0.010	-0.048	-0.002	0.010
工伤保险	0.516***	-0.030	0.059***	0.012
失业保险	0.095*	-0.048	0.003	0.006
生育保险	0.093+	-0.052	0.019**	0.006
住房公积金	0.043	-0.050	0.005	0.006
居住证	0.092***	-0.014	0.009**	0.003
居民健康档案	0.070*	-0.027	0.070	0.005
住房保障	-1.742***	-0.034	-0.189***	0.015

续表

	模型 1		模型 2	
固定效应	系数	标准误	系数	标准误
随机效应（截距）			0.648 ***	
方差分量			0.420	
层一个案数 N1	104931		104931	
层二个案数 N2			50	
R^2	0.5134		—	

注：（1）模型 2 报告的系数为稳健性估计结果，在考虑可比性的情况下未报告层一和层二的 R^2。

（2）回归系数下方括号中的数值为相应系数的标准误（Standard error）。

（3）+表示 p<0.10，＊表示 p<0.05，＊＊表示 p<0.01，＊＊＊表示 p<0.001。

模型 1 的回归结果显示，流动人口的年龄越高越难以实现家庭团聚，这反映出大龄流动人口家庭迁移的能力较弱，迁移成本也比低龄流动人口更高；受教育程度越高的流动人口越容易实现家庭团聚，文化水平间接地影响着流动人口个体的经济社会地位，从而提升其实现家庭团聚的能力；在婚流动人口更容易实现家庭团聚，婚姻关系产生的家庭团聚需求相比子女抚育和父母赡养需求更加强烈，这一问题在描述性统计分析中已经得到数据证明；子女数量越多的流动人口实现家庭团聚的需求也相应越高。值得注意的是，在控制其他变量的前提下，非农业户口的城—城流动人口比乡—城流动人口更难实现家庭团聚，这一状况可能是由于城—城流动人口的家乡所在地为城市而非农村地区，已经长期适应城市生活方式，他们的家庭成员对家乡所在地的资源依附较强且对于迁移流动缺乏动力。居留时间是迁移者熟悉了解新进入社会的基本前提，有研究发现流动人口在流入地生活的时间越长，越容易扩大社会网络规模，越有助于在流入地经济社会地位的提升，在经济社会资本和文化资本不断累积的基础上进而实现家庭团聚，然而这一结论在放入城市层面变量进行分析时产生了不同结果，这一问题在后续将继续讨论。除了居留时间的积极作用，社会保险的获得对于流动人口的家庭团聚存在的积极作用有限，这在某种程度上显示出社会保险对于流动人口降低家庭团聚成本的作用强弱。同时，办理居住证的流动人口更可能实现家庭团聚，这也间接证实了当前的居住证改革进程尽管相对缓慢，但与公共服务资源之间的依附性已经开始逐步发挥影响。值得注意的是，在流入地购买住房的流动人口实现家庭团聚的可能性远远高于未购房群体，但是获得公租房和廉租房的流动人口实现家庭团聚的可能性反而更低，这主要与样本选择性有关，即能够获得政策性租房的流动人口数量极低，且多数经济社会状况较差，即使在享受公共住房服务的情况下，在流入地的家庭团聚仍然难以实现。

在加入了城市层面变量之后，除了居留时间的影响变为不显著外，个体层面变量的影响基本没有减弱，这也反映了流动人口的个体特征和家庭禀赋对其家庭团聚影响的稳定性。值得讨论的是，为什么在城市层次分析之后居留时间的作用不再显著？这一状况可能与城市公共服务环境有关。换言之，在那些公共服务水平较高的大城市，居留时间的增加可能会增加流动人口实现家庭团聚的可能性，然而在那些公共服务水平较差的城市，居留时间的增加与流动人口实现家庭团聚之间并无太大影响，反而可能会阻碍其家庭团聚的实现。因此，在控制了城市之间的公共服务差异之后，居留时间系数的显著性下降，城市层次的公共服务水平变得极为显著。最后，我们需要重新回到问题的原点，在家庭团聚的过程中流动人口的个体特征和公共服务获得持续地在发挥作用，也即大城市家庭团聚存在一定的微观推动力；那么城市公共服务改善对于流动人口的家庭团聚存在何种影响？我们在第四章中讨论到工业公民资格和普通公民资格之间的矛盾与冲突，当使用可以分别代表两种资格相关公共服务的变量进行多层分析时，我们惊讶地发现，城市劳动力市场规范化带来的工业公民权进步可能在某种程度上提升了城市流动人口的收入水平和社会保险参与状况，但其影响覆盖了全部的就业者，主要缩小了外来就业者和本地就业者之间的部分差距，对于流动人口在大城市实现家庭团聚并不存在显著影响。反而是不与就业相关联的公共服务水平改善，对于大城市流动人口的家庭团聚发挥着积极的推动作用，在普通公民权背后的是与户籍紧密相关的公共服务资源，教育、住房等资源实现本地外来共享的阻力较大。正如前文所述，在人口流动带来巨大经济效益的前提下，为继续保证区域经济发展和财政收入增长，地方政府更倾向于继续享受人口流动带来的经济效益，因此保障工业公民权的动力和积极性更高，而对于非就业关联公共服务产品的供给则持谨慎态度。因此，尽管普通公民权的保障是促进流动人口家庭团聚的重要动力，但是由于地方的政策和制度约束，非就业关联公共服务的均等化过程仍然有待推进。

第六章

流动家庭化视角下的地方认同

第一节 公共服务、迁居模式与认同风险

一 城市迁移人口的认同风险

在中国经济社会快速转型的今天，城市化被作为当前人口迁移研究的主要论题，21世纪也因此被认为是农民工市民化的世纪（郑杭生，2013）。在市民化的过程中，农村迁移人口逐渐完成从“农村人”到“城市人”的转变，适应城市生活并具备城市市民基本素质，最终实现从传统农业生产为基础的生活方式向以现代产业结构为基础的生活方式的转变。然而，市民化只能作为城市化过程的一个特殊阶段，伴随农民的终结而来的新生活意味着新的适应和挑战。当城市地区的外来农村人口转变为“城市人”之后，他们仍然面临“本地人”的身份转变问题，这种转变涉及其在城市社会中生活的方方面面，对其生活质量造成重大影响。

作为流动人口的主要组成部分，城市地区的流动人口在就业、生活、社会保障等领域面临诸多挑战，如何实现良性的社会融入成为当前政府和学术界关注的重点。为了获得更好的生存和发展机会，一部分城市地区的流动人口获得了其所在城市的户籍，一部分仍然保留其原住地的户籍。两类人口共同构成了城市迁移人口的主体，他们都面临如何成功融入城市当地社会的问题，在融入过程中既面临共同的阻

碍，也存在一定程度的差异。户口已经迁入本地的外来人口，在非户籍因素的影响下，获得“制度平等”之后仍有可能出现社会融入困难，并对本地身份缺乏认同。因为外来人口“本地化”过程中除了需要经历经济融入、制度融入、社会融入等不同层面的本地化过程，更需要实现心理层面的融入。城市迁移人口能否顺利实现本地身份认同对城市社会的稳定发展具有重要意义，本地认同不仅能够影响城市迁移人口归属感，从而影响其对城市事务的公共参与度和责任感；更会影响他们的生活和行为方式，从而改变其生活质量和主观幸福感。

从来源地看，城市迁移人口一部分来自农村地区，另一部分来自其他的城市地区。其中前者可称为“乡—城”移民（刘建娥，2010），大量的农民为寻求更好的就业机会和更好的经济收入，开始以个人或家庭的流动方式从农村迁徙到城市。尽管从农村到城市的迁徙为农民提供了高于农村的经济收入并在一定程度上提升了物质生活水平，但他们仍然不得不面临城市工作与农村生活之间的双重压力。一方面，他们形成了以城市地区为常住地的工作重心。他们需要在城市地区就业以实现增加收入的目的，因此更多地希望能够在城市地区继续生活，并享受同等的就业、社保、子女教育等公民权利；另一方面，他们仍保持着以农村地区为根基的生活重心。他们中的多数人的家庭、社会关系仍在农村地区，其工作获得的收入也多数被用来支付农村家庭的农业生产、父母赡养和子女教育等费用。伴随在城市地区居留时间的增加，以城市为工作重心和常住地的生活方式使乡—城移民与家乡的联系越来越弱，农村社区和宗族关系所能提供的社会关系支持在不断减少（Li，2006），最终导致其家乡原住地的社会资本不断流失。然而，由于社会制度、文化等原因他们的生活重心难以从农村转移到城市，难以在城市地区维持正常的家庭生活和满足基本的社会交往需求，家庭团聚一直是乡—城移民融入城市社会所面临的重要问题。随着经济社会的发展，尽管举家迁移的家庭数量和比例均在增加（张展新、侯亚非，2010），但团聚家庭在城市社会的生存和发展需求仍然不能得到很好地满足，最终阻碍了乡—城移民的城市融入进程。除了乡—城移民这一流动迁移的主体，不同城市地区之间的流动和迁移人口也是当前中国人口流迁大潮的重要组成部分，可被称为“城—城”移民。相对于“乡—城”移民，“城—城”移民长期生活于城市地区，可以迅速地适应现居地的城市生活方式；具有城镇户口，在制度层面具有一定的融入优势；受到良好的教育，拥有相对较高的人力资本，在劳动力市场中拥有较多的就业机会和较高的收入回报；原住地的社会资本与现居地的同质性和延伸性较强，有利于实现不同地区之间的社会资本共享，因此可以获得相对于“乡—城”移民更多的社会支持。尽管“城—城”移民比“乡—城”移民拥有更多的人力、经济和社会资本，但同样面临家庭团聚、本地户籍获取和本地身份认同问题，这一问题在普遍实行户籍准入制度的大中型城市尤为突出。

随着城市迁移人口规模的不断扩大，其迁移的方式在发生不断变化。早期城市迁移人口中年轻人群的比例较高，且一般采取单独流迁的方式。随着居留时间增加、经济生活水平的提升以及个体所面临的家庭生活完整性的需要，流动和迁移方式都呈现出家庭化的趋势，一方面举家流动迁移的比例有所升高，另一方面分居两地的夫妇或子女越来越多地在流入地实现家庭团聚。流动迁移方式的家庭化过程是特定的社会变迁和经济发展的重要表现，对迁移人口家庭团聚的影响因素的研究具有重要意义。在家庭成员分离向家庭团聚转变的过程中，城市迁移人口的家庭生活变得更具完整性，在增加家庭社会支持的同时也会减少社会差异感。迁移方式变化是否会影响城市迁移人口的“本地化”过程？除了家庭团聚之外，人力资本、社会资本和社会制度对不同类型城市迁移人口身份认同的影响是否存在差异？以上是本书重点关注的问题。

二　概念界定

（一）迁移人口

Fan（2002）对中国迁移人口的分析使用“大迁移”的概念，认为中国特殊制度环境下存在两种差别鲜明的迁移方式，其划分形式和标准具有多元化特征，既可以分为正式迁移和非正式迁移，也可以分为户籍迁移和非户籍迁移、永久迁移和暂时性迁移。文中的城市迁移人口是一个与城市本地人口相对应的具有强烈地域性意义的概念，指一个行政区域的迁入人口。一个行政区域的迁入人口既包括户籍迁入人口，发生了居住地的变化且户籍登记地转入所在居住地的迁移人口；也包括非户籍迁入人口，即发生了居住地的变化但户籍登记地没有发生相应变更的迁移人口。因此，本书将出生地和成长地均与当前居住地不同的人口视为迁移人口，其中出生地和成长地与现居住地的不同主要指涉及县、区和县级市以上行政区划的变动，而不包括农村地区的同一县区内不同乡镇、行政村之间的居住变动，也不包括城市地区同一市辖区的不同行政区、街道、居委会之间的居住变动。该划分标准一方面可以同时将户籍迁移人口和非户籍迁移人口包括在内，另一方面可以将行政区域内部的人口流迁排除在外，同时也可以将长期生活在当前居住地的非户籍迁移人口的下一代排除在外。除上述基于客观户籍制度的划分标准外，“外地人”在某种程度上是在持续的社会互动中被反复构建的，具有一定的主观意义，是个体归属感的心理映射。使用主观法界定迁移人口需要考虑本地人口对迁移人口的区分标准，同时需要考虑客观标准上的迁移人口自身的认同意识，且前者会对后者产生巨大影响。在多数情况下，本地人口的“外来”区分标准往往对迁移人口的认同意识产生一定程度的排斥，这种排斥不同于制度排斥（李景治、熊光清，2006），主要通过增加社会剥夺感对迁移人口心理层面的社会融入产生影响（郭星华，2011）。

（二）人口流迁

“人口流动”与“人口迁移”有所区别，人口流动作为非户籍人口迁移实际上是人口迁移的一种特殊形式，区分户籍迁移和非户籍迁移的首要标准在于是否办理了户口地改变或户口迁移法定手续。中华人民共和国成立以来，国家对户口迁移采取严格的行政调控政策，主要包括对农业人口转非农业人口的严格调控和对外地户口转本地户口的部分调控。户口严格的调控政策产生了大量改变了居住地但不符合地方户口迁移政策的人口，也就是所谓的流动人口、非户籍迁移人口或非永久性迁移人口，该概念曾被用于指称除拥有本地户口的人口之外的所有人口，包括长期在本地居住人口的非本地户籍人口、短期停留人口和摆动人口（郑桂珍等，1985；罗茂初等，1986；张庆五，1988）。考虑到流动人口概念与户籍制度存在的密切关系，流动人口的界定逐渐统一到户口登记地与现居住地分离但长期居住的人口上来，流动人口即改变了居住地但没有户口登记地相应变更的迁移人口（张展新、杨思思，2013）。在户籍调控政策之下改变了居住地同时又获得居住地户口的人群可被称为户籍迁移人口、正式迁移人口或永久性迁移人口。

（三）迁居模式

在个体迁移或流动的过程中，其他家庭成员发生的相伴随的迁移或流动的情况。选择何种方式进行流动或迁移，是一个家庭的重要决定，该决定同时受到经济、制度、文化和家庭需要四方面的影响。迁居模式与迁移流动方式具有很强的相关关系。当个体发生迁移或流动时，其所在家庭的其他成员全部都发生相应的迁移或流动，这种举家迁移流动的方式构成了第一种迁居模式——完全迁居模式。当个体发生迁移或流动时，其所在家庭的其他成员部分发生相应的迁移或流动，这种部分迁移流动的方式构成了第二种迁居模式——半迁居型模型。当个体发生迁移或流动时，其所在家庭的其他成员全部未发生相应的迁移或流动，这种纯个体迁移流动的方式构成了第三种迁居模式——独自迁居模式。

（四）家庭团聚

与迁居模式不同，家庭团聚的侧重点不在于发生迁移或流动行为时是否存在其他家庭成员发生的相伴随的迁移或流动的情况，而在于迁移或流动行为发生之后流迁者所属家庭能否在现居地保持一定的完整性。由于本书关注点在于家庭对流迁者个体的社会支持，因此对于家庭团聚的判定中主要考虑家庭关系的相对完整性而非家庭成员数量的绝对完整性。对于已婚的流迁者而言，能否与其配偶共同生活是家庭团聚的重要判定标准；对于未婚的流迁者而言，能否与其父母共同生活是家庭团聚的重要判定标准。

（五）本地认同

本地认同可以被定义为迁移人口将自身归入本地人群体，并将其作为自己的参照群体和评价标准，对本地生活方式、地域文化、市民价值观念及其日常运作逻辑的赞同、认可和同化的过程。本地认同与社会认同和政治认同存在一定的区别和联系，作为身份认同的一部分，本地认同既受到社会认同的影响同时又反过来强化社会认同。社会身份可以从两个角度进行考察。一是常见的制度—结构角度，重点突出在既有的社会制度、法律法规、风俗习惯以及道德规范中对不同社会群体的成员分配的不同的权利与义务。二是从社会成员个体自身的主观意愿角度出发，主要分析某个群体的社会成员对于其自我身份和角色的期待与认同，重点在于发现和认识角色与身份的自我建构过程。制度层面的“本地—外来”身份是由稳定持续的社会制度决定的，在客观区分上具有很强的可操作性和稳定性；心理层面的“本地—外来”身份尽管受到如户籍、社保、法律法规以及其他方面的制度限制，但仍然受到个体心理、社会互动过程、社会支持等非制度因素的驱动，在结构制约的前提下仍具有一定的主观选择性。

三　研究方法

本书的调查对象是居住在城市地区的迁移人口，我们在个体和群体两个层次上进行分析。分析过程中主要涉及描述性统计、推论性统计等一系列定量分析方法。在实际分析过程中主要使用 Stata 进行基本数据的清理、重新编码、变量处理、个案筛选和统计分析。统计分析主要包含两个部分：首先，为城市迁移人口本地认同的影响因素分析，使用两分类的 Logistic 回归模型；其次，为城市迁移人口的家庭团聚与本地认同之间因果关系的统计推断，主要使用倾向值匹配法（PSM）进行分析，其中包括家庭团聚影响因素的 Logit 回归模型和控制倾向值情况下的干预检验两个环节。

（一）Logistic 回归

在社会学经典的定量研究范式中，线性回归模型被视为证明两个变量之间因果关系的常用方法，并且这一方法被轻易地延伸到二分预测变量而成为线性概率模型（Lewis-Beck，1980）。当因变量是虚拟变量（是否认为自己是本地人）时，它的平均数可以被视为某一个案落在事件发生与未发生之间的一个概率函数，即变量值为 1 的个案比例。异方差和残差的非正态分布问题使线性概率模型的估计不符合研究者的预期，预测概率在多数情况下难以达到 0 和 1 之间的理想状态。值得注意的是，本地认同作为一个二分变量，与自变量之间的可能是非线性关系。为了进行更加有效的估计，我们可以通过变量转换形成参数间的线性关系，同时仍然使用 OLS 的估计方法进行模型中的参数估计（Berry & Feldman，1985）。Logistic 回归模型将本地认同的概率值 p 转化为本地认同的发生比（odds），与原来的 p 值不同，odds 没有最大值，但拥有最小值 0。通过对 odds 值的对数变化，Logit（Y）保证了模型的估计概率不会小于 0 或大于 1，但这也意味着线性模型中的因变量有无穷大和无穷小的数值而导致 OLS 无法预测参数。由于最大似然法可以充分利用函数值，并通过不断地迭代查找最优的参数集以最大化对数函数。尽管 OLS 线性估计存在无须迭代可直接得出答案的可能，但只能在 OLS 的假设完全符合时能实现，所以 Logistic 回归使用最大似然估计来替代 OLS 估计方法。总之，本书使用本地认同的二分变量对家庭居住变量以及其他一些控制变量进行 Logistic 回归，依照传统分析范式的解释框架一旦发现显著相关，便可认为家庭团聚是影响城市迁移人口本地认同的重要因素。事实上，核心自变量与被解释变量的统计相关只能有助于研究者进行更好地描述和预测，并不能为两者之间的因果关系提供强有力的证据，因此只能在此基础上使用倾向值分析方法进行更加严格的因果推断分析。

（二）倾向值分析（PSM）

由于伦理或可行性等原因，社会科学研究中一般不能使用自然科学经常采用的直接实验方法，而只能采用间接实验的方法，利用社会本身的特殊状况开展社会研究。当社会现象的正常进程受到某种确定方式干扰时，实验的作用就表现出来。尽管随机控制实验一直被视为定量研究中的重要标准，真正的实验设计在社会科学中仍然难以实施，因此准实验设计成为社会科学研究者关注的重点。倾向值分析是建立在准实验设计的反事实模型基础之上的一种因果推断方法。反事实模型强调一个变量是否能够成为影响个体某种变化的原因，关键在于个体在控制组和实验组中的两个可能状态之间是否存在结果差异

(陈云松，2012)。正如赫拉克利特所言，“人不能两次踏入同一条河流”，社会个体不能同时进入两个可能的状态，传统回归分析中可以使用控制一系列可测变量来使两组样本变得更具可比性滞后再比较组间差异，但仍然不能解决样本个体自身的选择性问题（Cameron and Trivedi，2005）。因为个体在流动迁移过程中是否与家人一起本身具有自我选择的特性，因此可以使用倾向值分析修正其中的选择性偏差，分析结果对于非实验数据的干预效果评估十分有效。

（三）研究创新之处

在研究主题的确定上，迁移人口社会融入的研究大多集中在迁移人口就业、经济、社会保障福利等客观融入方面的讨论，而本地认同作为衡量社会融入的重要心理因素很少被研究。本书将是否认同自己属于“本地人”作为一个心理融入的重要测量指标，对于城市迁移人口的社会融入研究具有一定的理论和实际意义。迁移人口的“本地化”过程可以被视为实现完全社会融入的过程，对其社会融合和社会参与程度的提升具有重要意义。在研究方法的使用上，本书在使用Logistic回归分析的基础上，使用倾向值分析法控制了城市迁移人口家庭团聚的选择性，从而有效地证实了城市迁移人口的家庭完整迁移对于其身份认同的重要意义。在研究对象的选择上，本书的关注对象不仅仅局限于以乡—城流动人口为代表的农村非户籍迁移人口，而是结合对城乡二元社会结构分析视角将城镇非户籍迁移人口纳入城市外来人口的体系。在此基础上，本书将城乡二元视角进一步扩展到“本地—外来”的二元视角，进一步将获得城市本地户籍身份的乡—城移民和城—城移民纳入研究体系。事实上，获得城市本地制度身份并不意味着迁移者一定能够表现出强烈的本地身份认同，户籍迁移人口也面临身份认同问题。因此，户籍迁移人口数据的获得和使用对人口迁移过程中的身份认同和更深层次的社会融入问题研究提供了相对完整的研究框架。

第二节　国内外认同研究的研究演进

一　心理的视角：自我概念的建构

认同是一种通过学习和模仿他人从而通过产生群体归属感而提升本体安全感的心理防御机制，主要指个体与他人、所属群体或参照群体在心理上和感情上趋同的过程，它既包括个体对自身身份的自觉意识，也包括个体对某一群体或阶层的价值、规范及其形式的心理取向（埃里克森，2000）。基于弗洛伊德自我同一性的理论假设，埃里克森进一步发展出“群体同一性”的概念，从而将认同划分为个体认同与群体认同两个层次。个体认同更多地受到自身生理、心理个性、成长经历等因素的影响，作为个体意识的一部分具有较强的主观性和偶然性；而群体认同是集体意识的体现，个体认识到他（或她）属于特定的社会群体，同时也认识到作为群体成员带给他的情感和价值意义（Tajfel，1978），因而具有一定的客观性和稳定性。关于自我和认同的议题经常在人们自身的层面上得到概述，尽管这一传统强调社会角色和社会交往在自我认识中的重要性（Banaji，Prentice，1994）。在西方社会中，大多数已有的理论和研究都是极为重视个人认同和个人成就的社会文化背景特点的（Hofstede，1980；Triandis，1989）。因此，早期社会心理学理论和研究多强调分析个体过程和人际互动。这些在社会心理层面试图发掘些什么的学者，着重强调“将认同看作一种个体与个体之间的过程，通过这一点可以发现他人的评价对于自我定义的贡献值”（Swann，2000），这也许是可以满足个人归属感的一种普遍需求（Baumeister and Leary，1995；Leary and Baumeister，2000）。很显然，认同首先存在于个人，同时需要一个群体组织让认同行动得以合理发生。Swann 等（2000）也指出，群体对于人们自我认同的影响是通过评估个体群组内成员相互之间的期待得到检验。这种个人与特殊群体的联系或区隔的趋势问题，是通过研究群体成员关系是怎样让个体受益的问题而得到解释的。

群体认同问题在个体发生迁移或地位变动时会变得凸显（Frable，1997），当个体不能获得使其满意的群体认同时，个体将倾向于选择离开其所在群体，或者使用各种策略进行社会分类。Tajfel（1985）认为，个体具有将事物分类的本能；在进行社会分类时会自动地区分内群体和外群体，并且在这一过程中会将符合内群体的特征赋予自我，然后将自我归入内群体，最终完成自我身份确定的过程。个体进行社会分类的过程中，主要受到三个层面的变量影响：第一，个体在主观上必须对其所在的内群体具有强烈的认同感；第二，必须存在允许不同群体间进行比较的情景和空间；第三，外群体与内群体之间存在鲜明的区分标准，可以进行充分比较（Turner，Tajfel，1986）。

第一层变量受到个体生命周期变动的影响，个体对所属群体的认同感随着在群体内的时间发生变化，且在此过程中会因生理年龄的变化而呈现阶段性特征（埃里克森，1994）。老年人比年轻人更加倾向于认同自己的原住地作为家乡，在老年随迁人口的研究中，即使经济融入程度较高，并且不存在语言交流障碍，老年人口在心理层面的社会融入中仍然表现出普遍的低融入状况（瞿红霞，2012）。与此相应的是，新生代农民工①比第一代农民工更加习惯和适应城市生活，成为不愿意返乡的城市“边缘人”（许传新，2007；李爱芹，2009；王春光，2011）。同时，第一层变量也受到性别的影响，由于男性和女性迁移人口在流动成本、就业机会、社保水平、收入回报等方面存在显著不同（程名望、史清华，2006；王峥，2008；沈渝，2010），他们对所属群体的认同以及心理层面的社会融入存在差异。作为迁移人口重要组成部分的女性农民工比男性农民工表现出更强烈的主动融入城市社会的愿望，并且更容易在当地建立起熟人社会网络，而男性在与其他社会群体融合的过程中持有较强的偏执心理，更难实现社会融入（孙朝阳，2009；廖传景，2010；胡宏伟等，2011）。

影响心理认同的变量不计其数，然而，对于人们如何构思随着他

---

① 参照王春光对新生代农民工的定义：（1）25 岁及以下，于 20 世纪 90 年代外出务工经商的农村流动人口；（2）不同于第二代农民工，是介于第一代和第二代之间的过渡性农村流动人口。与第一代农民工相比，新生代农民工更加年轻且一般没有务农经历。

们所属的群体变化而变化的社会，研究者似乎并不是很清楚。在这里人们很难认识到社会结构下的自我，人的自我往往被定义为一个对于“我是谁?”的统一和持续的意识（Baumeister，1998）。人与人之间都存在一定程度上的差别，横截面的、社会认同上的差别，存在于那些有深远意义和明晰界限的群体，还有那些有着抽象或者矛盾的社会分类群体。一个重要的结论指出，个人或他人的不同感知的显露，取决于此间哪种认同是最显著的（Crisp，Hewstone，2001；Haslam，Turner，1992；Mussweiler，2000；Spears，2001；Van Rijswijk，Ellemers，2001）。因此，群体的特征和群体过程在多大程度上影响了社会自我，也许从一个群体的成员到另一个群体都是存在差异的，也在一定程度上依赖于个人认为他们自己在特殊群体成员关系中进入的程度（Ellemers et al.，1999）。相对于在个体自我或群体自我之间重要性作对比，我觉得明确个体愿意优先选择什么样的环境条件将是更具有现实价值的，而且我们可以进一步考虑他是受什么因素影响（Naomi Ellemers，et al.，2002）。在针对国内流动人口研究中，我们也不得不将个人对于“我是谁”的问题做一澄清，而且我们也必须从流动者本身出发，研究他们在现实中愿意选择什么样的环境融入，即在心理分类中选择融入的“我群”。

由于不同代际的迁移人口所处的可用于群体比较的情境和空间不同，迁移人口的本地身份认同存在显著代际差异，一般呈现家乡认同感代际递减和本地认同感代际递增的规律。第一代迁入当地的移民倾向于将自己与“本地人”群体区分开来，从“叶落归根”的情感来表达出他们对原住地的认同感（郭星华等，2011；刘传江等，2008）。在美国移民研究中，普遍发现第二代和第三代移民比第一代更加认同美国文化和认同自己是美国人（Hurtado et al.，1994）。同时，由于外地人长期在当地生活工作，不可避免地与“本地人”群体产生互动或交流，将自身置于群体比较的情景之中。最后，外地人与本地人的区分标准是明显且直接的，通过户籍登记制度、福利资源分配和劳动就业机会等直接差异可以将城市人口严格划分为本地人和外地人两个群体，通过风俗习惯、文化价值观念等间接差异也可以对城市人口进行划分。在前一种划分中，个体的本地身份认同是被动选择的结果；在后一种划分中，个体的本地身份认同具有主动性。

本地身份认同可以被视为社会分类过程的结果，在分类的过程中，人们把自己和别人分成“本地人”和“外地人”两个不同的群体，迁移人口的本地认同就是从将“本地人”作为外群体转变成内群体的过程。群体的分类标准是从“我与非我”到“我们与他们”的导向发展而来的，其中最为简单且常用的分类标准主要是判断他人与自己的相似度。依据不同的分类标准，人们在心理上将世界分为内群体和外群体，个体把自己视为内群体的一员而将外群体视为与自身不同的群体，如“城市人”和“农村人”、“中国人”和“外国人”等。对于内群体的成员，个体具有更强的认同感，与他人之间发生的行动标准往往遵循同样适用与互动双方的一致标准；对于外群体的成员，个体具有较强的疏离感，在互动过程中采用不同的行为标准和角色期待，从而产生内群体偏见。内群体偏见产生的过程与机制分析为后来人类学对“种族中心主义”的批评提供了理论基础，进一步促进了文化相对主义的产生。与内群体偏见相伴随的是外群体歧视的产生，外群体歧视使群体成员内部的主观认同转化为群体之间的评价标准，从而形成能够影响个体主观社会分类过程的客观性的社会价值规范。在不同的社会结构中，外群体歧视具有不同的结构特征和表现形式，李强（2013）认为，被动城镇化会导致农村流动人口更容易感知到外群体歧视甚至会引发群体性事件，而主动城镇化过程中农村流动人口的主观融入意愿较强。当“本地—外来”的边界相对透明时，迁移人口期望通过社会流动的方式实现本地化的转变，与本地人口之间摩擦和冲突较少，从而形成社会流动的信仰体系。当“本地—外来”的边界相对严格时，迁移人口只能期望通过制度变革的方式实现本地化的转变，与本地人口之间摩擦和冲突较多，从而形成社会变革的信仰体系。美国对移民数量的控制（张莹瑞、佐斌，2006）和中国对城乡户籍迁移的调控原则（王新华，2002）不利于社会流动信仰体系的形成，使迁移人口只能被动地接受城镇化和本地化过程。当群体边界有所放松时，社会心理也随之改变，将有助于迁移人口实现本地的身份认同。

外群体歧视对个体社会分类过程的影响主要在于它能够对自我概念的形成产生重要指导作用，减少对外群体歧视的感知有助于促进个体实现自我认同。在心理学的众多研究中，自我的定义和形成过程并没有统一的定义。詹姆斯将自我划分为“主我”和“客我”两部分，又进一步将客我分为物质我、精神我和社会我。其中社会我在个体与他人的社会互动过程中形成，受到他人评价的影响。社会我概念的产生，将个体的自我认同与社会分类标准从生物性和心理性因素扩展到社会性因素。社会性因素可划分为非制度性因素和制度性因素，对非制度因素的关注将社会认同研究引向社会排斥、社会支持和社会资本的分析路径，对制度因素的关注将社会认同引向制度排斥与公民权问题的研究视角。

二　文化的视角：群体归属感

由于在研究自我的概念及身份认同时过分强调生物性因素的决定作用，心理认同的早期理论受到后来的心理学家和社会学家的广泛批评。库利认为，身份认同不仅仅受到本能、生理或心理机制的影响，同时受限于社会关系和文化规范的结构性制约作用。人们在社会互动的过程及其互动情境中构建对于关于自我形象的想象。换句话说，个体总是在想象他人对自己的评价或判断的基础上形成自我意象。自我意象并不是总是随着互动情景的变换而产生变化，因为在社会文化规范体系相对稳定的情况下，个体对他人对自己的判断预期总是保持一定的稳定性。当对他人的判断为积极预期时，认同的结果表现为心理上的社会融入；当对他人的判断为消极的预期时，认同的结果表现为心理上的社会排斥。

在美国 Huntington 曾指控墨西哥移民根本就没有融入美国社会，认为美国更需要追溯到他的盎格鲁新教徒那里去，他们的信条持有一种严重的同化观点：需要好的公民身份才可以，而这种“好”本身就夹带着明显的宗教、文化之弦外音（Baumeister，Leary，1995；Leary，Baumeister，2000）。国际上，比如英国、德国、法国和荷兰，很多关于移民的研究聚焦在穆斯林社区的整合问题和政府计划中改善整合状况的政策上（Kastoryano，2002；Koopmans et al.，2005）。研究者在这里所面对的是将穆斯林只当作不同国家的族群和不同的宗教背景，而并不是将他们用“好的”公民身份来度量他们的欧洲化程度，欧洲化，在通俗的争论中经常被理解为是同化进入犹太教与基督教共存的文化社会中，或者至少不再公开表示与伊斯兰的任何联系（Baumeister，Leary，1995；Leary，Baumeister，2000）。在美国历史中，“美国化”程度的增进促进了移民遗弃土语，有研究显示，那些语言通或会多种语言的移民有着更好的认知和教育结果，而且对移民家庭来说，也有更好的代际亲属关系（Peal，Lambert，1962；Portes，Hao，2002；Portes，Rumbaut，2001）。一些与市民化相关的议题可能对这种文化的认同和不认同有较大的意义，群体对于他群表现出的排斥或接受的表象下，是社会群体文化对于他者判断的反应，而这种“好”与“不好”，接受、认同或遗弃、排斥也是不同社会群体在特定的社会结构中所得到的相对优势或劣势的感知而产生的偏见。

社会排斥一般表现为占据优势地位的社会群体对相对弱势的社会群体的社会歧视：那些处于劣势的社会群体及个人是客体、是被排挤的对象，而各种正式的和非正式的制度和政策则是社会排斥的主体、是排斥这一社会行为的支配者（周林刚，2004）。社会认同理论认为，群体内部认同感的增加会增加群体间偏见，进而加剧群体间的冲突（Negy，2003；Sidanius，2004；Johnson，2005）。原住地的社会资本或社会网络能够增加迁移人口的群体内部认同感，为其进入当地提供渠道机会，降低流动和迁移成本，最终促进其融入当地社会，但也因此存在一定的风险。血缘、地缘关系的社会支持在帮助迁移人口适应环境的同时（李培林，1996），也加强了其对原住地的认同和依赖，减少了他们对流入地的认同感和归属感（朱力，2002）。由于本地人口占据较多的经济、制度、社会和文化资本，而迁移人口各方面的资源都相对匮乏，所以迁移人口更容易感受到本地人口的社会排斥。社会排斥不单纯指物质层面，而且拓展到精神心理层面和符号层面。影响社会排斥的因素较多，既包括经济性因素也包括非经济性因素，并且非经济性因素具有更大的影响力（郭星华、姜华，2009）。

在本地身份认同的诸多影响因素之中，不同的社区环境可以增加或降低个体对社会排斥的感知度。在迁移人口相对较多的社区，社区成员之间的同质性较强，因此社区融合程度可能更高，从而减少个体的社会排斥感。在本地人口相对较多的社区，迁移人口与本地人口之间的社会差异明显，个体与社区中本地人口的交往过程中更容易感受到社会差异，从而增加社会排斥感（崔岩，2013）。一般情况下，社会排斥感的降低有利于个体的社会融入和本地身份认同（许传新，2007），但事实上其关系非常复杂。一方面，流动人口比例高的社区中迁移人口可以感受到较少的社会差异或歧视，但在社区外的社会交往中会更加强烈地感知到他们与本地人口之间的社会差异，从而更倾向于强化认同自己的外地人身份。另一方面，流动人口比例较低的社区中迁移人口可以感知到较多的社会差异和歧视，但一旦他们在社区内建立了良好的社会关系网络便可以顺利地融入社区，进而在社区外的社会交往中也产生认同自己本地人身份的倾向。因此，迁移人口在社会融入的过程中具有强烈的二重性特征，社区融入与社会隔离之间相互强化，反而成为迁移人口认同本地身份的阻碍因素（郭星华，2011）。国内大部分文献研究认为，迁移人口借助社会关系网可获得一定的社会经济效益，现有的流动聚集群体个案研究，如北京的“新疆村”（王汉生、杨圣敏，2008），“河南村”（唐灿、冯小双，2000），广州的“平江村”（刘林平，2002），都肯定社区环境为流动人口提供经济机会及生存资源，有一定的积极影响，但是也有不可避免的矛盾冲突，而且在这样的聚集区，亲族关系并未发生积极作用，更容易让受助者陷入人情义务中，导致最后产生冲突和破裂。而友谊、缘分等对他们营构社会网络的作用变得越来越重要（王春光，2005；刘林平，2005）。

除了社区环境的影响之外，文化对于本地认同的影响还体现在社会价值规范、风俗、习惯等方面对迁移人口身份获得方式的影响。本地成员身份与本地公民身份的获得方式不同，它的身份界定原则遵从地方性原则且具有高度排外性，其合法性源于传统习俗、乡规民约以及它所属成员的承认，并不与国家的政策法律制度相一致。在中国传统社会中，出嫁之后的妇女身份会发生转变，即从原来的家庭和生活地的身份改变成依附丈夫所在家庭和生活地的身份。在这一过程中，其权利和社会地位也发生一系列转变，尤其是对于社区而言，妇女不再被视为原住地的一分子，而被视为丈夫所在社区的成员并享受与其他成员同等的社会待遇。尽管迁移人口中的婚嫁群体更容易实现本地认同，但在中国社会转型过程中也产生了一系列对婚嫁迁移人口本地化进行限制的乡规民约。与城镇的居委会社区不同，农村社区和城市的村委会社区具有发展合作经济和其他经济的权利，在集体经济的体制中拥有管理村内土地和集体财产的权利（侯慧丽、李春华，2013）。村委会社区比居委会社区对迁移人口以及本地外嫁人口显示出更强的社会排斥，部分社区规定出嫁者 3 年内仍可保留村籍，在此期间有权参加村内的财产和福利分配，但过后将在村籍中除名，不再是社区成员（折晓叶，2002）。更有社区强制要求出嫁者在出嫁时迁出户籍，即使不能及时迁出户籍，也不再享受作为社区成员的相关待遇（王晓毅，2000），进一步揭示了文化习俗、集体所有制与社区成员归属问题之间的相关作用与影响。因为身份与相关的福利分配是密切相关的，当城市社区在为其成员提供较多福利的时候，城市社区本地成员为了保障自身利益反而会更加严格地要求限制迁移成员的进入。这一问题在社会福利资源相对丰富的地区更加凸显，本地—外来的分割与冲突会因资源争夺而被强化。城市社区本地成员因各种原因形成对迁移人口的社会文化排斥，迁移人口也会因为对原住地依赖而更难融入当地社会，最终影响他们的本地认同进程。像村庄的利益分配一样，城市社会最终形成了一种按照等级身份来区分的差序格局，这种格局将社会分成“本地人”和“外地人”两个群体，他们在就业、福利资源分配和经济收入等层面存在很大差异。

在本地人享有更多权益的同时，城乡户籍制度的分割加剧了城乡居民的社会差异，对于本地认同也存在一定影响。

三　制度的视角：公民资格的获得

身份认同作为一种主观性的社会认知结果，不仅受到社会文化的影响，而且受到社会制度的直接限制。换言之，文化习俗规定了个体进入某一社会或社区的成员资格，而社会制度直接规定了个体进入特定制度范围的公民资格。公民资格被用来分析社会分层与不平等的问题，主要包括法律权利、政治权利和社会权利三部分。公民资格规定了个体是否享有制度范围内的各种权利，它既是客观社会分层的表现形式，也影响着主观社会分层和分类过程。

国外的迁移研究中，对于入境移民公民身份的获得，以及影响迁移者获得公民身份的原因分析等，很大的一部分也是由制度视角展开的。一个世纪前，大多数国家都将双重公民身份看作是类似于重婚罪的非正当行为，渐渐地越来越多的国家开始允许多重国籍的合法对接，从一方面来说，这是为了国际性对话交流；从另一方面来看，是因为国内政策和移民迁移（Spiro，2004）。不同国家对双重公民身份有不同的规定，例如惯常于迁出而非迁入的国家可以制定自己的迁出国指标，而非增加双重公民身份给那些住在他们边界的入境移民，这可在波兰的案例中看到（Faist，2007b；Gorny，2007）。与之相反，一些传统移民国家，对双重公民身份表现出一定的热情，当然他们也不得不同时在政治自治和跨国公民身份间的权衡而担忧（Baubock，2007）。在欧盟，非欧盟国家的双重公民身份变成了德国公民身份改革的一个中心附着点，这些对多重公民身份的关注认为双重市民身份有可能不利于入境移民的整合（Faist，2007）。在瑞典，双重市民身份在 2001 年被采纳，也被视作人类的一项基本权利（Spang，2007）。由此可见，不同国家对于双重公民身份的政治观点存在较大差异，在交通的便利性之下，流动的权利越来越普遍，而公民身份的获得前景并不一定乐观，这与不同国家对整体利益与个人权利、义务的强调倚重有较大关系。更多关于公民决定的做出和制度在期间扮演的角色需要我们通过比较来做进一步研究；关于人们是否选择双重市民身份？通过这一问题的研究，我们可以获得更多影响流动人口市民化的因素。而这些对于公民身份的获得、双重市民化程度、人口流动幅度三者之间关系的深入研究和发现都发挥着重要的关键作用。

20 世纪 60 年代以来，中国户口迁移调控实行“严格控制城市人口机械增长规模”和“严格控制大、中城市，积极发展小城镇”两项指导。通过建立复杂的调控层次、设置迁移分类专项调控和计划指标性的调控手段，中国建立起一整套完善的限制户口迁移的制度，并从两个方面限制了迁移人口的社会融入。一方面，户籍制度限制了迁移人口的社会流动，使农村非户籍迁移人口进入城市仍然难以摆脱边缘社会地位（王春光，2003）。户口差异不仅仅增加了迁移人口在当地的生活成本，还限制了他们的发展机会，造成“本地—外来”两个群体的社会差异不断扩大，严重增加了迁移人口的相对剥夺感，进而阻碍了社会融入和本地认同的过程。另一方面，社保、医疗、就业、教育等制度也是影响迁移人口进入本地的重要阻碍，与户籍制度一起共同影响着迁移人口的本地认同。城市作为一个资源体并未赋予所有居住在其中的人口分享资源的权利和资格，而是通过户籍制度将一部分人屏蔽在资源分享的行列之外（李强、唐壮，2002）。即使迁移人口在城市中获得相对平等的就业岗位和经济收入，也会因未获得当地户口而难以享受城市所提供的相符福利待遇。在某种程度上，在当地长期生活单位获得当地户口的迁移人口只能被称为“准市民”（朱力，2000；马广海，2003）。在多数城市中，户籍制度限制了“准市民”共享资源的公民权利。相对于农业户籍外来人口，城市户籍外来人口尽管处于相对有利地位，但同样受到住房供给、就业渠道、社会保障、子女教育、卫生服务等方面的制度限制。

大部分迁移人口因收入水平较低缺乏购买当地商品房的能力，同时也因没有本地户口而不能获得当地的公共住房服务，进而使他们的居住条件和质量难以提升（吴维平、王汉生，2002）。有证据表明，迁移人口的人力资本回报低于本地人口，这种差异不仅源于迁出地和迁入地的人力资本累积的不同，也来自户籍制度约束下的工作地点和职业的差异（蔡昉等，2001），最明显的表现就是农民工的非正规就业和低收入水平（李强、唐壮，2002）。此外，迁移人口的社会保险参保率也明显低于当地人口，部分学者认为参保率的差异主要源自城乡户籍制度的分割（崔传义，2006），也有部分学者认为是城乡分割和区域分割的双重影响，并且城乡分割的影响在逐渐减弱（张展新、侯慧丽，2008）。在子女教育方面，迁移人口也处于弱势地位，难以与本地人享受同等的教育机会和教育资源。中央教育科学研究所的一项调查表明，相对僵化的入学标准和教育管理制度以及相对薄弱的教育资源，对农民工随迁子女的入学机会、学习状况和心理发展产生不利影响。[①] 伴随一些地方教育制度的改革，部分迁移人口子女获得进入城市公办学校的机会，但主要受益者为拥有城市户籍的迁移人口，而农民工本地人口子女与迁移人口子女之间的教育资源配置的均衡问题仍未得到彻底解决（熊觉，2008）。在卫生服务利用方面，由于医疗保险的转移支付问题和大量非正规就业的存在，迁移人口对大医院和乡镇街道医院的使用率远低于本地人口，并且存在显著的群体内部分化，外来农村户籍人口选择私人诊所普通就医和接受接生服务的比例较高（魏晓林、张展新，2008）。尽管近期医保转移支付问题得到改善，但医疗保险的保障水平依然对迁移人口的疾病经济负担造成重要影响，使其在当地医疗资源的使用方面处于劣势地位（苏晓馨，2012）。

如果说原有的城乡户籍制度通过对迁移人口公民身份的限制实现了城乡二元结构的分割状况，那么随着户籍制度改革进程加快，城市户籍准入制度成为当前“本地—外来”的区域分割状况产生的基础。在大中型城市，职业、税收、居住时间、住房和学历程度等因素成为迁移人口进入本地的重要审核标准，在北上广等超大城市户籍审核标准更加严格。因此，城乡户籍制度和城市户籍准入制度共同形成了以“城市—农村”为基础的公民身份的二重性和以“本地—外来”为基础的市民身份的二重性。农村户籍外来人口既没有城市公民身份也没有本地市民身份，因此处于社会分层的最底端，在社会融入和本地认同的过程中处于最不利的位置。城市户籍外来人口虽然没有本地市民身份，但拥有城市公民身份，因此在社会分层中比农村户籍外来人口处于更高的地位，能较好地实现社会融入和本地认同。

四 融入的视角：多层次融合

迁移人口的市民化是社会认同研究常用的一个概念，市民化常被定义为一种政治和地理共同体的成员关系形式，它可以区分为四个维

---

① 中央教育科学研究所课题组《进城务工农民随迁子女教育状况调研报告》，涉及北、上、广等 12 个城市。

度，即合法地位、权力、政治、其他形式的社会参与、融入和一种归属感（Irene Bloemraad，et al.，2008）。目前，有关本地身份认同的多数研究主要被视为社会融入的主观指标而放置在社会融合的框架下进行。张广济（2010）将社会融入定义为“特殊情境下的社会群体，融入主流社会关系网当中，能够获取正常的经济、政治、公共服务等资源的动态过程或状态”。杨菊华（2010）建立的流动人口在流入地社会融入的指标体系中，将社会融入分为经济整合、行为适应、文化接纳和身份认同四个维度，并将身份认同视为与文化接纳并列的社会融入的隐性主观指标。身份认同不仅包括本地人身份的认同，还包括城里人、农村人和农民工等不同身份的认知水平，其中的差异能够反映出流动人口与流入地居民之间的心理距离大小。社会融合涉及经济、制度、行为和心理等多个领域，其最终的表现结果则是生活方式与生活满意度，而对生活方式的认可很大程度上取决于文化接纳和身份认同程度。张文宏等（2008）使用因子分析方法研究社会融合中经济融合、身份融合、心理融合和文化融合四个维度的变化，发现不同维度的社会融合进度存在先后差异。因此，社会融入是一个多层次且各个层次之间发展不同步的过程，分析不同层次各自的影响因素和不同层次之间的相互关系更有意义。

伴随社会融入的概念和测量体系基本确定，出现了大量的从不同视角对社会融入影响因素的研究。基于推拉力理论模型的思维方式，早期研究一方面关注人力资本（丁宪浩，2006）、社会资本（Dirk Jacobs，2004）对社会融入的促进作用；另一方面关注制度排斥（李斌，2002；李强，2010，2011；张展新，2007；田娜，2011）和非制度排斥（许传新，2007）对社会融入的阻碍作用。这些研究多数使用收入、福利待遇等客观指标作为社会融入的代理变量，致力于分析流动人口与当地人口的经济差异。然而，本地身份认同作为心理层面社会融入的一部分，不仅受到上述因素的影响，而且受到其他层次社会融入结果的影响。经济收入、社保福利、居住环境和住房类型等一方面是人力资本、社会资本、制度和非制度排斥的结果（侯慧丽、李春华，2010，2013）；另一方面又可作为影响本地认同和心理融合的原因（李培林，1996；周大鸣，2000；谭深，2003；覃国慈，2007；徐祖荣，2008；李强、李洋，2011）。由于经济文化等因素导致的生活水平的差距和生活方式的种种差异，增加了迁移人口的相对剥夺感，进而影响了他们的心理融合和本地认同进程（张时玲，2006；许传新，2007）。

综上所述，在理论视角上，认同理论经历了从心理学到社会学的发展，关注点也随之从生理、个性、人格等心理学因素拓展到社会资本、家庭、文化、制度等社会学因素，身份认同的研究领域也逐渐从个体认同转向以迁移人口为典型的群体认同。在研究内容上，以往研究大多集中在对外来人口经济、社会福利、社会融入方面的讨论，而本地认同作为衡量社会融入的重要心理因素很少被研究。在研究框架上，过去研究将不同维度的社会融合视为并列关系，只关注各个维度之间的变化差异而忽视了它们之间的相互关系，以家庭支持为典型的社会支持对社会融合的影响较少被关注。研究视角方面，过去的多数研究集中在农村户籍的流动人口之上，对城镇户籍流动人口关注较少。在研究方法上，社会融入方面的研究文献较多，且多采用定量分析的方法，但关于本地身份认同的研究大多停留在定性研究的层面，缺乏定量统计结果的支撑。

因此，基于2011年中国社会综合状况调查（CSS）数据，文章使用Logistic回归方法分析了宏观层面的制度因素、中观层面的社区因素和微观层面的家庭因素三个层面对迁移人口的本地身份认同的影响，同时结合倾向值得分匹配法分析流动人口的家庭迁移方式对迁移人口的本地身份认同的净效应，试图在因果分析的基础上进一步阐述家庭社会支持与社会融合的关系问题。

第三节　城市迁移人口的群体差异

一　数据来源及样本分布

（一）数据来源

本章使用的是2011年中国社会状况综合调查（Chinese Social Survey）数据。中国社会状况综合调查是中国社会科学院社会学研究所发起的一项全国范围内的大型连续性抽样调查项目，目的是通过对全国公众的劳动就业、家庭及社会生活、社会态度等方面的长期纵贯调查，来获取转型时期中国社会变迁的数据资料。调查采用概率抽样的入户访问方式，在全国的 128 个县（区），256 个街道（乡、镇），512 个居（村）民委员会开展调查。每次调查全国样本量约为 7000—8000 个家庭。继 2006 年和 2008 年的一、二期调查之后，2011 年开始三期调查。

2011 年的 CSS 调查于当年 7 月 1 日至 10 月 1 日期间进行，在全国 25 个省/自治区的城乡区域以及 5 座城市①的市区开展，调查范围涉及 472 个村居委会（SSU）。其中个人问卷量共为 7552 份，调查对象为在现地址居住的年满 18 周岁及以上的中国公民（无年龄上限），在所有的村居委会完成。调查采用多阶段分层抽样法，首先确定需要调查的省、自治区或城市，然后抽取不同地区的村居委会，最后根据村居委会的地图地址为抽样框②作为实地抽样的基准，抽取相应的家庭户、集体户。在抽中的家庭户中抽取 1 位受访者进行访问。值得说明的是，中国社会状况综合调查抽样框中包含集体户，在抽中的集体户中，按人员规模确定访问人数。作为当前流动人口的常见居住类型，无家庭关系的多人共居是研究迁移人口社会生活状况不能避开的话题，因此对集体户的调查（如企业员工合租的宿舍、工棚等）有助于进行与居住类型相关的研究。调查采用入户面对面访问、念读问卷的访问形式，即由访问员根据问卷逐题念读题目和答案，受访者选择相应的答案项，而后访问员将其记录在问卷上。

（二）样本分布

多阶段抽样法有助于在节省调查成本的前提下保证一定的调查质量，但仍然难以完全达到简单随机抽样的效果。由于受到样本量的限

① 调查范围不包括西藏自治区、海南省、香港特别行政区、澳门特别行政区、台湾 5 个地区。

② 住户抽样框中包括空户，但不包括纯商户、配电室、值班室、老年活动室、社区活动室等不是用来做民住用的户。

制和户内抽样的问题，2011 年中国社会调查数据的样本结构存在一定偏差，其中样本中男性比例为 46.48%，女性比例为 53.62%。相对于第六次人口普查中 102.1① 的性别比而言，样本人口性别比偏低。总体而言，图 6-1 显示出总样本的性别年龄结构分布较为合理，与全国人口年龄金字塔分布接近，并不存在严重偏离总人口的结构分布的问题。

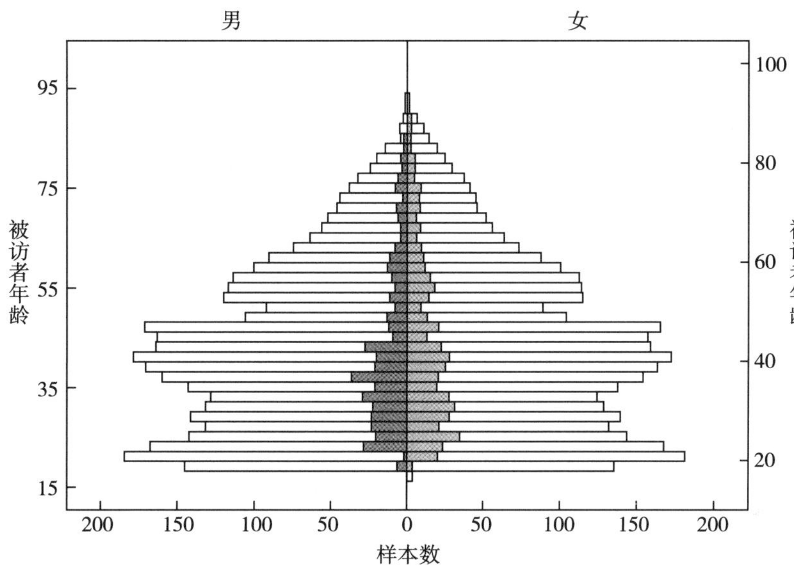

图 6-1 2011 年 CSS 总样本与城市迁移人口样本年龄结构比较

根据第六次人口普查数据，第一口径（包括市辖区内人户分离）的流动人口为 2.6 亿人，占总人口比例为 18.98%；第二口径（不包括市辖区内人户分离）的人户分离人口为 2.2 亿人，占总人口的 16.06%。样本数据中第一口径流动人口比例为 21.7，略高于总体水平；第二口径流动人口比例为 10.7，略低于总体水平。与流动人口的情况不同，城市迁移人口占样本总体的 16.57%，其年龄性别结构与

① 为便于进行比较，该性别比是根据第六次人口普查数据计算的成人性别比，即 18 岁及以上人口的性别比。

总样本分布相似，但随着年龄增加分布更均匀且更偏向中年化。

（三）本地—迁移人口的群体比较

人口流迁行为具有较大的年龄选择性，因此城市地区的本地人口和迁移人口之间的年龄特征也可能存在一定的差异。样本数据对这一问题进行了检验：城市本地人口的平均年龄高于迁移人口，并且具有较小的变异性。该结果进一步显示出迁移人口的中年化特征，即迁移人口中的青壮年群体所占比例高于本地人口。迁移人口的中年化特征表明老年人口随迁的比例不高，外出务工经商人口仍占主要比例。

多数研究表明，城市流动人口具有非常强的年轻化特点，尤其在农民工研究中更是发现其年龄构成与城市本地人口相比呈现“年轻型”结构特征（沈千帆，2011），但本样本中两群体的年龄构成相当，如表6-1所示。分年龄组的人口数据描述了CSS调查中城市迁移人口与本地人口的年龄结构比较，其中18—29岁年龄段的迁移人口占17.16%，高于同年龄段的本地人口；30—39岁年龄段的迁移人口占17.24%，低于同年龄段的本地人口；40—49岁年龄段的迁移人口比例高于同年龄段的本地人口，支持了迁移人口偏年轻化的观点。值得注意的是，尽管60岁及以上年龄段的迁移人口比例低于城市本地人口，但比例仅相差2.8%，反映出老年人口因为刚性养老需求而进行家庭随迁的现象对流动迁移行为的影响。老年迁移群体缺乏劳动能力，在经济层面与当地劳动力市场隔离，就业作为一种获取报酬的手段，使老年迁移群体缺乏在家庭之外获取经济收入的机会；就业作为业缘关系的基础，使老年迁移群体的社会交往机会大幅缩减。同时，老年迁移群体由于年事已高，难以实现再社会化，长期生活在原住地也使他们习惯于保留原有的生活习惯，最终阻碍了其社会融入和本地认同的进程。除了赡养需求之外，青壮年迁移群体在生理、经济、社交等层面比老年群体拥有更多的需求。为满足各层次需求，年轻群体需要更多的家庭和社会支持，在寻求支持的过程中与当地社会发生较为广泛和深入的关系，因此拥有更多的融入当地社会并实现本地认同的机会。

表 6-1　　城市迁移与本地 18 岁及以上人口的年龄构成

年龄段	迁移人口	本地人口
18—29（岁）	17.16	16.41
30—39（岁）	17.24	22.63
40—49（岁）	22.49	16.95
50—59（岁）	19.13	17.22
60 岁及以上	23.98	26.78
平均年龄（岁）	47.86	47.09
女性比例（%）	56.36	52.90
合计	1109	2535

在性别差异方面，城市迁移人口中 18 岁及以上的女性比例很高，其性别比明显低于本地人口。迁移人口性别比不平衡的主要原因是女性人口通过婚嫁的方式实现流动迁移的比例过高，超过了全部女性迁移人口的 20%，与因工作变动而流动迁移的女性人口比例相当。与此同时，男性因为工作变动发生流动迁移行为的比例较高，占全部男性迁移人口的 37%，其中由于婚嫁发生流动迁移的人口仅占 6%左右，如表 6-2 所示。

表 6-2　　城市迁移人口分性别流动迁移原因　　单位：人

流迁原因	女性	男性	总体
本人工作变动	128	172	300
家人工作变动	72	29	101
本人求学、毕业	23	31	54
家人求学、毕业	14	5	19
本人婚姻状态变化	124	29	153
家人婚姻状态变化	8	4	12
原址房屋拆迁	35	33	68
房屋租约结束	10	9	19
家人或本人单位分房	39	40	79
家人或本人购买住房	88	57	145

续表

流迁原因	女性	男性	总体
其他	68	58	126
合计	609	467	1076

二　城市迁移人口的内部分化

在以区域为视角的“本地—外来”划分标准下，城市本地人口在人力资本、劳动就业和经济收入等方面并不比迁移人口具有更强的优势，甚至在某些方面远低于迁移人口。两个群体间的差异状况一定程度上与经验常识不符甚至截然相反，以往研究对象多数集中在农民工身上，该群体在人力资本、社会资本等方面处于相对弱势的地位，在加入外来市民作为流动人口的组成部分之后，流动人口与本地人口的差距有所减少，但仍未达到接近的程度。当研究者将研究对象从流动人口扩大至迁移人口（非户籍迁移人口+户籍迁移人口）时，迁移人口与本地人口的差异进一步减少，这种差异的变化有助于进一步考察地方的户籍准入制度对人口迁移流动的现实影响。

（一）不同类型迁移人口的群体分布

依据迁移人口的定义，我们可以将出生地和生长地都与居住地不同的人口划分为四个群体，四个群体在出生时的户籍和流动迁移行为方面存在差异，也因此具有不同的社会经济特征，如表6-3所示。

表6-3　城市迁移人口的类型学划分

	非户籍迁移	户籍迁移
农业户籍人口	外来农村人口	农村户籍迁移人口
非农业户籍人口	外来市民	城镇户籍迁移人口

第一类城市迁移人口是在当前居住地生活半年以上但没有获得本地城市户口的农业户籍人口，这类群体大多数出生地与生长地都在农村地区，在教育水平、价值观念、生活习惯等方面都与城市居民存在较大差异。第二类城市迁移人口是在当前居住地生活半年以上但没有

获得本地城市户口的非农业户籍人口，这类群体大多数出生地和生长地都在城镇地区，在教育水平、价值观念、生活习惯等方面与本地城市居民存在较少的差异。第三类城市迁移人口是获得当前居住地城市户口的农业户籍人口，这类群体与第一类群体的早期生存环境和公民身份相近，但通过某种途径获得了本地市民身份。第四类城市迁移人口是获得当前居住地城市户口的非农业户籍人口，这类群体与第二类群体的早期生存环境和公民身份相近，但同时与第三类群体一样通过某种途径获得了本地市民身份。

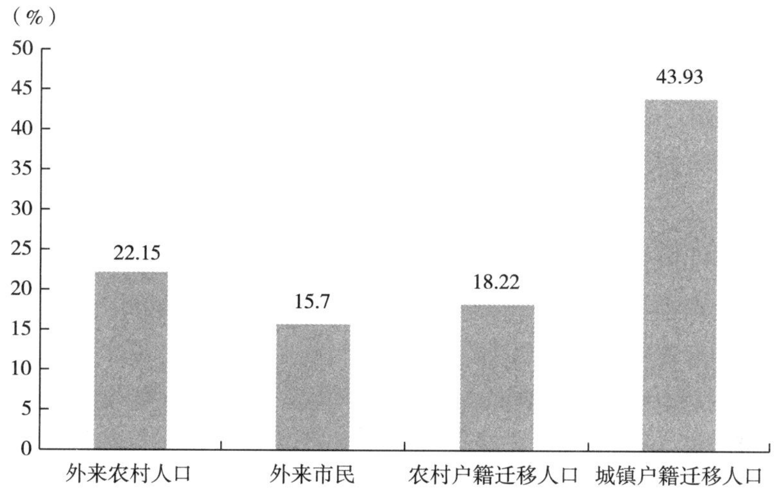

图 6-2　城市迁移人口的构成（N=1070）

样本数据表明，四种不同类型城市迁移人口的分布结构存在明显不同，其中城镇户籍迁移人口和外来农村人口比例最高，分别占到43.93%和22.15%；农村户籍迁移人口和外来市民所占比例相对较低，仅占全部迁移人口的33.92%，如图6-2所示。人口流动迁移的户籍选择性较强，不同户籍身份的人口流动和迁移行为存在显著差异，不同户籍身份的人口获得本地城市户口的机会存在显著差异。由于中国户籍制度的限制，来自农村地区的迁移人口获得本地户口的可能性较低，然而来自城镇地区的迁移人口获得本地户口的可能性较高。

（二）四群体的性别年龄特征

城市迁移人口相对于本地人口年龄结构偏年轻化的同时，其内部不同群体之间的年龄结构也存在显著不同特点。总体而言，流动人口比迁移人口的平均年龄低，其中农村流动人口和城市流动人口的平均年龄分别为37.48岁和45.47岁，农村户籍迁入人口和城市户籍迁入人口的平均年龄分别为46.56岁和51.07岁。就年龄结构来看，城市流入人口中18—29岁的年轻群体比例远远高于迁入人口，30—50岁年龄段流入人口的比例也高于迁入人口，如表6-4所示。

表6-4　城市迁移人口的群体分化

年龄段	外来农村人口	外来市民	农村户籍迁移人口	城镇户籍迁移人口
18—29岁	34.6	22.02	8.21	9.36
30—39岁	35.02	26.19	23.59	14.89
40—49岁	15.19	15.48	24.62	15.32
50—59岁	8.02	14.88	16.41	22.77
60—69岁	4.22	12.50	11.79	15.11
70—79岁	2.95	7.14	11.28	15.11
80岁及以上	0.00	1.79	4.10	7.45
平均年龄（岁）	37.48	45.47	46.56	51.07
女性比例（岁）	59.05	54.90	64.76	52.43
合计	237	168	195	470

在性别结构方面，四种迁移人口并未因流迁方式的不同而产生明显不同，反而因来源地（流出地或迁出地）类型的不同表现出明显差异。其中，来自农村地区的人群中女性比例明显高于来自城镇地区的人群，农村迁入人口的女性比例最高，达到64.76%，农村流入人口的女性比例次之，达到59.05%，城市流入人口的女性比例再次之，达到54.90%，城市迁入人口的女性比例最低，为52.43%。尽管小样本难以推论全国人口的性别结构，但女性人口比例在四个群体间逐次降低的趋势有助于表明农村人口在迁移流动方面的特殊情况。

从迁居原因来看，外来农村人口主要通过工作变动发生流动行为，该部分人口主要由农民工群体构成，求学、毕业、婚嫁和住房变动等原因也有助于推动农村人口流向城市地区，但比例相对较小。由于收入较低且非正规就业现象普遍，外来农村人口普遍缺少福利分房的机会和购买商品房的能力，因此单纯因为分房或购房流入城市的农村人口比例很低，仅占2.56%，如表6-5所示。不同的是，外来市民因为分房或购房流入城市的比例较高，为12.65%，一方面显示出外来市民拥有较强的经济能力，另一方面也显示出外来市民在正规就业尤其是机关事业单位拥有更多的就业机会。在获得城市本地户籍方面，外来市民和外来农村人口存在明显不同的渠道，外来市民主要通过工作学习变动获得本地户籍，而外来农村人口除通过工作途径获得本地户籍人口之外更多的是通过婚嫁方式获得本地户籍。正是因为外来市民与外来农村人在获得本地户籍方式的选择性，导致农村户籍迁移人口的女性比例较高，同时在人力资本、社会资本、就业机会等方面远低于同样获得本地户籍的外来市民。

表6-5　　城市迁移人口迁居原因比较　　单位：%

到现居地居住原因	外来农村人口	外来市民	农村户籍迁移人口	城镇户籍迁移人口
工作变动	61.54	37.95	41.88	44.92
学习变动	12.82	28.31	17.80	21.60
婚姻状态变化	12.82	10.24	27.75	12.96
分房或购房	2.56	12.65	3.14	11.45
其他	10.26	10.84	9.42	9.07
合计	234	166	191	463

（三）四群体的劳动就业状况差异

在城市本地人口与迁移人口的劳动就业情况比较中，可以发现在样本数据中无论是专业技能型就业比例，还是劳动合同签订率，抑或是平均工作时间和月平均工资，迁移人口的就业状况均好于本地人口，该现象是迁移劳动人口在城市劳动力市场中优势地位的产物，还是迁移劳动人口的人口结构、人力资本等方面差异化的结果？

整体而言，四个群体的劳动就业情况呈现阶梯状分布特点。在工作性质方面，外来市民中专业技能型劳动者的比例最高，达到83.97%，其次是城镇户籍迁移人口，再次是农村户籍迁移人口，最后是外来农村人口，即农民工。在劳动合同签订方面，城市户籍迁移人口中签订合同的劳动者比例最高，其次是外来市民，再次是农村户籍迁移人口，最后是外来农村人口。在工作时间方面，城市户籍迁移人口中的劳动者每月平均工作天数和每天平均工作时长都明显低于其他群体，农民工群体的平均工作时长和工作天数均远远高于其他群体，高强度的工作时间将影响该群体的家庭生活，间接减少社会交往时间的同时限制了社交范围，如表 6-6 所示。

表 6-6　　城市迁移人口就业状况的内部差异

	外来农村人口	外来市民	农村户籍迁移人口	城镇户籍迁移人口
工作性质（%）				
专业技能型	49.40	83.97	57.73	79.42
半技术半体力型	27.11	8.49	11.34	10.78
体力劳动型	20.48	3.77	29.90	8.33
其他类型	3.01	3.77	1.03	1.47
劳动合同签订（%）	49.48	81.32	60.56	83.43
平均工作时长/天	9.21	8.53	10.51	8.09
平均工作天数/月	27.27	23.41	25.16	23.42
月平均工资（元）	2480.29	4927.71	2519.68	3629.28

与此同时，与高强度的工作时间相对应的并不是较高的经济收入，样本中农民工群体的月平均工资在所有迁移群体中最低，更容易产生相对剥夺感。农村户籍迁移群体尽管跨越了制度障碍，但自身的受教育状况和农村成长经历仍然使其不得不更多地从事体力劳动型或半体力劳动型工作，经济收入与农民工不存在太大差异。值得注意的是，未获得本地户籍的外来市民工资收入最高，远远超过已获得本地户籍的外来市民，该结果与其较高的人力资本水平有关，一般高学历人群具有更强的流动和迁移选择性，如表 6-7 所示。

表 6-7　　城市迁移人口教育结构的内部分化　　单位：%

受教育程度	外来农村人口	外来市民	农村户籍迁移人口	城镇户籍迁移人口
未上学	6.33	1.19	11.28	3.83
小学	19.41	4.76	20.00	7.87
初中	35.44	12.50	31.79	20.64
高中/中专职高	21.94	32.74	18.46	27.66
大专	9.28	17.26	8.72	16.60
本科以上	7.59	31.55	9.74	23.40
平均受教育年限	9.63	12.98	9.20	11.90
合计	237	168	195	470

进一步将迁移人口细分成不同类型之后，可以发现样本内部的异质性是城市本地人口劳动就业状况比迁移人口差的主要原因。一方面，城镇户籍迁移人口占全部迁移人口样本的44%，该群体已获得城市本地户籍且本身拥有非农业户籍，在制度层面与城市本地人口的差异最小，接近一半的样本量将迁移人口与本地人口的就业差异拉平。另一方面，外来市民虽然并未获得城市本地户籍，但他们流动的主动性和选择性更强，其人力资本水平明显高于本地人口和其他类型迁移人口。尽管该部分群体样本比例不高，仅占到15%，但其优势地位不可避免地提升了迁移劳动人口整体的就业水平和质量。

三　迁移人口的社会保障与本地认同

（一）社会保障的两极分化

社会保障的获取有助于城市迁移人口的长期居留。在城市迁移人口中，社会保障的参与水平存在较为严重的分化现象，并呈现明显的层级递减的特点，进一步强化了中国社会转型中出现的超越原有二元社会结构的分层论观点。城镇户籍迁移人口的医疗保险、养老保险参与率最高，分别达到78.59%和80.84%；外来市民的次之，但仍然保持较高的参与水平；农村户籍迁移人口无论是医疗保险、养老保险，还是工伤保险、失业保险，其参与水平均低于外来市民，但除工伤保险外的其他保险参保水平明显高于外来农村人口；外来农村人口的社会保险参与水平最低，医疗、养老、工伤和失业等社会保险参与率分别为24.50%、18.39%、14.59%和10.64%，该结果与中国农民工调查数据接近（孟昕，2013），如表6-8所示。

表6-8　城市迁移人口社会保险参与的内部差异　单位:%

	外来农村人口	外来市民	农村户籍迁移人口	城镇户籍迁移人口
医疗保险	24.50	77.10	44.59	78.59
养老保险	18.39	68.42	38.89	80.84
工伤保险	14.59	32.30	13.68	24.78
失业保险	10.64	33.95	14.14	26.26

医疗、养老、工伤和失业等社会保险的缺乏使外来农村人口在城市地区的生活缺少基本保障，其病痛伤患、失业和养老等问题仍然只能依靠家乡所在地的农村社会保障体系或者遵循传统社会家庭或社区自助式保障，因此需要继续维持他们同家乡所在地的联系。对家乡所在地的依赖性缩短了外来农村人口的居留持续时间，进而不利于其与城市当地社会的持续交往，最终可能会影响他们的社会融入和本地化进程。农村户籍迁移人口通过获得城市本地户籍的方式进入当地居民社会保障体系，因此医疗、养老和失业保险的参与水平有较大提升。结合表6-6中外来农村人口和农村户籍迁移人口的工作性质比较来看，农村户籍迁移人口中的体力劳动型工作仍占就业比例的较大部分，这在一定程度上表明获得城市本地户籍的农村人口在就业状况上并无明显改善，也揭示了就业相关的工伤保险的参保水平并无明显改善的原因。

（二）社会融入的不同步性

在未进行严格限定的情况下，本地认同并不是一个明确的概念，它随着个体所使用的参照群体的变化而变化。当个体使用社会分类的方式与其所在村落或社区之外的人进行区分时，分类的基本单位是村落或社区，本地人即同村人口，外地人即村落之外的人口；当个体对其所在县区之外的人进行区分时，分类的基本单位是县区，本地人即同县区人口，外地人即其他县区人口；当个体对其所在市区之外的人进行区分时，分类的基本单位是市区，本地人即本市人，外地人即其他地区人口；当个体对其所在省份之外的人进行区分时，分类的基本单位是省，本地人即同省人口，外地人即外省人口。尽管存在不同分类认同标准，但在城市社会中一般将城市市辖区作为区分本地外来的划分标准。

在全部城市迁移人口样本中，外来农村人口的本地认同感最低，仅有20.43%的人认为自己是本地人，城市户籍迁移人口的本地认同感最高，达到88.40%，如表6-9所示。从迁移者的原户籍身份来看，拥有非农户籍的迁移者比拥有农业户籍的迁移者有更强的本地认同感，但其内部也存在一定的不同步性，即获得本地户籍的外来市民比未获得本地户籍的外来市民拥有更强的本地认同感。因本地户籍的获得而产生的认同分化特点在农业户籍迁移者中同样适用，并且更加强烈。一旦获得本地户籍，拥有农业户籍的迁移者认同自己是本地人的比例上升至67%，拥有非农户籍的迁移者认同自己是本地人的比例因为基数问题仅上升39%，进一步显示出本地户籍身份获得对于农村流动人口获得本地认同的重要意义。

表6-9　城市迁移人口的本地认同状况　单位:%

	外来农村人口	外来市民	农村户籍迁移人口	城镇户籍迁移人口
外地人	79.57	50.63	12.70	11.60
本地人	20.43	49.37	87.30	88.40
合计	230	158	189	457

第四节　本地认同的影响因素分析

一　理论建构与研究假设

（一）认同影响机制

基于二分法的划分原则，梅因认为，社会在进化过程中经历了以身份为基础的社会的失败和以契约为基础的社会的产生，因而身份被其视为与传统社会相对应的概念，具有等级、地位、特权等非现代含义（Durkheim，1963）。然而，身份现代社会依然存在，但其定义标准从原来的等级制度转向经济、荣誉和权威而变得更加多元化。本地—外来的身份类型在人口流动和社会流动较少的传统社会中只受到较少的重视，并且多数情况下外来者均被作为危险者被怀疑或敌视，在遭遇社会危机状况时外来者更是被视为首要怀疑对象（孔飞力，1999）。无论作为生物有机体或社会成员，还是作为文化承载者或国家公民，个体在进入新环境时都必须面临适应和融入当地社会，并为当地社会所接纳并享受与其他成员同等权利和义务的问题。

身份认同研究经过心理学、社会学、人类学和政治学等几个学科的发展和延伸，最终形成了一个较为完整的概念和一个相对独立的理论体系。在这里，身份对个体而言具有心理学意义，它被视为个体心理上的参照群体的成员资格，主要取决于对“我群”和“他群”的认知识别；身份对于社会成员而言同时具有社会学意义，身份认同被视为一个人在社会舞台上所扮演的角色得到确定的过程，在这个过程中个体需要回答“我是谁”的问题，并在此过程中确定自己的实际地位、与别人的关系，最后个体和社会其他成员承认一个人的实际地位、身份能力及其他条件与他所承担的角色相一致；身份对于文化承载者而言具有人类学意义，身份认同被视为个体所接受的时代积累的文化遗产的延续，在这个过程中个体具有传递社会文化和延续原有社会生活的惯性；身份对于国家公民而言具有法律和政治的意义，身份与制度结构相联系而成为社会分层的重要体现，身份认同也更多地被视为一个人对国家或法律强制地赋予身份被动的接受过程。

因此，本地身份认同自身的多维性质决定了其同时受到个体生理心理特征、文化、经济、社会和制度等多方面因素的影响，尤其当本地身份认同作为心理融入的直接结果时，更受到社会融入的直接影响。

（二）研究假设

由于层次和维度具有多重性，社会融入的过程也是分层次、分维度且不同步的过程。心理融入作为社会融入的最后一个层面，与其他层次的社会融入一样受到人力资本、社会资本、经济社会地位等多重因素的影响，但同时也受到经济融入、制度融入等其他层次融入的影响。本地身份认同关注外来社会成员的主观世界和主观选择，是心理融入的最重要的表现，其本身的变化机制也较为复杂。

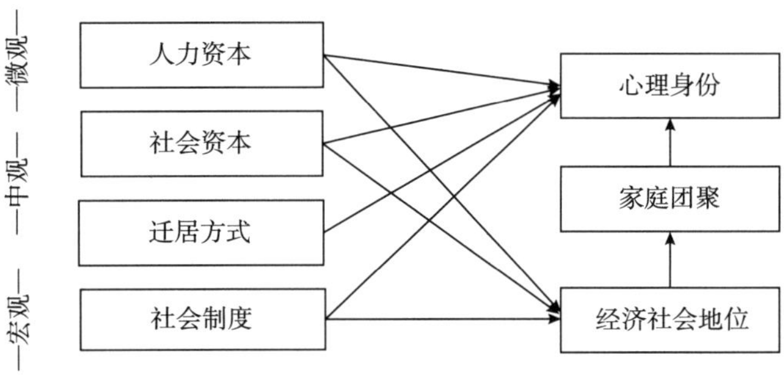

图 6-3　本地身份认同的影响机制

（1）个体特征对本地身份认同的影响。

假设 6.1：受教育程度高的人比受教育程度低的人表现出更强的本地身份认同。

（2）经济融入对本地身份认同的影响。

假设 6.2.1：拥有本地住房的迁移人口更可能实现本地身份认同。

假设 6.2.2：社会经济地位的主观认定越积极，越可能实现本地身份认同。

（3）制度融入对本地身份认同的影响。

假设 6.3.1：拥有外来市民比拥有外来农村人口具有更强的本地身份认同。

假设 6.3.2：获得本地户口的迁移人口比未获得本地户口的迁移人口具有更强的本地身份认同。

假设 6.3.3：获得本地户口的外来市民比获得本地户口的外来农村人口具有更强的本地身份认同。

（4）社会融入对本地身份认同的影响。

假设6.4.1：本地关系网络越丰富，越可能表现出更强的本地身份认同。

假设6.4.2：本地居留时间越长，越可能表现出更强的本地身份认同。

（5）关系本地化对本地身份认同的影响。

假设6.5：与家人一起流迁的人比单独流迁的人更可能实现心理层面的社会融入，因而具有更强的本地身份认同。

家庭支持是影响迁移人口融入社会并实现本地身份认同的重要因素之一。在以往的研究中，个体流迁行为被重点关注和分析，家庭流迁行为一直在某种程度上被忽视。首先，不同的流迁方式对迁移人口的社会交往需求造成不同的影响，不仅会影响交往对象选择因素的变化，而且会影响其社会交往的目的。单个人的流迁行为在当地社会交往中一直稳定地注重地缘、业缘和趣缘关系，因为个体的社会关系需求相对于家庭来说更加单一。在家庭流迁行为中，进入当地社会早期往往选择血缘关系以及作为“血缘的空间投影”的地缘关系作为主要交往对象，这在居留时间较短的迁移家庭中表现得更加明显（周伟文、严晓平、刘中一，2002）。在当地生活一段时间之后，出于家庭的生存和发展需求（如经济需求、子女照料需求、邻里互助需求、安全需求等），迁移家庭表现出更强的居留意愿，更主动地选择本地人作为交往对象。随着与本地人交往的增加，迁移家庭心理层面的社会融入不断增强，最终有助于实现其本地身份认同。其次，迁移方式的差异具有较强的选择性，和家人一起流动迁移的个体与单独流迁的个体在人力资本、社会资本等方面存在较大差异。家庭成员的个人因素如教育、就业、流动时间等因素对迁移人口的家庭团聚具有积极作用（张展新、侯亚非，2010），往往选择家庭流动迁移的个体具有较高的经济收入和社会地位，或者在流入地拥有相对丰富的社会关系网络，较大的资源拥有量对个体的本地身份认同提供较为坚实的经济社会条件，有助于加速他们的本地认同；而单独流动迁移的个体一般具有相对较低的经济收入和社会地位，在流入地也缺少社会资本，因此阻碍了其社会融入乃至本地认同的进程。最后，中国传统以家为核心的文化模式倾向于使个体形成以自己为中心的关系网络。在传统的差序格局中，个人的身份归属以宗法群体为本位，形成以亲属关系为主轴的关系网络（费孝通，2006）；在转型社会中，家庭核心化趋势使个人的身份归属很大一部分被束缚在家庭而非乡土结构中，因此个体单独流动迁移会造成个人与家庭的异地分隔，不利于个人在流入地的社会融入和本地认同。反之亦然，与家庭成员一起流动的个人尽管在物质生活水平上可能并没有太大不同，但具有更好地融入当地社会的积极心态和定居意愿，因此更容易实现本地认同。

二　本地认同影响因素的分析模型

（一）变量选择

在本地认同的理论框架基础上，我们将相关研究假设操作化为可观测和检验的变量。考虑到身份认同作为心理层面的判断而具有主观性，因变量被设定为被访者对自己是本地人还是外地人的主观选择。自变量共分为控制变量、经济融入、制度融入、社区融入和居住状况五个部分。

控制变量主要包括性别、迁居本地时的年龄、受教育程度、政治身份和婚姻状态等人口学变量。由于家庭团聚测量过程中涉及被访者的婚姻状态和家庭结构，因此本部分将婚姻状态划分为在婚和不在婚两种类型，在婚状态包含初婚有配偶和再婚有配偶两种情况，不在婚状态包括未婚、离婚、丧偶和同居四种情况，如表6-10所示。

表6-10　主要变量界定与解释

因变量	本地认同	认为自己是本地人=1；认为自己是外地人=0
基本特征	性别	男性=1；女性=0
	迁居本地时的年龄	依据来本地时的年龄为划分依据： 除18—29岁为第一个队列之外，其余均以10年为一个队列
	受教育程度	未上学=0；小学=1；初中=2；高中或中专=3；大专=4；本科及以上=5
	政治身份	中共党员=1；非中共党员=0
	婚姻状态	在婚=1；不在婚=0

续表

<table>
<tr><td>因变量</td><td>本地认同</td><td>认为自己是本地人=1；认为自己是外地人=0</td></tr>
<tr><td rowspan="4">迁居方式</td><td>居留时间</td><td>连续变量，在本地居住的时间</td></tr>
<tr><td>本地购房</td><td>是否拥有本地住房</td></tr>
<tr><td>社区类型</td><td>居委会=1；村委会（含村改居、村居合并或城中村）=0</td></tr>
<tr><td>家庭团聚</td><td>在婚者：与配偶一起居住=1；不与配偶一起居住=0
不在婚者：与父母一起居住=1；不与父母一起居住=0</td></tr>
<tr><td rowspan="2">制度融入</td><td>本地户口</td><td>获得本地户籍=1；未获得本地户籍=0</td></tr>
<tr><td>迁居前户口性质</td><td>非农业户籍=1；农业户籍=0</td></tr>
<tr><td>社区融入</td><td>邻里交往状况</td><td>离散型数值变量，测量与邻居的交往程度，取值范围为0—10分</td></tr>
<tr><td>经济社会融入</td><td>主观经济社会地位</td><td>下=1；中下=2；中=3；中上=4；上=5</td></tr>
</table>

测量经济融入程度时一般可以使用客观法和主观法两种不同的方法，然而经济层面的客观差距仍然需要被个体感知或理解后才能对其经济融入产生影响，因此本书直接使用被访者的主管经济社会地位作为经济融入的代理变量，用于测量个体因为客观上的经济和社会地位差距而产生的相对剥夺感和排斥感。制度融入测量主要包括城乡户籍的隔离程度和区域户籍的隔离程度，城乡户籍分割主要以个体迁居到现居地前的户口性质为代理变量，区域户籍的隔离程度主要以是否获得本地户籍为标准。

社区融入的测量主要使用邻里交往状况作为代理变量，个体与周边邻居的交往程度可以通过具有递进关系的社会交往量表进行测量。该量表可分为两个部分：第一部分为对邻居的了解程度，主要包括是否了解邻居的姓名、工作内容、家庭成员等；第二部分为与邻居的交往范围，交往范围从见面相互打招呼逐步扩展到经济往来和家庭照料等内容。量表中每一个问题均为虚拟变量，且一般只有在上一题选择肯定答案时才有可能在下一题选择肯定答案。因此，本书将邻里交往量表中10个问题的得分进行加总，得到一个0—10分的综合性指数，用来测量社区融入情况。

居住情况的测量主要分为居留时间、住房情况、居住类型和家庭团聚四个部分。住房情况为虚拟变量，以是否在本县（市、区）内拥有住房①为划分标准。社区类型分为村委会和居委会两类，考虑到社区性质的问题，其中村委会社区包括村改居、村居合并和“城中村”社区。家庭团聚对在婚人群和非在婚人群有两种不同的划分标准，在婚人群与配偶一起在现居住地生活的可被视为团聚家庭，非在婚人群与父母或子女一起在现居住地生活的也可被视为团聚家庭，不符合上述标准的家庭可被视为未实现团聚的家庭。

（二）模型构建

身份认同作为典型的二分变量，尽管可以利用线性概率模型得出 Y=1 的概率，但 P（Y=1）的预测值有可能与实际观测值不符，也即不能保证 P（Y=1）的预测值大于 0 且小于 1。上述问题的解决方法是对 Y=1 的概率值 P（Y=1）转换为 Y=1 的发生比 odds（Y=1），其中 odds（Y=1）为 P（Y=1）与 P（Y1）之比，即认同自己是本地人的概率与不认同自己是本地人的概率之比。发生比 odds 的取值范围为 0 到正无穷大，为进一步将取值范围转换为直观可视的形式，可以对发生比进行对数转换，ln［odds（Y=1）］的取值范围由此变为负无穷大至正无穷大，从而避免估计概率超出概率的最高或最低范围的问题。就实际意义而言，概率、发生比和 Logit 所表达的内涵并无差异，得到其中任意一个值便可得到其他两个值的结果，三者之间的转换关系如下。

$$\text{Logit}(Y=1)=\alpha+\beta_1\text{family}+\beta_2\text{dem}+\beta_3\text{ins}+\beta_4\text{com}+\beta_5\text{eco} \tag{6-1}$$

$$\text{odds}(Y=1)=e^{\text{Ln}[\text{odds}(Y=1)]}=e^{\text{Logit}(Y=1)} \tag{6-2}$$

$$P(Y=1)=\frac{\text{odds}(Y=1)}{1+\text{odds}(Y=1)}=\frac{e^{\text{Logit}(Y=1)}}{1+e^{\text{Logit}(Y=1)}} \tag{6-3}$$

因此，在控制性别、婚姻、年龄和教育等基本人口学变量（demography）的基础上，我们在 Logistic 回归模型中分别引入家庭团聚（family）、制度融入（institution）、社区融入（community）和经济融

① 不仅限于商品房，也包括自建住房、保障房、原公房、小产权房和农村私有住房等其他类型房产。

入（economic）四个层面的变量，构成嵌套模型以检验各个层面变量的影响大小和有效性。判决系数 R^2 在 OLS 线性回归分析中较为常见，而在 Logistic 回归的分析文献中较少被关注且在实际应用中也经常受到各种质疑（Agresti，1990），但虚拟判决系数 R^2 仍然具有一定不可被取代的优势，因为它可以补充自变量与因变量之间的关系，表示模型中包含的自变量可以降低的方差。通过对三个模型虚拟判决系数的比较（见表 6-11），可以发现在加入制度融入变量之后模型的解释力得到迅速提升，从原来的 26.43%上升到 34.86%；而在加入社区融入和经济融入变量之后，模型解释力上升较少，仅为 1%左右，但表示新加入变量具有一定的解释意义。

（三）回归结果分析

在本地认同影响因素的 Logistic 回归结果中，除了制度、社区和经济等融入变量的加入对于模型解释力的提升均有一定贡献外，还发现本地认同感并不受性别、教育程度、政治身份、主观经济社会地位等具有社会分层意义的变量影响，该结果对于进一步探讨本地认同的影响机制具有一定意义。

表 6-11　　城市迁移人口本地身份认同的 Logistic 回归模型

	模型（1）	模型（2）	模型（3）
男性	-0.0891 (0.168)	0.00279 (0.187)	0.0115 (0.197)
流迁队列（参照组=18—29 岁）			
30—39 岁	0.384 (0.325)	0.273 (0.343)	0.306 (0.370)
40—49 岁	2.215*** (0.494)	1.885*** (0.522)	1.778** (0.549)
50—59 岁	1.080* (0.454)	0.748 (0.468)	0.534 (0.512)
60 岁以上	2.028*** (0.214)	-0.168 (0.345)	-0.102 (0.363)

续表

	模型（1）	模型（2）	模型（3）
受教育程度（参照组=未上学）			
小学	-0.275 (0.414)	-0.443 (0.483)	-0.492 (0.499)
初中	0.152 (0.392)	-0.195 (0.460)	-0.267 (0.476)
高中/中专职高	0.908* (0.399)	0.304 (0.472)	0.146 (0.488)
大专	0.585 (0.428)	-0.323 (0.504)	-0.427 (0.528)
本科以上	0.691^{+} (0.415)	-0.208 (0.492)	-0.367 (0.517)
党员	-0.248 (0.228)	-0.219 (0.250)	-0.327 (0.260)
在婚	-0.531^{+} (0.296)	-0.534 (0.325)	-0.566^{+} (0.341)
居留时间	0.0596*** (0.00831)	0.0321*** (0.00919)	0.0242** (0.00935)
家庭团聚	1.384*** (0.269)	1.178*** (0.292)	1.001** (0.307)
获得本地户口		3.201*** (0.409)	2.803*** (0.446)
流迁前户口性质		1.158*** (0.278)	1.076*** (0.299)
获得本地户口×流迁前户口性质	-0.996** (0.375)	-0.913* (0.395)	
本地住房			0.748*** (0.222)
居住类型			0.0702 (0.370)
邻里交往			0.0545^{+} (0.0331)

续表

	模型（1）	模型（2）	模型（3）
主观经济社会地位（参照组=中）			
下			−0.252 (0.274)
中下			−0.0781 (0.221)
中上			0.0315 (0.343)
上			0.240 (1.899)
常数项	−2.330*** (0.434)	−1.963*** (0.502)	−2.117*** (0.626)
N	1032	996	959
R^2	0.2643	0.3486	0.3599

注：回归系数下方括号中的数值为相应系数的标准误（Standard error）；+表示 p<0.10，*表示 p<0.05，**表示 p<0.01，***表示 p<0.001。

回归结果显示，个体生理特征对其本地认同的实现没有直接影响，在控制其他变量的前提下，迁移人口的本地认同没有显著的性别和年龄差异。个体的婚姻状态对其本地认同的实现有一定影响，但仅在10%的水平上显著，表明处于在婚状态的个体实现本地认同的概率比不在婚的个体低43%。对于迁移人口而言，通过婚姻进入当地的比例相对较小，结婚增加了家庭成员分居两地的风险，因此不利于该群体实现本地认同。其他控制变量如政治身份、受教育程度等变量对迁移人口的本地认同感也没有明显影响。受教育程度的增加对迁移人口适应本地生活和生存竞争均有一定的促进作用（崔岩，2012），但在当地社会中具有优势地位高学历迁移人群却可能拥有更加消极的本地认同感，这与高学历人群的群体分布有关。如前文所述，人力资本较高的迁移群体主要分布在城市流动人口和城市迁移人口之中，这部分群体的家乡所在地为城市而非农村地区。由于长期适应城市生活方式，他们在流动或迁移过程中拥有更强的适应力和竞争力，对家乡所在地的资源依附较强。外来市民所使用的参照群体比外来农村人口拥有更高的优越性，本地认同一定程度上意味着放弃对家乡所在地身份归属，对外来市民而言需要付出较高的心理成本，因此他们很难在家乡所在地之外的城市实现本地认同。

社会资本的增加有助于加强迁移人口的本地认同感。模型（3）的回归结果显示，居留时间对本地认同存在一定影响，且在10%的水平上显著。迁移人口在流入地的居留时间每增加一年，实现本地认同的概率可上升2.42%。居留时间是迁移者熟悉了解新进入社会的基本前提，在流入地生活的时间越长，越容易扩大社会网络规模，越有助于迁移者完成认知、适应、接受和同化的过程，在社会资本和文化资本不断累积的基础上进而实现本地认同。除了居留时间的积极作用，个体的社区交往（主要指邻里交往）也是社会资本增加的重要体现。统计结果表明，迁移人口与邻居的交往程度每上升一个层次，其实现本地认同的概率将上升5.45%。该结果在一定程度上验证了假设6.4.1，证实了社会资本在迁移人口实现本地认同过程中的积极作用。

以户籍制度为代表的制度障碍一直被视为影响迁移人口本地化的重要因素，其中以城乡为基础的二元分割和以区域为基础的二元分割对其本地认同的实现存在不同程度的影响。此外，交互项的设置显示出本地户籍获得与原户籍身份的交互效应，即迁移人口四种不同群体的本地认同差异。根据交互项的取值原理，当本地户籍获得为0时，交互项也为0，因此原户籍身份的回归系数可理解为未获得本地户籍的迁移人口本地认同的城乡净差异。在未获得本地户籍的迁移人口中，个体流动到现居地之前的户籍身份对其本地认同影响非常显著（Sig. =0.001），原户籍身份为非农户口的个体实现本地认同的概率比农业户口的个体高193.3%，显示出原户籍的城乡身份对于迁移人口实现本地认同的巨大影响。与此同时，当本地户籍获得取值为1时，本地户籍获得的对本地认同的影响可以分解为两个部分：第一部分为不包括原户籍身份影响的净效应，第二部分为原户籍身份的差异对本地户籍获得效应的影响。第一部分本地户籍获取的净效应非常显著（Sig. =0.001），能否获得现居地的户籍身份可以被视为迁移人口实现本地认同的关键因素，获得本地户籍的迁移人口实现本地认同的概率比未获得本地户籍的群体高15.5倍，可见地方户籍准入制度对迁移人口心理层面本地化的决定性影响。第二部分考虑到本地户籍获得对原户籍身份不同的群体的本地认同的影响差异（Sig. =0.001），结果显示，在获得本地户籍的迁移人口中，原户籍身份为农业的群体比非农业群体更容易实现本地认同，后者认同自己是本地人的概率比前者低60%。换言之，不同类型迁移人口的本地认同也存在阶梯式差距，但其表现与其社会经济生活状况的分化不同。在社会经济状况方面，城市迁移人口相对最好，其次是城市流动人口，最后是农村迁移人口，农村流动人口地位最低。但在本地认同程度方面，农村迁移人口最高，其次是城市迁移人口，最后是城市流动人口，农村流动人口的本地认同度仍然处于较低位置。农村迁移人口比城市迁移人口更高的本地认同感表现出该群体摆脱原居地、融入城市和当地社会的迫切性。相比于城市迁移人口，农村迁移人口需要同时经历城市化和本地化两个过程，其本地认同的获得也可被视为城市化和本地化共同作用的结果。如果假定一个城市的经济社会环境对迁移人口的吸引力是一致的，那么进一步显示出城市对农村人的吸引力对其本地认同的积极影响。

在经济层面，是否拥有本地住房在一定程度上被普遍视为是否拥有本地人资格的象征，事实上对个体本地归属感的影响也确实如此。拥有本地住房的迁移人口比没有本地住房的迁移人口认同自己是本地人的概率低1.1倍，且在0.001的水平上显著，该结论支持了假设6.2.1。与此不同的是，迁移人口对其经济社会地位的主观判断对其本地认同不存在显著影响，无论是认为自己处于社会的下层、中层还是上层，其本地认同均没有明显差异。这一点与受教育程度相似，一定程度上反映出本地认同主要涉及横向社会流动而非纵向社会流动的判断，因此涉及社会分层或等级结构的变量对实现本地认同并无太大影响。居住环境对于迁移人口的本地认同影响很大，村委会社区比居委会社区对迁出人口具有严格的排斥倾向（折晓叶，2002），一般对迁入人口也具有更强的社会排斥，因此会阻碍迁移人口的本地认同过程。然而，模型中居住类型这一变量的回归系数并不显著，因此不能得出在居委会社区居住的迁移人口与在村委会社区居住的迁移人口存在本地认同差异的结论。

家庭因素是影响迁移人口的“漂泊”心态的根本，春运大潮则是对中国社会以差序格局为基础的家天下习俗的直接反映。迁移人口的家庭团聚不仅仅具有在流入地合家团圆的文化情感意义，其背后需要社会保障、子女教育、生存和发展能力等多重基础的支撑，缺乏其中任何一项条件都难以正常地实现家庭团聚。因此，家庭团聚对于迁移人口实现本地身份认同具有显著影响（Sig. =0.001），在控制人力资本、社会资本、经济和制度融入等变量的前提下，实现家庭团聚的迁移人口认同自己是本地人的概率比未实现家庭团聚群体高 1.7 倍，其影响力仅次于本地户籍身份的获得。然而，家庭团聚所带来的家庭支持仅仅是推动个体实现本地认同的一个影响因素，实现在现居地的家庭团聚不仅意味着迁移人口能获得经济、情感、生理、养老、社会关系等方面的支持，同时也意味着迁移人口个体本身拥有较强的能力，他们在经济、社会和制度层面取得了一定的融入成就，家庭支持的获得和自身能力的选择性共同加速了该部分群体的本地化进程。因此，只有控制了团聚家庭与非团聚家庭之间的选择性，才能进一步对家庭团聚的本地认同效应进行深入分析。

第五节　家庭团聚的本地认同效应

一　家庭团聚的选择性问题

将人力资本、社会资本和居住类型作为控制变量分析家庭团聚对迁移人口本地认同感影响的方法本身具有很强的假定，即认为控制变量对本地认同感的影响与家庭团聚对本地认同感的影响可以相互累加，也就是存在某种线性关系。由于很难确定其他变量与家庭团聚变量独立对本地认同感发生作用，因此这种线性假设的观点在理论上难以得到确定。同时，家庭团聚的回归系数代表的是一种平均作用，主要用于预测任意一个实现了家庭团聚的个体认同自己是本地人的可能性，难以回答“如果一个没有实现家庭团聚的个体在实现家庭团聚之后其认同自己是本地人的可能性”。后一个问题更关注已团聚家庭的样本选择性问题，因果分析的一个基本要求是保证实验组和控制组最大程度的异质性，以减少分析结果中因为个体差异而非干预产生的影响效果，如图 6-4 所示。

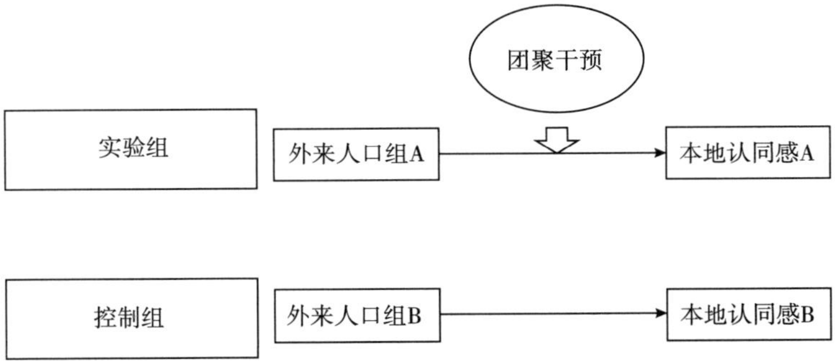

图 6-4 家庭团聚的准实验机制

在因果分析中，可以将团聚视为一个家庭社会实验中的干预项。在这项实验中，“干预”的形式（实现家庭团聚）涉及各种选择，其中包括自我选择、制度选择、经济选择等多重选择机制。例如，一开始就和家人一起流动或迁移到现居地的人比单独流迁者更有可能与家人团聚。换句话说，与家人一起流迁的个体有更多的机会成为实验组的一员而接受干预（团聚）。同时，高学历、高收入、非农户籍、居留时间长的人群家庭团聚比例较高（张展新、侯亚非，2010），这部分人进入实验组的可能也更高。因为不同类型样本进入实验组的选择性不可忽略，所以需要运用一定的方法实现控制组与实验组的样本平衡，以便使用非随机化的方法来估计干预效果。相对简易直观的方法就是将影响个体进入实验组（实现家庭团聚）的多维因素缩减成一维的倾向值（propensity score），该值表示了每个个体进入实验组的可能性。在估计得到倾向值之后，可以进行实验组和控制组成员的匹配，也可以直接将倾向值作为抽样权重来分析结果数据。

二　样本的选择性与匹配模型

解决数据平衡问题，首先需要分析进入家庭团聚的选择性，即哪些个体和家庭比其他个体和家庭更容易实现家庭团聚？我们以“是否实现家庭团聚”这一虚拟变量作为被解释变量进行 Logistic 回归分析。作为影响家庭团聚的因素而被纳入模型的自变量主要包括两个部分：个体层次变量和家庭层次变量。个体层次主要包括性别、政治身份、教育程度、婚姻状态、居留时间、流迁本地时的年龄和户口等变量，家庭层次主要包括初次进入现居地时的家庭团聚情况和是否拥有本地住房两个变量，如表 6-12 所示。

表 6-12　　样本描述和预测倾向值的 Logistic 回归模型

变量		N	%	团聚比例（%）	F 检验	回归系数	标准误
性别	女性	625	56.36	56.18	0.8479		
	男性	484	43.64	48.32		-0.320	0.252
流迁时年龄	18—29 岁	447	42.9	66.22	0.0000		
	30—39 岁	231	22.17	82.25		-0.659*	0.321
	40—49 岁	141	13.53	82.98		-0.857*	0.417
	50—59 岁	127	12.19	74.8		-0.625	0.427
	60 岁及以上	96	9.21	61.46		-1.577**	0.528
居留时间		1089	100	72.23	0.099	0.004	0.011
政治身份	非中共党员	894	80.61	70.25	0.0026		
	中共党员	215	19.39	80.47		0.028	0.355
受教育程度	未上学	61	5.5	52.46	0.3220		
	小学	136	12.26	71.32		0.936^{+}	0.507
	初中	274	24.71	75.91		1.122*	0.501
	高中/职高中专	281	25.34	74.38		1.038*	0.526
	大专	153	13.8	73.2		0.830	0.605
	本科及以上	204	18.39	70.1		1.414*	0.632

续表

变量		N	%	团聚比例（%）	F检验	回归系数	标准误
婚姻状态	不在婚	247	22.27	11.34	0.0000		
	在婚	862	77.73	89.68		4.755***	0.323
流迁前户口	农业户口	432	40.37	68.29	0.0370		
	非农业户口	638	59.63	74.14		0.119	0.288
初始流迁方式	单独流迁	443	33.59	58.47	0.0000		
	非单独流迁	627	66.41	81.66		1.442***	0.263
住房	没有本地住房	356	32.1	53.65	0.0000		
	拥有本地住房	753	67.9	81.01		1.369***	0.272
常数项						−4.583	0.622
判决系数							0.5272

注：回归系数下方括号中的数值为相应系数的标准误（Standard error）；+表示 $p<0.10$，*表示 $p<0.05$，**表示 $p<0.01$，***表示 $p<0.001$。

在家庭团聚的样本选择模型中，首先需要对不同特征迁移人口的团聚差异状况进行统计检验。结果显示，进入团聚实验组的个体和家庭与进入团聚控制组的个体和家庭之间具有很高的异质性。初到本地时年龄不同的迁移人口的家庭团聚情况存在显著差异，在现居地居留时间不同的迁移人口的家庭团聚情况存在显著差异，迁移人口中党员和非党员群体之间的家庭团聚情况存在显著差异，在婚和不在婚群体的家庭团聚情况存在显著差异，农村流迁人口和城市流迁人口的家庭团聚情况存在显著差异，刚到现居地时的单独流迁和非单独流迁的家庭团聚情况存在显著差异，拥有本地住房的迁移人口与其他迁移人口相比家庭团聚情况也明显不同。在对控制组和实验组的各项特征进行统计检验之后，我们更关心不同特征的人群进入实验组的可能性。通过分析 Logit 回归的统计结果，可以发现在个体生命周期中越早越年轻时进入现居地的迁移人口越可能实现家庭团聚，教育程度越高的迁移人口越可能实现家庭团聚，已婚有配偶的迁移人口比其他婚姻状态的迁移人口更可能实现家庭团聚，初到现居地时的家庭团聚情况对当前的家庭团聚有正向影响，获得本地住房也是实现家庭团聚的重要途径之一。

三　家庭团聚的认同效应

考虑到未经处理的实验组和控制组之间的高度异质性，我们利用上述已知的影响个体和家庭实现团聚的各个因素对迁移人口家庭团聚的可能性进行预测，获得每一个样本家庭团聚的概率，即进入实验组的概率。尽管虚拟判决系数不能独立地被解释或进行数据间的对比，但一般情况下较高的虚拟判决系数意味着较好的拟合，团聚干预模型的虚拟判决系数为 0. 5272，表明模型可进行较好的预测结果。我们对未调整前的家庭团聚数据进行分类处理，分别绘制实验组和控制组 Logistic 回归得出的倾向值，如图 6-5 所示。

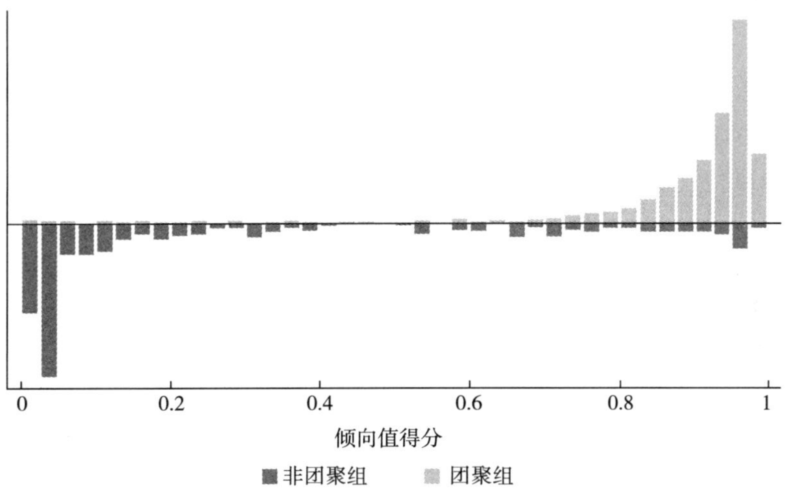

图 6-5　团聚组与非团聚组的倾向值分布差异

通过倾向值对比可知，两组人在进入各自组的选择性很强，一定程度上表明迁移人口的家庭团聚对于其本地认同可能只是作为一个中介变量而存在，真正影响其本地认同感的是决定或影响家庭团聚的多维变量。对于这一假设，我们需要在对样本进行匹配之后才能得到答案。由于本地认同属于二元变量，因此使用非参数回归的倾向值分析方法，对临近倾向值个案进行匹配，从而保证实验组和控制组的平衡性。表 6-13 为匹配前后的样本数据比较。匹配之后，实验组和控制组之间流迁至现居地时的年龄差异显著性水平由 0.000 下降至 0.825，流迁年龄得到有效控制；党员与非党员的差异匹配之后有所减少且不再显著；居留时间的差异尽管在显著性上没有得到改善，但两组样本的平均居留时间差距由 2.4 年下降至 1.3 年，数据平衡性有所改善。

表 6-13　　样本匹配前后对比

	匹配前			匹配后		
	实验组	控制组	Sig.	实验组	控制组	Sig.
性别	0.438	0.432	0.848	0.422	0.458	0.176
流迁年龄	2.248	2.168	0.000	2.208	2.224	0.825
受教育程度	2.875	2.779	0.322	2.897	3.134	0.002
政治身份	0.216	0.136	0.003	0.218	0.256	0.100
居留时间	14.006	12.385	0.099	12.650	11.342	0.067
婚姻状态	0.965	0.289	0.000	0.971	0.968	0.754
流迁前户口	0.616	0.546	0.037	0.611	0.757	0.000
初始迁移方式	0.664	0.385	0.000	0.658	0.692	0.169
本地住房	0.762	0.464	0.000	0.753	0.743	0.665

匹配前家庭团聚组中在婚人员比例为 96.5%，未实现家庭团聚组的在婚比例仅为 0.289%，匹配后两组的在婚比例接近。此外，实验组和控制组成员的初始迁移方式和本地住房获得两项变量之间的不平衡性也在匹配之后得到较大缓解。值得注意的是，实验组和控制组成员在流动迁移至现居地前的户口性质上的显著差异未能得到解决，匹配之后原户籍为非农业的迁移人口未能实现家庭团聚的比例略有上升。总体而言，依据 Logit 模型计算的倾向值进行匹配之后，实现家庭团聚的群体与未实现家庭团聚的群体之间的差异有所减小，不同特征的个体进入实验组的自选择性得到控制，因此可以通过对两组群体的本地认同感进行独立样本的 T 检验，以得到家庭团聚对迁移人口本地认同感获得的净效应。

表 6-14　　匹配后家庭团聚对本地身份认同的干预效应

变量	样本	实验组	控制组	干预效应	标准误	T 值	Sig.
本地认同	匹配前	0.721	0.471	0.250	0.034	7.400	<0.01
	匹配后	0.721	0.514	0.207	0.094	2.200	<0.05

匹配后的分析结果显示，实验组和控制组（实现家庭团聚的群体和未实现家庭团聚的群体）的本地认同感仍然存在显著差异，尽管干预效应系数从 0.250 下降到 0.207，但仍具有较强的显著性。因此可以认为，即使在控制了样本家庭选择性之后，家庭团聚仍然对于迁移人口本地认同的实现存在积极作用。该结果进一步强化了对假设一的证据支持，显示出完整的家庭生活对于迁移人口本地融入的重要意义。

第六节　地方认同："家"文化延续与差序格局

一　农民、城里人与本地人的多维转换

在中国经济社会快速转型的今天，城市化和市民化被作为当前人口流动和迁移研究的主要论题。当农村流动人口转变为"城市人"之后，他们仍然面临"本地人"的身份转变问题，身份转变涉及其在城市社会中生活的方方面面，对其生活质量造成重大影响。与此同时，外来市民也面临同样的身份转变问题，并表现出与农村流动人口不同的特点。因此，本章使用 2011 年"中国社会调查（CSS）"数据集中讨论了中国城市地区迁移和流动群体的本地身份认同问题。通过对人口迁移和流动等方面的文献和理论的综合与分析，可以将身份认同研究划分为心理、文化、制度和社会四个主要领域，各个领域之间具有一定的重合与交叉，有利于研究的深入进行。在理论和文献综述的基础上，本章在前人基础上发展了关于本地身份认同影响机制的理论

框架，并使用 Logistic 回归分析对相关假设进行统计检验。

本地身份认同作为一种自我认同的结果受到心理生理特征的影响，与个体生命周期和其所处的社会情境有关。然而分析结果发现，个体生理特征对其本地身份认同的实现并没有直接影响，在控制其他变量的前提下，迁移人口的本地认同没有显著的性别和年龄差异。受教育程度的增加对迁移人口适应本地生活和生存竞争均有一定的促进作用，但在当地社会中具有优势地位高学历迁移人群却可能拥有更加消极的本地认同感，这与高学历人群的群体分布有关。

本地身份认同作为一种群体归属感受到以社会排斥为主体的文化因素的影响，社会排斥不单纯指物质层面，而且拓展到精神心理层面和符号层面，本地社会关系的拓展有助于减少社会排斥，增加社会资本，从而通过实现关系本地化来加强本地认同。从文化视角来看，社会资本的增加有助于加强迁移人口的本地认同感，居留时间是迁移者熟悉了解新进入社会的基本前提，在流入地生活的时间越长，越容易扩大社会网络规模，越有助于迁移者完成认知、适应、接受和同化的过程，在社会资本和文化资本不断累积的基础上进而实现本地认同。除了居留时间，个体的社区交往（主要指邻里交往）也有助于社会资本的增加，从而促进个体实现本地身份认同。

本地身份认同作为一种公民身份认同的结果受到制度条件的制约，与某一群体的准入制度或规定有关，一旦个体进入制度覆盖范围就标志着其拥有与该群体成员相同的权利和义务，从而能够增强本地公民身份认同感。从制度视角来看，以户籍制度为代表的制度因素是阻碍迁移人口本地化的重要原因。尽管以城乡为基础的二元分割对迁移人口本地身份认同的影响依然存在，外来农村人的本地身份认同比例明显低于外来市民；但是以区域为基础的二元分割对外来人口本地身份认同的实现影响更大，获得当地户口更有助于其本地身份认同的直接实现。值得注意的是，当地户口的获得对于外来市民和外来农村人口的本地身份认同影响存在显著差异，农村人口在获得当地户口之后表现出更加积极的认同感，而城市人口却表现出与原住地更强的心理联系。

本地身份认同作为一种社会认同的结果，迁移人口的本地身份认同受到经济社会融入的影响，其中最重要的表现就是家庭生活的本地化，在长期分居两地的离散型家庭中，迁移人口的社会生活具有不完整性的特征，因此难以完全融入当地社会而不能实现本地身份认同。从社会融入和家庭团聚的视角来看，经济状况的提升是迁移人口实现本地认同的重要原因，本地住房的获得对迁移人口的经济社会关系起着固定作用，大大降低了他们的流动性，从而促使其在流入地建立更加稳定和长久的关系网络。家庭团聚有助于促进迁移人口的本地身份认同，其主要通过关系本地化和自身选择性两个途径发挥作用。首先，中国传统以家为核心的文化模式倾向于使个体形成以自己为中心的关系网络，家庭团聚为迁移人口个体提供必要的社会和心理支持，可以帮助其超越个体迁移而完成血缘、亲缘等关系的迁移，关系迁移有助于增加迁移人口社会交往的需求和机会，加速社会心理融入而实现本地身份认同。其次，迁移人口能否实现家庭团聚具有一定的选择性，本书使用倾向值分析法对这种选择性进行了估计，并在此基础上对其进行一定控制。团聚干预效应估计结果表明，有能力实现家庭流动迁移的个体一般具有较高的经济收入和社会地位，或在流入地具有相对丰富的社会资源、较高的资源拥有量对个体的本地身份认同提供较为坚实的经济社会条件，有助于加速他们的本地认同；而单独流动迁移的个体一般具有相对较低的经济收入和社会地位，在流入地也缺少社会资本，因此阻碍了其社会融入乃至本地认同的进程。在对团聚选择性使用倾向值分析法控制之后，家庭团聚对迁移人口本地身份认同的作用依然存在，进一步说明了以“家”为核心的差序格局对中国社会的持续影响力。

二 如何推进外来人口的市民化和本地化

（一）完善公共服务体制，促进迁移人口的家庭团聚

家庭生活的完整性有助于保证迁移人口在城市地区进行正常的社会生活，从而促进他们在当地的社会融入和心理融入的过程。家庭是社会的自然基础组合单元，并且具有被社会和国家保护的权利，拆散家庭就是剥夺了每个家庭成员尊重他或她的家庭生活的基本权利（李

其荣，2012)。然而，尽管当前的个体和家庭拥有自由流动和迁移的权利，但仍然缺乏实现家庭迁移和团聚的基本能力与制度条件。无论是单独流迁的迁移人口实现家庭团聚，还是迁移人口的举家流迁行为，都需要以个体、家庭的经济社会条件和流入地社会完善的公共服务为基础。因此，通过改善迁移人口的经济能力和生活水平有助于促进迁移人口家庭生活的完整性，保证迁移人口在城市劳动力市场中的公平竞争机会有助于合理提升该群体的正规就业水平，从而完善该群体的社会保障和福利待遇，保证迁移家庭能够在城市地区实现基本的生存条件和发展机会。同时，扩大针对流动人口的公共服务内容与范围，解决流动人口个体本身的就业、医疗、养老等社会保障问题的同时，家庭的随迁子女的教育问题和随迁老人的养老问题也有待改善。当前公共服务体系主要针对以农民工群体为主体的迁移劳动力，但仅仅改善劳动人口个体的生存条件很难使他们真正融入地方社会。对于大多数在流入地拥有定居意愿的迁移人口而言，增加和完善针对迁移人口家庭而非个体的公共服务体系尤为重要。

（二）促进公共服务均等化，推动外来农村人口的市民化

相对于外来市民，外来农村人口不仅在户籍身份上存在差异，在城市地区的就业、社会保障和生存状况也都处于较低的水平。外来农村人口的人力资本较低，在劳动力市场中难以实现正规就业，然而城市地区农民工社会保障的基本制度主要针对正规就业的农民工，对大多数不稳定就业的农民工缺乏稳定有效的保障制度（何平，2006），从而降低了农民工整体收入和社会保障的水平。中国农民工的非正规就业不仅包括非正规部门里的各种就业门类，还包括正规部门里的短期临时就业、非全日制就业、劳动派遣就业、分包生产或服务项目的外部工人等。外来农村人口就业形式为非正规就业的比例较高，工作的不稳定性使他们融入城市更加困难，阻碍了他们由农村人向城里人的转变。在本地化过程中，外来农村人口比外来市民面临更多的问题和阻碍，因此农民工的社会保障不仅项目少、水平低，而且社会保险关系难以转移、门槛过高、地区差异显著，其结果必然造成参保意愿低、实际参保率低、退保率高。这样，农民工在城镇就业，却既不能

参加城镇社会保障，也逐渐失去土地的社会保障，而农民工社会保障制度又很不完善，这一系列问题成为农民工市民化过程中亟须化解的矛盾和挑战。

因此，政府部门应尽快建立和规范农民工就业的中介行为和中介市场，为农民工建立正规劳务市场，提供就业需求信息等服务。同时，政府部门应在有利于人口流动的基础上扩大医疗保障覆盖面，改革其他医保模式，逐步提高统筹层级，并确保城乡医保制度的有机衔接，在条件成熟时建立全国统一的就业人员医保模式，以适应人口流动性就业，并在促进就业中实现医保全民覆盖。近年来，城乡体制分割已经终结，但这一体制的影响还会在一定时期内存在（张展新，2007a，2007b）。因此，通过促进公共服务均等化以消除原有城乡分割体制的遗产，将有助于外来农村人口个体和家庭生活条件的改善，增加生活的稳定性和满意度水平，从而保证市民化的顺利进行。

（三）调整城市区域户籍准入机制，促进迁移人口的公民身份认同

城市的地方性户籍准入政策规定了迁移人口及其家属获得本地户籍的条件，为迁移人口享受城市当地的基本公民权利形成了一定阻碍。一些外来农村人口虽然完成了从农村户口到城镇户口的转变，即在制度身份上完成了市民化过程，但由于没有取得城市当地户口而不能获得与当地城镇居民相同的权利和待遇，所以其身份也与本地市民有着很大的区别。这一问题在大城市更加明显，主要原因在于大城市的社会公共产品分配矛盾远远大于中小城市。由于户籍在社会公共产品分配上起到门槛作用，因此很多城市的户籍准入政策调整实际上是牵一发而动全身，如果社会保障、教育、基础设施等公共产品的城乡和区域差距依然存在（余佳、丁金宏，2008），大城市的户籍制度调整就难以进行。因此，要保证迁移人口与本地人口享受同等的权利和义务，不仅仅是降低或取消户籍门槛的问题，关键是减小城乡和区域间的社会公共产品资源的巨大差距，保证公共资源的公平分配是全面实现公民权利平等的基础。在实现迁移人口与本地人口平等的公民权基础之上，迁移人口的公民身份认同有助于其本地身份认同的实现。

三　问题、不足及展望

在研究方法和分析视角等方面，本部分仍存在很大的改善空间，样本数据的选取方面也受到一定限制。首先，2011 年中国社会调查的访问对象为在现地址居住的年满 18 周岁及以上的中国公民，无年龄上限但有年龄下限，使研究难以覆盖所有符合迁移人口定义的研究对象，尤其是没有涉及随迁子女的本地认同问题。其次，中国社会调查的城市迁移人口的样本分布存在问题，其中城镇户籍迁移人口的比例过高，而农村非户籍迁移（流动）人口的比例相对较低，与其他调查数据存在差距，使研究在比较城市本地和迁移人口的群体差异时因样本内部结构失衡而产生一定偏差。再次，在本地认同的影响分析中，回归模型设定不可避免地存在一定的内生性，尤其是个体经济社会特征变量对家庭团聚的影响难以分离。尽管在后续的倾向值分析中控制了家庭团聚的选择性，但在后续的敏感度分析①中仍难以保证不存在遗漏变量。最后，文章提出一个能够同时覆盖户籍和非户籍两个迁移群体的概念——城市迁移人口，在常用外来人口②（张展新、杨思思，2013）概念的基础上增加了获得本地户口的外来人员群体，覆盖了户籍迁入和非户籍迁入两种迁移行为，实质上是对城市“外来人口”和城市“一代移民”本地化的分析。

随着城市化的迅速发展和户籍制度的大幅改革，乡—城和城—城户籍迁移的规模均在不断扩大，除了非户籍迁移人口及其随迁家属之外，城市第一代户籍移民家庭的本地化进程需要受到更多的关注。与此同时，第二代户籍移民在城市的社会适应问题也将逐渐显现，该问题将进一步延展社会融合和社会适应研究的新领域。

---

① 由于倾向值分析主要作为本地认同影响因素模型中的辅助检验，受篇幅所限，在文中没有呈现后续的敏感度分析的结果。

② 外来人口一般指某一地域内“没有本地户口的外来人员”，由于本部分需要分析制度融入对其身份认同的影响，因此将获得本地户口的外来人员纳入其中，将外来人口的概念拓展为“出生时没有本地户口的外来人员”，与常用概念产生了一定偏差。

第七章

结论与讨论

第一节　主要发现与结论

孟德拉斯在 1992 年曾写到，20 亿农民站在工业文明的入口处，这就是 20 世纪下半叶，当今世界向社会科学提出的主要问题。事实上，在全球化、市场化和社会转型的大背景下，这“站在工业文明入口处”的 20 亿农民接近一半来自中国。近 30 年的人口流动为社会科学研究提供了一个实验室，一个可以进行多种比较的天然实验室。我国地方状况的多样性和国家政策的统一性使我们可以对人口流动过程中的各类潜在因素进行系统比较，正如自然实验一般，几乎每一个变量都可能被分离出来。正是由于巨大社会变动带来了丰富的研究资源和大量的社会问题，我国人口迁移流动方面的研究已经汗牛充栋，既包括人口流动的规模、时间、趋势及空间分布等基本特征的研究，也包括流动人口的社会融合、身份认同、生存状况等社会问题的分析，其中关于家庭迁居意愿和行为的研究也不在少数。相较于前人丰富的研究积累，本书通过引入新的度量方法和分析维度，并试图能够对这一研究领域有所贡献，以一种新的视角讨论我国公共服务均等化改革背景下的家庭迁居问题。

首先，全国 50 个大城市流动人口调查数据的描述性分析结果显示，大城市公共服务均等化改革面临更为严重的问题和困境，在教育、就业、社保、医疗、住房和入籍等方面尤为凸显。大城市吸纳了全国近70%的流动人口，其公共服务改善面临的困难与中小城市相比也存在极大不同，呈现出多元化和异质性特征。第一，由于城市和教育阶段的教育资源分布存在差异，导致流动人口子女在大城市就学呈现出显著的空间和阶段双重差异的现象。大城市流动人口子女在流入地接受教育面临多重困境，在超大城市尤其严重。伴随教育阶段的提升，流动人口子女在大城市就学的难度越来越高。第二，大城市的正规就业水平提高与非正规劳动问题共存。在制度约束的条件下，尽管非正规就业的水平在下降，但在正规就业中的非正规劳动现象普遍存在，同时市场自发调节引起的人才流动和聚集也进一步扩大了大城市之间的就业服务均等化差距。第三，大城市社会保险领域的“本地—外来”分割不断弱化，但城市之间的区域分割和城乡之间的户籍分割依然凸显，农民工的社会保险参与状况仍然远远低于全人群的水平。尽管如此，大城市的社会保险覆盖水平仍然高于中小城市，城市之间的社会保障服务差异可能导致更多的农村人口流入大城市。第四，大城市流动人口基本医疗卫生服务也存在明显的区域和城乡差异。在区域、城乡和居住环境三重约束下，尽管公共医疗卫生服务在区域、城乡和社区层面存在极大的不平衡，城—城流动人口的居民健康档案建档率远高于乡—城流动人口，但乡—城流动人口患病后在社区卫生服务机构就医的现象较为普遍。第五，大城市流动人口住房保障水平低下，将进一步影响其居留意愿和行为。由于政策性住房覆盖范围较窄、门槛高，加之大城市住房价格较高，流动人口在大城市购买住房的能力仍然受限。第六，居住证制度改革与公共服务关联性仍然不足。在多数城市中，户籍制度与社保、医疗、就业、教育等公共资源的分配相互关联，限制了“准市民”共享资源的公民权利，居住证制度带来的公共资源再分配效果尚未显现。

其次，在引入了新的公共服务度量方法之后，分析发现仅仅通过城市规模等级简单判定公共服务差异大小的思路存在缺陷，区域差异仍然是城市公共服务体系完善应该考虑的主要因素。因为不同区域面临的现实问题和政策环境不同，其改革动力和进度也可能会有所差异，城市之间的公共服务均等化改革并非全面推进，而是存在时间先后、范围大小、程度深浅等不同层次的差异。那么如何衡量城市间公共服务均等化进程的差异？常见的判别标准是基于城市规模等级的高低，因为我国新型城镇化规划中基于不同规模等级的城市提出了差异化的人口调控政策，但本书认为，城市规模等级仅仅是反映城市差异的一个维度，同时存在影响城市公共服务改善的其他因素。因此，本书依据公共服务均等化的官方定义构建了大城市流动人口公共服务指数，通过指数排序结果及方差分析可以发现：关于超大城市、特大城市、Ⅰ型大城市和Ⅱ型大城市的官方划分标准过于单一，不能很好地反映当前大城市之间存在的公共服务差距，反而是东部、中部、西部的区域差异更为显著，将规模等级作为我国新型城镇化和公共服务均等化改革的主要依据存在缺陷。

再次，在引入了因子分析的方法之后，为传统的公共服务概念引入了新的解释维度，从双重市民化角度重新讨论了我国公共服务均等化改革的内在逻辑。为了进一步探讨城市规模等级和区域划分视角下城市公共服务差异的形成原因，本书使用因子分析方法对传统的公共服务指标体系进行了二次降维处理，提取出就业关联的公共服务和非就业关联的公共服务两个极为实用的公因子，两个公因子与工业公民权和普通公民权的概念相对应。因子分析结果显示，非就业关联公共服务的因子得分与就业关联服务的因子得分之间呈现负相关的关系，东部地区、规模等级较高的大城市就业关联的公共服务因子得分更高，中西部地区、规模等级较低的大城市非就业关联的公共服务因子得分更高，显示出地方在公共服务均等化改革中有极强的自主性，也反映出中央与地方、国家与市场在工业公民权和普通公民权促进问题上的矛盾与冲突。

最后，超出微观视角的研究局限，使用分层 Logit 模型加入城市层面的公共服务数据，将微观和宏观两种分析层次统一纳入流动人口家庭迁居模型之中。在我国新型城镇化、户籍制度和公共服务均等化改革取得了积极进展的背景下，城市公共服务改善应该是影响流动人口家庭迁居的重要因素。尽管当前关于人口迁移流动的研究较多，但宏观研究多数集中于流动人口规模及结构变动的预测，迁移流动行为的研究基本以微观分析为主，基本上都是讨论家庭迁移流动行为的微观因素，对宏观视角下制度变革和市场化进程的影响考虑不足，忽视了公共服务体系的建立和完善对于人口迁移流动的重要作用。从逻辑分析的视角看，公共服务均等化有助于改善流入地的环境，缩小流动人口和本地户籍人口之间的差距，因此应该有助于家庭迁居，这是当前已经被普遍接受的观点之一。但更为值得重视的问题是，不同类型的公共服务改善对流动人口的家庭迁居是否存在不同影响。因此，本书使用多层 Logit 模型讨论了两类城市公共服务改善和个人家庭禀赋对于家庭团聚的影响，比较了不同城市之间的家庭迁居模式差异。研究发现，我国大城市流动人口的家庭迁移面临来自宏观和微观的双重影响，既有来自城市层面的公共服务均等化的影响，也有来自个体和家庭禀赋的重要作用，其中非就业关联的公共服务改善难度最大，但恰恰是影响流动人口家庭迁居极为重要的制度因素。如何通过提高城市非就业关联的公共服务水平改善流动人口的经济社会状况，降低流动人口家庭迁移成本的同时提升流动人口家庭迁移的能力，将是未来新型城镇化和公共服务均等化改革中亟待解决的问题。

第二节　地方约束下家庭迁居问题的再讨论

正如发现与结论中指出的那样，城市之间的公共服务差异已经成为影响流动人口家庭迁居的重要因素，并且这一结论已经得到足够的经验数据支持。那么，我们未来面临的更为重要的问题是：为什么中小城市与大城市之间、不同类型大城市之间的公共服务水平会存在如此巨大的差异？其中政府和市场、中央和地方、环境与家庭分别扮演了何种角色？这些差异对流动人口的家庭迁居造成了何种影响？如何在不同的维度的博弈中寻求问题的解决之道？这些将是未来需要进一步讨论的重要问题。

一　公共服务均等化的两种逻辑及影响

从综合服务水平的角度看，我国大城市的公共服务均等化过程仍然有待推进，地方发展约束问题值得重视。区域差异对城市公共服务改善的影响大于因城市规模等级而产生的差异，而这种差异反映了公共服务均等化的地方约束，也蕴含了两种社会权利保障的矛盾与冲突。从工业公民权和普通公民权的视角看，我国的公共服务均等化进程主要存在两种推动力，一方面来自户籍制度变革带来的制度建设，另一方面来自市场化进程加快带来的劳动力市场的规范化。由于两种权利均等化变革的内在动力不同，导致我国公共服务均等化改革的主要困难和阻力也来自这两个方面，这一问题直接体现在大城市非就业关联服务与就业关联服务的矛盾与冲突之上。非就业关联的公共服务均等化属于国家顶层设计的政策目标，旨在推进普通公民权的均等化进程，但需要由地方财政承担均等化的成本；就业关联的公共服务均等化属于市场发育成熟的产物，旨在保障就业者权利的均等化过程，市场分担了大部分的均等化成本。因此，为了能够继续享受人口流入带来的经济效益，地方政府保障工业公民权的动力和积极性更高，导致流动人口规模效应越高的城市其劳动力市场的规范性越强，正规就业的比例越高，最终形成了城市规模等级与就业关联服务改善之间的良性循环。在流动人口规模较小的城市，地方政府推动就业关联的公共服务均等化能力不足，更加难以吸引流动人口的进入，最终陷入高素质劳动力不足的恶性循环。同时，无论是超大城市还是特大城市，均倾向于更加严格地控制非就业关联公共服务产品的供给，从而实现控制公共财政支出的增长，继续享受人口流动带来的经济效益。由于规模等级较低的城市产业集聚优势不明显，户籍人口公共服务水平较低，相对而言推动非就业关联公共服务覆盖流动人口的财政压力较小，反而在普通公民权利保障方面产生了一定进展。然而，这种均等化改革是以低成本的公共服务为代价的，对于降低流动人口的生活和迁移成本影响甚微。因此，相较于原来与户口捆绑的城乡权利差异，“本地—外来”的权利差距不再简单地由户籍政策决定，而是在差异化的户籍准入政策和公共服务改革进程中变得更具地方性色彩。换言之，国家从人口调控的层面对不同规模等级城市的户籍迁移政策进行了顶层设计，而不同城市的公共服务均等化改革则由地方主导推进。户籍准入政策的国家调控和公共服务改革的地方性色彩共同导致了城市公共服务的差异格局，而这种差异将会继续影响我国流动人口家庭迁居行为。

二　结构与行动：家庭团聚的双重影响因素

大城市流动人口的家庭团聚受到地方政策约束和个体微观动力的双重影响。流动人口的个体特征和公共服务获得对其在流入地实现家庭团聚作用显著，大城市非就业关联的公共服务均等化水平提升也有助于降低流动人口家庭迁移的成本。尽管当前的个体和家庭拥有自由流动和迁移的权利，但仍然缺乏实现家庭迁移和团聚的基本能力与制度条件。无论是单独流迁的流动人口实现家庭团聚，还是流动人口的举家流迁行为，都需要以个体、家庭的经济社会条件和流入地社会完善的公共服务为基础。因此，通过改善流动人口的经济能力和生活水平有助于促进流动人口家庭生活的完整性，从而完善该群体的社会保障和福利待遇，保证迁移家庭能在城市地区实现基本的生存条件和发展机会。同时，扩大针对流动人口的公共服务内容与范围，解决流动人口个体本身的就业、医疗、养老等社会保障问题的同时，家庭的随迁子女的教育问题和随迁老人的养老问题也有待改善。

第三节　促进流动人口家庭迁居的政策启示

一　从管理到服务：改变流动人口服务管理模式

流入地的政策环境对流动人口及其家庭的接纳是影响其家庭迁居的重要原因。在过去很长一段时期内，我国流动人口服务管理的主体部门为公安户籍部门，这一时期以流入地的层级管理为主要手段，以治安防范为目标，重点致力于解决流动人口群体中的社会治安问题。这一模式的潜在思路在将流动人口视为“外来人”的同时将其视为高风险人群，并未将流动人口纳入流入地的公共服务体系，流动人口的家庭迁居更加难以实现。随着流动人口规模的不断扩大，流动人口在流入地的经济社会需求满足问题越来越突出，尽管国家在顶层设计上将流动人口治安管理的原有内涵延伸至教育培训、社会保障、医疗卫生、住房保障等多个领域，试图建立多目标的流动人口管理服务体系，但是由于我国仍然执行差异化的新型城镇化政策，导致地方在将流动人口纳入城市公共服务体系时存在一定的自主性和调整空间，大城市流动人口服务管理模式转型中公共服务资源的供给仍然存在不足，需要进一步扩大公共服务的覆盖范围，提升公共服务产品的质量，完善公共服务产品的供给体系。

二　从个体到家庭：提升非就业关联的公共服务水平

由于户籍在社会公共产品分配上起到门槛作用，因此很多城市的户籍准入政策调整实际上是牵一发而动全身，如果社会保障、教育、基础设施等公共产品的城乡和区域差距依然存在，大城市的户籍制度调整就难以进行。因此，要保证流动人口与本地人口享受同等的权利和义务，不仅仅是降低或取消户籍门槛的问题，关键是减小城乡和区域间的社会公共产品资源的巨大差距，保证公共资源的公平分配是全面实现公民权利平等的基础。当前公共服务体系仅仅集中于改善劳动人口个体的生存条件，对于大多数在流入地拥有定居意愿的流动人口而言，增加和完善针对流动人口家庭而非个体的公共服务体系更重要。因此，通过促进非就业关联的公共服务均等化消除原有的户籍服务壁垒，将有助于流动人口个体和家庭生活条件的改善，增加生活的稳定性和满意度水平，从而推动新型城镇化改革的高质量完成。

三　从市民到公民：推动多层次的社会权利均等化进程

当前，我国公共服务均等化进程中存在两种类型的差异需要重点关注：一是流动人口与户籍人口之间的公共服务差异，即外来人口与本地市民之间的公共服务差异；二是不同城市之间的公共服务差异，即不同区域的市民之间的公共服务差异，两种差异均不可避免地涉及市民与公民的社会权利问题。值得注意的是，我国在促进公民社会权利的平等方面取得了较大的进展，但主要体现在与就业相关联的公共服务改善上，而这一改善主要得益于国家在劳动力市场规范化上所做的顶层设计。基于“本地—外来”的市民身份产生的非就业关联的公共服务均等化改革仍然存在阻力，地方政府在推动外来人口享受与本地市民同等权利和服务方面仍然缺乏足够的动力和决心。因此，国家应当进一步完善在公民社会权利促进方面的政策设计，将流动人口的劳动就业和税收与地方公共服务供给体系联系起来的同时，更应该推动地方完成流动人口的公共服务资格从流出地到流入地的平稳过渡，逐步缩小或减少“本地—外来”的公共服务区隔，最终建立面向所有常住人口的公共服务体系。值得欣慰的是，在某些劳动力短缺的城市，已经可以看到一些地方在促进公民社会权利均等化问题上所做的积极努力，这使我们看到了从地方层面而非仅仅从国家层面推动流动人口与本地人口公民社会权利均等化的可能性。

参考文献

安志银：《我们的粮户关系为何得不到解决》，《中国农垦》1989年第3期。

蔡昉：《劳动力迁移的两个过程及其制度障碍》，《社会学研究》2001年第4期。

蔡昉：《迁移决策中的家庭角色和性别特征》，《人口研究》1997年第2期。

蔡昉等：《户籍制度与劳动力市场保护》，《经济研究》2001年第12期。

常修泽：《中国现阶段基本公共服务均等化研究》，《中共天津市委党校学报》2007年第2期。

陈云松：《逻辑、想象和诠释：工具变量在社会科学因果推断中的应用》，《社会学研究》2012年第6期。

程名望、史清华：《农民工进城务工文化差异的实证分析》，《中国人力资源开发》2006年第6期。

崔传义：《农民工问题是政治问题》，《政治研究动态》2006年第Z1期。

崔岩：《流动人口心理层面的社会融入和身份认同问题研究》，《社会学研究》2012年第5期。

丁宪浩：《推进农民工的社会融入》，《开放导报》2006年第5期。

杜旻：《流动人口社会阶层结构及地区差异》，《西北人口》2013年第3期。

段成荣、杨舸：《我国流动人口的流入地分布变动趋势研究》，

《人口研究》2009 年第 6 期。

费孝通：《乡土中国》，上海人民出版社 2006 年版。

郭菲、张展新：《流动人口在城市劳动力市场中的地位：三群体研究》，《人口研究》2012 年第 1 期。

郭小聪、刘述良：《中国基本公共服务均等化：困境与出路》，《中山大学学报》（社会科学版）2010 年第 5 期。

郭星华：《漂泊与寻根：流动人口的社会认同研究》，中国人民大学出版社 2011 年版。

郭星华、姜华：《农民工城市适应研究的几种理论视角》，《探索与争鸣》2009 年第 1 期。

郭星华、王嘉思：《新生代农民工：生活在城市的推拉之间》，《中国农业大学学报》（社会科学版）2011 年第 3 期。

国家卫生和计划生育流动人口司：《流动人口社会融合：理论与实践》，中国人口出版社 2014 年版。

国务院发展研究中心课题组：《农民工市民化：制度创新与顶层政策设计》，中国发展出版社 2011 年版。

何平：《城乡统筹中的社会保障》，《中国劳动保障》2006 年第 9 期。

洪小良：《城市农民工的家庭迁移行为及影响因素研究——以北京市为例》，《中国人口科学》2007 年第 6 期。

侯慧丽：《城市公共服务的供给差异及其对人口流动的影响》，《中国人口科学》2016 年第 1 期。

侯慧丽、李春华：《北京市流动人口住房状况的非制度影响因素分析》，《北京社会科学》2010 年第 5 期。

侯慧丽、李春华：《梯度城市化：不同社区类型下的流动人口居住模式和住房状况》，《人口研究》2013 年第 2 期。

侯佳伟：《人口流动家庭化过程和个体影响因素研究》，《人口研究》2009 年第 1 期。

侯佳伟等：《中国人口生育意愿变迁：1980—2011》，《中国社会科学》2014 年第 4 期。

胡鞍钢、杨韵新：《就业模式转变：从正规化到非正规化：我国城镇非正规就业状况分析》，《管理世界》2001 年第 2 期。

胡宏伟等：《差异与排斥：新生代农民工社会融入的联动分析》，《上海行政学院学报》2011 年第 4 期。

黄仁宗：《城镇化抑或迁徙自由：反思我国户籍制度改革的价值取向》，《求实》2002 年第 5 期。

黄仁宗：《对我国户籍制度改革价值取向的反思》，《中国行政管理》2003 年第 1 期。

黄祖辉等：《农村工业化、城市化和农民市民化》，《经济研究》1989 年第 3 期。

蒋耒文等：《中国城镇流动人口的住房状况研究》，《人口研究》2005 年第 4 期。

金菊良等：《动态多指标决策问题的投影寻踪模型》，《中国管理科学》2004 年第 1 期。

瞿红霞：《随迁老人的社会融入状况及其影响因素探析》，硕士学位论文，华中科技大学，2012 年。

李爱芹：《我国农民工社会保障制度的缺陷和完善：以广东模式和上海模式为例》，《农业现代化研究》2009 年第 3 期。

李斌：《社会排斥理论与中国城市住房改革制度》，《社会科学研究》2002 年第 3 期。

李培林：《流动民工的社会网络和社会地位》，《社会学研究》1996 年第 4 期。

李其荣：《家庭团聚是移民法体系的核心：美国、加拿大家庭团聚移民政策分析》，《第四届移民法论坛：出境入境管理法、中国和世界论文集》，2012 年。

李强：《关于“农民工”家庭模式问题的研究》，《浙江学刊》1996 年第 1 期。

李强：《主动城镇化与被动城镇化》，《西北师范大学学报》（社会科学版）2013 年第 6 期。

李强、李洋：《居住分异与社会距离》，《北京社会科学》2010 年第 1 期。

李强、唐壮：《城市农民工与城市中的非正规就业》，《社会学研究》2002 年第 6 期。

李晓霞：《融合与发展：流动人口基本公共服务均等化的思考》，《华东理工大学学报》（社会科学版）2014 年第 2 期。

李雪燕、辛涛：《二分数据的多层线性模型：原理与应用》，《心理发展与教育》2006 年第 4 期。

李志明：《社会保险权的历史发展：从工业公民资格到社会公民资格》，《社会学研究》2012 年第 4 期。

廖传景：《青年农民工心理健康及其社会性影响与保护因素》，《中国青年研究》2010 年第 1 期。

林燕：《二元结构下的劳动力非家庭化转移研究》，博士学位论文，浙江大学，2009 年。

刘传江、程建林：《第二代农民工市民化：现状分析与进程测度》，《人口研究》2008 年第 5 期。

刘建娥：《从农村参与走向城市参与：农民工政治融入实证研究——基于昆明市 2084 份样本的问卷调查》，《人口与发展》2014 年第 1 期。

刘建娥：《乡—城移民（农民工）社会融入的实证研究——基于五大城市的调查》，《人口研究》2010 年第 4 期。

刘建娥：《乡—城移民社会融入的实践策略研究：社区融入的视角》，《社会》2010 年第 1 期。

刘建娥等：《乡—城移民家庭融入趋势及政策研究框架：基于 2014 年国家卫计委流动人口动态监测数据》，《江苏社会科学》2015 年第 4 期。

刘丽：《基于基本公共服务均等化目标的财政管理体制改革》，硕士学位论文，广西大学，2008 年。

刘林平：《外来人群体中的关系运用——以深圳“平江村”为个案》，《中国社会科学》2001 年第 5 期。

刘林平：《外来人群体中的家庭与家族网络支持——深圳“平江

村”的调查与分析》，《广东社会科学》2005 年第 5 期。

刘武俊：《变法——户籍改革的制度化路径》，《小城镇建设》2001 年第 11 期。

刘雨龙：《生命历程视角下的农民工社会融入研究》，硕士学位论文，中国社会科学院，2012 年。

罗茂初等：《全面认识人口流动现象，审慎选择对策——北京市流动人口调查》，《人口研究》1986 年第 3 期。

马广海：《二元劳动力市场与对农民工的制度性歧视》，《山东省农业管理干部学院学报》2003 年第 5 期。

马侠：《中国城镇人口迁移模式及其转变》，《中国人口科学》1990 年第 3 期。

［美］埃里克森：《同一性：青少年与危机》，孙名之译，浙江人民出版社 2000 年版。

［美］孔飞力：《叫魂：1768 年中国妖术大恐慌》，陈兼、刘昶译，三联书店 1999 年版。

孟昕：《城乡人口迁移的趋势及政策影响》，《比较》2013 年第 2 期。

倪红日、张亮：《基本公共服务均等化与财政管理体制改革研究》，《管理世界》2012 年第 9 期。

聂倩、齐立云：《中国流动家庭类型分析》，《未来与发展》2016 年第 1 期。

潘华：《新生代农民工“回流式”市民化研究》，博士学位论文，上海大学，2012 年。

潘锦棠：《中国生育保险制度的历史与现状》，《人口研究》2003 年第 2 期。

戚伟等：《中国城市规模划分新标准的适用性研究》，《地理科学进展》2016 年第 1 期。

屈小博、程杰：《地区差异、城镇化推进与户籍改革成本的关联度》，《改革》2013 年第 3 期。

邵岑、张翼：《“八零前”与“八零后”流动人口家庭迁移行为比较研究》，《青年研究》2012 年第 4 期。

邵宁宁：《“流动人口”家庭迁移及家庭居留的影响因素探析》，硕士学位论文，华东师范大学，2015 年。

沈千帆：《北京市流动人口的社会融入研究》，北京大学出版社 2011 年版。

盛亦男：《中国流动人口家庭化迁居》，《人口研究》2013 年第 4 期。

石智雷：《人口流动与中国农村地区的家庭禀赋——基于中部地区农户调查数据的分析》，《湖北经济学院学报》2012 年第 5 期。

石智雷、杨云彦：《家庭禀赋、家庭决策与农村迁移劳动力回流》，《社会学研究》2012 年第 3 期。

史毅：《户籍制度与家庭团聚——流动人口流入地的身份认同》，《青年研究》2016 年第 6 期。

苏晓馨：《城市外来人口健康与医疗服务利用行为研究》，博士学位论文，复旦大学，2012 年

孙朝阳：《青年女性农民工城市融入的主动策略》，《安徽农业科学》2009 年第 18 期。

孙战文、杨学成：《市民化进程中农民工家庭迁移决策的静态分析——基于成本—收入的数理模型与实证检验》，《农业技术经济》2014 年第 7 期。

覃国慈：《关于农民工与城里人的隔阂探讨》，《湖北社会科学》2007 年第 1 期。

谭深：《农民工流动研究综述》（英文），*Social Sciences in China*2003 年第 4 期。

唐灿、冯小双：《“河南村”流动农民的分化》，《社会学研究》2000 年第 4 期。

田娜：《户籍制度改革对农民工融入社会的影响分析》，《西安文理学院学报》（社会科学版）2011 年第 5 期。

王春光：《农民工：一个正在崛起的新工人阶层》，《学习与探索》2005 年第 1 期。

王春光：《农民工的社会流动和社会地位的变化》，《江苏行政学院学报》2003 年第 4 期。

王春光：《新生代农民工城市融入进程及问题的社会学分析》，《青年探索》2010 年第 3 期。

王共蒙、刘舒婷：《户籍改革与城乡协同：我国平等现代化的逻辑理路》，《江西行政学院学报》2015 年第 3 期。

王汉生、杨圣敏：《大城市中少数民族流动人口聚居区的形成与演变——北京新疆村调查之二》，《西北民族研究》2008 年第 3 期。

王红茹等：《拆除户籍藩篱：滞后还是超前?》，《中国经济周刊》2005 年第 4 期。

王军、王广州：《中国育龄人群的生育意愿及其影响估计》，《中国人口科学》2013 年第 4 期。

王立英：《试论我国城镇暂住人口的管理》，《人口与经济》1996 年第 4 期。

王晓毅：《村庄内外——温州宜一村调查》，《社会学研究》2000 年第 5 期。

王新华：《中国户籍法律制度研究》，中国人民公安大学出版社 2001 年版。

魏晓林、张展新：《城市外来人口的户籍身份与卫生服务利用》，《人口与发展》2008 年第 4 期。

吴开亚、张力：《发展主义政府与城市落户门槛：关于户籍制度改革的反思》，《社会学研究》2010 年第 6 期。

吴开亚等：《户籍改革进程的障碍：基于城市落户门槛的分析》，《中国人口科学》2010 年第 1 期。

吴维平、王汉生：《寄居大都市：京沪两地流动人口住房现状分析》，《社会学研究》2002 年第 3 期。

吴文藻：《社区研究与社会调查的近今趋势》，《中央日报·社会调查双周刊》1935 年第 27/28 期。

伍先江：《试论社会经济转型时期的户口迁移制度改革》，《人口研究》1998 年第 4 期。

谢美华等：《多层多项 Logit 模型：原理与应用》，《心理学探新》2013 年第 5 期。

熊觉：《外来人口子女义务教育资源配置研究——以宁波市海曙区为个案》，“公平、均衡、效率：多元社会背景下的教育改革”国际学术研讨会，2008 年 10 月 17 日。

徐玮、杨云彦：《流动人口失业特征、分布及影响因素分析》，《人口与发展》2016 年第 4 期。

徐祖荣：《流动人口社会融入障碍及其破解》，《重庆社会科学》2008 年第 8 期。

许传新：《新生代农民工的身份认同及影响因素分析》，《学术探索》2007 年第 3 期。

许仕廉：《中国人口问题》，商务印书馆 1930 年版，辑入《民国丛书》第 3 编第 16 册，上海书店 1911 年版。

杨菊华：《流动人口在流入地社会融入的指标体系——基于社会融入理论的进一步研究》，《人口与经济》2010 年第 2 期。

杨菊华：《人口流动与居住分离：经济理性抑或制度制约?》，《人口学刊》2015 年第 1 期。

杨菊华、陈传波：《流动家庭的现状与特征分析》，《人口学刊》2013 年第 5 期。

杨菊华、陈传波：《流动人口家庭化的现状与特点：流动过程特征分析》，《人口与发展》2013 年第 3 期。

杨晓军：《城市公共服务质量对人口流动的影响》，《中国人口科学》2017 年第 2 期。

杨义武等：《地方公共品供给与人口迁移——来自地级及以上城市的经验证据》，《中国人口科学》2017 年第 2 期。

杨玉臣：《女职工劳动保护状况分析报告》，《妇女研究论丛》1996 年第 2 期。

杨中燕等：《核心家庭人口流动模式及其影响因素》，《西北人口》2015 年第 3 期。

殷志静、郁奇虹：《中国户籍制度改革》，中国政法大学出版社

1996 年版。

［英］H. 孟德拉斯：《农民的终结》，李培林译，社会科学文献出版社 2010 年版。

［英］卡尔·波兰尼：《大转型：我们时代的政治与经济起源》，冯钢、刘阳译，浙江人民出版社 2007 年版。

余佳、丁金宏：《中国户籍制度：基本价值、异化功能与改革取向》，《人口与发展》2008 年第 5 期。

原新、万能：《流动人口、非正规就业与大城市发展》，《中国地质大学学报》（社会科学版）2007 年第 5 期。

翟振武等：《北京市流动人口的最新状况与分析》，《人口研究》2007 年第 2 期。

翟振武等：《首都流动人口最新状况》，首都人口与发展论坛，2006 年。

张广济：《生活方式与社会融入关系的社会学解读》，《长春工业大学学报》（社会科学版）2010 年第 3 期。

张国胜、谭鑫：《第二代农民工市民化的社会成本、总体思路与政策组合》，《改革》2008 年第 9 期。

张航空、李双全：《流动人口家庭化状况分析》，《南方人口》2010 年第 6 期。

张洪纲：《人口流动家庭化过程及其影响因素研究》，硕士学位论文，南京大学，2014 年。

张庆五：《关于人口迁移与流动人口概念问题》，《人口研究》1988 年第 3 期。

张文宏、雷开春：《城市新移民社会融合的结构、现状与影响因素分析》，《社会学研究》2008 年第 5 期。

张文娟：《流动人口的家庭结构——以北京市为例》，《北京行政学院学报》2009 年第 6 期。

张莹瑞、佐斌：《社会认同理论及其发展》，《心理科学进展》2006 年第 3 期。

张展新：《从城乡分割到区域分割——城市外来人口研究新视

角》，《人口研究》2007年第6期。

张展新：《双重转型、均等化改革与农民工地位提升》，《劳动经济研究》2015年第6期。

张展新等：《城乡分割、区域分割与城市外来人口社会保障缺失》，《中国人口科学》2007年第6期。

张展新、侯慧丽：《两类外来人口的劳动合同签订与社会保险获得差异》，《开放导报》2008年第2期。

张展新、侯亚非：《流动家庭的团聚：以北京为例》，《北京行政学院学报》2010年第6期。

张展新、杨思思：《流动人口研究中的概念、数据及议题综述》，《中国人口科学》2013年第6期。

张占斌等：《我国农村转移人口市民化的财政支出测算与时空分布研究》，《中央财经大学学报》2013年第10期。

折晓叶：《村庄边界的多元化》，中国社会科学院社会学研究所编：《中国社会学》（第1卷），上海人民出版社2002年版。

郑桂珍等：《上海市区流动人口问题初探》，《人口研究》1985年第3期。

郑杭生：《农民工市民化是当代中国社会学的重要课题》，《广州公共管理评论》2013年第1辑。

中国科学院可持续发展战略研究组：《可持续发展战略报告2005》，科学出版社2005年版。

中国农村劳动力流动百村追踪调查课题组：《中国农村劳动力流动趋势分析》，《经济研究参考》1998年第6期。

中央教育科学研究所课题组：《进城务工农民随迁子女教育状况调研报告》，《教育研究》2008年第4期。

周大鸣：《外来工与“二元”社区——珠江三角洲的考察》，《中山大学学报》（社会科学版）2002年第2期。

周皓：《中国人口迁移的家庭化趋势及影响因素分析》，《人口研究》2004年第6期。

周林刚：《论社会排斥》，《社会》2004年第3期。

周伟文等:《变革中的中国家庭? 生存在边缘: 流动家庭》, 河北人民出版社 2002 年版。

朱宝树:《农村人口城市化新态势和新问题——上海郊区农民进镇落户调查》,《中国人口科学》1989 年第 6 期。

朱力:《论农民工阶层的城市适应》,《江海学刊》2002 年第 6 期。

朱力:《准市民的身份定位》,《南京大学学报》(社会科学版) 2000 年第 6 期。

朱琳:《城市流动人口基本公共卫生计生服务研究》,《卫生经济研究》2016 年第 5 期。

朱明芬:《农民工家庭人口迁移模式及影响因素分析》,《中国农村经济》2009 年第 2 期。

庄亚儿等:《当前我国城乡居民的生育意愿——基于 2013 年全国生育意愿调查》,《人口研究》2014 年第 3 期。

Agresti, Alan *Categorical Data Analysis*, Vol. 359, John Wiley & Sons, 2002.

Banaji M. R., Prentice D. A., "The Self in Social Contexts", *Annual Review of Psychology*, 1994, 45 (1): 297-332.

Baubock R., *The Trade-off between Transnational Citizenship and Political Autonomy*, Palgrave Macmillan, 2007.

Baumeister R. F., et al., "Ego Depletion: Is the Active self a Limited Resource?", *Journal of Personality and Social Psychology*, 1998, 74 (5): 1252.

Baumeister, Roy, F., et al., *The Need to Belong: Desire for Interpersonal Attachments as a Fundamental Human Motivation*, Psychological Bulletin, 1995, 497.

Berry, William D., Stanley Feldman Multiple Regression in Practice, Sage, 1985.

Bloemraad I., et al., "Citizenship and Immigration: Multiculturalism, Assimilation, and Challenges to the Nation-state", *Annu. Rev. Sociol*, 2008, 34: 153-179.

Bloemraad I, et al., "Citizenship and immigration: Multiculturalism, assimilation, and challenges to the Nation-state", *Annu. Rev. Sociol*, 2008, 34: 153-179.

Cameron, A. Colin, Pravin K. Trivedi, *Microeconometrics: Methods and Applications*, Cambridge University Press, 2005.

Chiswick B. R., "The effect of Americanization on the Earnings of Foreign-born Men", *Journal of Political Economy*, 1978, 86 (5): 897-921.

Crisp R. J., Hewstone M., "Multiple Categorization and Implicit Intergroup Bias: Differential Category Dominance and the Positive-negative Asymmetry Effect", *European Journal of Social Psychology*, 2001, 31 (1): 45-62.

Dahlberg M., et al., "Estimating Preferences for Local Public Services Using Migration Data", *Urban Studies*, 2012, 49 (2): 319-336.

Davidian M., "Hierarchical Linear Models: Applications and Data Analysis Methods", *American Journal of Sociology*, 1994, 16 (Volume 99, Number 5): 348.

Durkheim, Emile, *Primitive Classification*, Vol. 273, University of Chicago Press, 1963.

Dustmann C., Okatenko A., "Out-migration, Wealth Constraints, and the quality of local amenities", *Journal of Development Economics*, 2014, 110 (C): 52-63.

Ellemers N., et al., "Self and Social Identity", *Annual Review of Psychology*, 2002, 53 (1): 161-186.

Ellemers, Naomi Ed., Russell ed Spears, and Bertjan ed Doosje, Social Identity: Context, Commitment, Content, Blackwell Science, 1999.

Erikson, Erik Homburger, *Identity and the Life Cycle*, Vol. 1. WW Norton & Company, 1980.

Faist, Thomas, *The Fixed and Porous Boundaries of Dual Citizenship*, Dual Citizenship in Europe, 2007, 1-45.

Fan C. C., "Migration and Labor-market Returns in urban China:

Results from a Recent Survey in Guangzhou", *Environment and Planning A*, 2001, 33 (3): 479-508.

Frable D. E. S., "Gender, Racial, Ethnic, Sexual, and Class Identities", *Annual Review of Psychology*, 1997, 48 (1): 139-162.

Górny A., et al., Selective Tolerance? Regulations, Practice and Discussions Regarding dual citizenship in Poland, Dual Citizenship in Europe, From Nationhood to Societal Integration, 2007: 147-170.

Haslam S. A., et al., "Context-dependent Variation in Social Stereotyping 1: The Effects of Intergroup Relations as Mediated by Social Change and Frame of Reference", *European Journal of Social Psychology*, 1992, 22 (1): 3-20.

Hofstede G., *Culture's Consequences: International Differences in Work-Related Values*, Beverly Hills, CA: Sage, 1980.

Hurtado A., et al., "Social Identities—A Framework for Studying the Adaptations of Immigrants and Ethnics: The Adaptations of Mexicans in the United States", *Social Problems*, 1994, 41 (1): 129-151.

Jacobs D., Tillie J., "Introduction: Social Capital and Political Integration of Migrants", *Journal of Ethnic and Migration Studies*, 2004, 30 (3): 419-427.

Johnson D., et al., "Perceptions of the Intergroup Structure and Anti-Asian Prejudice Among White Australians", *Group Processes & Intergroup Relations*, 2005, 8 (1): 53-71.

Kastoryano, Riva, *Negotiating identities: States and immigrants in France and Germany*, Princeton University Press, 2002.

Keselman H. J., Rogan J. C., "The Tukey Multiple Comparison Test: 1953-1976", *Psychological Bulletin*, 1977, 84 (5): 1050-1056.

Koopmans, Ruud, ed. *Contested citizenship: Immigration and Cultural Diversity in Europe*, Vol. 25, London: University of Minnesota Press, 2005.

Leary M. R., Baumeister R. F., *The Nature and Function of Self-esteem: Sociometer Theory*, Advances in Experimental Social Psychology Academic Press, 2000, 32: 1-62.

Lewis-Beck, Michael S. , ed. , *Applied Regression: An Introduction*, Vol. 22, Sage, 1980.

Li B. , "Floating Population or Urban Citizens? Status, Social Provision and Circumstances of Rural-urban Migrants in China", *Social Policy & Administration*, 2006, 40 (2): 174-195.

Massey D. S. , "Ethnic Residential Segregation: A Theoretical Synthesis and Empirical Review", *Sociology and Social Research*, 1985, 69: 315-350.

Mussweiler T. , et al. , "Shifting Social Identities as a Strategy for Deflecting Threatening Social Comparisons", *Journal of Personality and Social Psychology*, 2000, 79 (3): 398.

Negy C. , et al. , "Ethnic Identity, Self-esteem, and Ethnocentrism: A Study of Social Identity Versus Multicultural Theory of Development", *Cultural Diversity and Ethnic Minority Psychology*, 2003, 9 (4): 333.

Niessen J. , *Migrant Integration Policy Index*, British Council & Migration Policy Group, 2015 (41) .

Peal E. , Lambert W. E. , "The Relation of Bilingualism to Intelligence", *Psychological Monographs: General and Applied*, 1962, 76 (27): 1.

Piore, M. J. , *The Dual Labor Market: Theory and Implications*, The State and the Poor, Cambridge, MA: Winthrop Publishers, 1970.

Portes A. , Hao L. , "The Price of Uniformity: Language, Family and Personality Adjustment in the Immigrant Second Generation", *Ethnic and Racial Studies*, 2002, 25 (6): 889-912.

Portes A. , Zhou M. , "The New Second Generation: Segmented Assimilation and Its Variants", *The Annals of the American Academy of Political and Social Science*, 1993, 530 (1): 74-96.

Portes, Alejandro, Rubén G. , *Rumbaut*, *Legacies: The Story of the Immigrant Second Generation*, University of California Press, 2001.

Quigley J. M. , "Consumer Choice of Dwelling, Neighborhood and

Public Services", *Regional Science & Urban Economics*, 1985, 15 (1): 41-63.

Sedikides, Constantine and Marilynn B. Brewer, eds, *Individual Self, Relational Self, Collective Self*, Psychology Press, 2001.

Sidanius J., et al., "Ethnic Enclaves and the Dynamics of Social Identity on the College Campus: The Good, the Bad, and the Ugly", *Journal of Personality and Social Psychology*, 2004, 87 (1): 96.

Spang M., Pragmatism all the Way Down? The Politics of Dual Citizenship in Sweden, in: T. Faist (ed.), Dual Citizenship in Europe. From Nationhood to Societal Integration, Aldershot, Hampshire: Ashgate Publishing Limited, 2007: 103-124.

Spiro P. J., "Mandated Membership, Diluted Identity", *People out of Place: Globalization, Human Rights, and the Citizenship Gap*, 2004, 87-105.

Tajfel H., Turner J. C., *The Social Identity Theory of Intergroup Behavior//Political Psychology*, Psychology Press, 2004: 276-293.

Tajfel, Henri ed., *Differentiation between Social Groups: Studies in the Social Psychology of Intergroup Relations*, Academic Press, 1978: chapters 1-3.

Tiebout C. M., "A Pure Theory of Local Expenditures", *Journal of Political Economy*, 1956, 64 (5): 416-424.

Triandis H. C., "The Self and Social Behavior in Differing Cultural Contexts", *Psychological Review*, 1989, 96 (3): 506.

Van Rijswijk W., Ellemers N., "Context Effects on the Application of Stereotype Content to Multiple Categorizable Targets", *Personality and Social Psychology Bulletin*, 2002, 28 (1): 90-101.

W. B. Swann Jr, et al., "Should We Create a Niche or Fall in Line? Identity negotiation and Small Group Effectiveness", *Journal of Personality and Social Psychology*, 2000, 79 (2): 238.

Xie Y., Wu X., "Danwei Profitability and Earnings Inequality in Urban China", *The China Quarterly*, 2008 (195): 558-581.